풍경과 인간

풍경과 인간: 풍경의 내면, 시선의 미학

2025년 4월 18일 초판 발행 · **지은이** 김성도 · **펴낸이** 안미르, 안마노, 오진경 · **편집장** 구민정
편집 소효령 · **디자인** 남수빈 · **마케팅** 김채린 · **매니저** 박미영 · **제작** 세걸음
글꼴 AG최정호체, Adobe Garamond Pro

안그라픽스
주소 10881 경기도 파주시 회동길 125-15 · **전화** 031.955.7755 · **팩스** 031.955.7744
이메일 agbook@ag.co.kr · **웹사이트** www.agbook.co.kr · **등록번호** 제2-236 (1975.7.7.)

ISBN 979.11.6823.092.7 (93120)

이 책은 2014학년도 고려대학교 문과대학 박준구 기금의 인문교양총서 부문 지원을 받아 저술됨

풍경과 인간

풍경의 내면, 시선의 미학

김성도 지음

안그라픽스

일러두기

1. 책 제목은 겹낫표(『』), 시나 글, 논문 제목은 홑낫표(「」),
   단일 회화 작품과 영화는 홑화살괄호(〈〉)를 사용해 표기했다.
2. 인명, 지명, 개념어 등의 병기는 본문에 처음 등장할 때만
   적용했으나, 의미 파악에 필요한 경우 반복해 병기했다.
3. 외국 인명 표기는 국립국어원 외래어표기법을 참조하되
   실제 발음과 기존에 표기된 사례를 참조해 썼다.
4. 일부 인명에는 생몰년을 표기하되, 생몰년이 분명하지 않으면
   물음표(?)를 뒤에 뒀다.

서문

조경학, 지리학을 비롯한 사회과학에서 사용되는 '경관'이라는 단어에
견주어 한국어에서 '풍경'은 그 단어를 듣는 것만으로도 사람의 마음을
설레게 만드는 매력이 있다. 굳이 복잡한 학술적 논의에 기댈 필요 없이,
소박한 시골 경치부터 한평생 마음속 깊은 곳에 추억의 흔적을 각인시
킨 명소까지, 풍경은 사람의 눈에 기쁨을 주고 마음을 평온하게 해주며
궁극적으로는 영혼의 고양을 실현하는 특별한 경험을 선사한다. 통상적
의미에서 풍경은 땅과 하늘이 만나는 드넓은 자연을 연상시키나 사회
과학에서는 환경과 생태적 사안을 상기시키기도 한다. 한편 건축과 조
경에 초점을 둘 때는 생활 주변 환경의 디자인과 관리에 대한 특별한 관
심을 시사하거나 경관을 객관적으로 분석·기술하거나 해석하는 과학적
관심과 연결되기도 한다. 반면, 필자와 같은 인문학 전공자에게 있어 풍
경은 인간과 세계를 지각하고 사유하는 고유한 방식을 말하며 한 걸음
더 나아가 자연의 아름다움을 찬탄하고 그것의 심오한 생태학적 진리를
깨닫는 것을 의미한다.

　　그러나 풍경은 단순한 매혹과 심미성의 차원을 넘어 정치적 공동체
차원에서 중요한 사회적 의미를 획득한다. 풍경이라는 주제는 진, 선, 미
를 아우르는 인문학 차원의 의미들을 함축함과 동시에 그것에 배태된
공공재로서의 성격으로 인해 공적 관심사에 직결되기 때문이다. 한국을
비롯한 한자 문화권에서 風景(풍경)이란 한자어는 영어 'Landscape'와

프랑스어 'Paysage'를 19세기 무렵 한자어로 번역하면서 생긴 비교적 근래에 만들어진 단어로서, 이천 년 동아시아의 유구한 전통에서는 주로 산수山水, 풍수風水 등의 용어가 사용되었다. 현대의 지리학자, 역사학자, 지구 과학자, 건축가와 도시 계획가는 풍경을 조경造景, 경관景觀 등으로 바꾸어 전문적 용어로 사용하며 대도시, 소도시, 촌락의 개발, 변질, 관리와 관련된 주요 쟁점을 다뤘다. 풍경과 관련한 주제는 다양한 학술 분야의 학제적 연구 네트워크를 형성한다. 최근에 들어와서 풍경이라는 단어는 거의 모든 사회적 과정에서 드러나는 고유한 성격을 보여준다는 점에서 한 사회의 일상적이면서도 평범한 모습들에서 묻어나는 특징을 아우르기 위해 사용하는 공통적 단어가 되었다. 풍경은 그곳에 머무르는 사회의 자화상이므로 해당 사회의 구성원이 추구하는 문화적 정체성과 가치관을 이해하려면 그들이 만들어내는 풍경들을 차분하게 조망하고, 그것의 인간학적 의의를 치밀하고 비판적으로 해석할 필요성이 있다.

풍경이라는 단어는 누구나 쉽게 이해할 수 있는 듯하지만, 그 정확한 의미를 일목요연하게 압축하여 정의하기 어렵다는 점에서 개념적 틀에 가두기 어려운 단어다. 풍경의 의미론을 복잡하게 만드는 근본적 이유는 그 단어의 이중성과 중의성에 기인한다. 풍경 연구는 영미권에서는 1970년대에 주로 지리학과 조경학 분야에서, 프랑스어권에서는 대략 1980년대부터 비약적으로 발전한 이후에 인문학 장에서 본격적인 연구 대상으로 자리 잡기 시작했다. 풍경에 대한 정의는 사물, 즉 풍경 그 자체와 그것의 재현 사이에서, 풍경-이미지와 풍경-현실 사이에서, 미술적 풍경과 지리적 풍경 사이에서 추처럼 진동한다. 서구의 일부 풍경 연구자들은 풍경이라는 사물과 그것의 재현, 그 둘 모두를 단 하나의 단어 속에 결합하는 데 이르렀고, 그에 따라 풍경이라는 단어는 사물과 동시에 그 사물의 이미지를 지칭하는 데 사용되는 유일한 단어라는 주장을 내놓기도 했다. 이 같은 애매모호성과 양가성이 풍경이라는 단어의 의미를 풍요롭게 했고, 의미론적 경계선에서 부유하는 개념으로 만들었는데, 이런 이유에서 풍경 개념은 기존의 단일 학술 분야의 경계를 넘어 생활 세계라는 현실의 복잡다단함을 포착할 것을 주문한다.

풍경은 문화적 구성물이다. 풍경은 의도된 것이건 아니건 인간의 개입과 그 흔적을 담고 있다는 점에서 인공적인 것에 속하고, 야생 또는 황무지와 대립한다. 이제 지구에서 순수한 야생은 갈수록 희소하거나 전무한 상태라고 말해도 과언이 아닐 것이다. 그런데 인간이 자각하고 있어야 할 중요한 사실은 자연의 풍경이건 문화의 풍경이건 인간이 선조로부터 물려받은 풍경은 기적과도 같은 선물이라는 점이다. 여기서 선물과 증여의 의미론을 빌려와 증여로서의 풍경에 대한 인문학적 상상력의 나래를 펼치는 것은 의미가 있을 것이다.

'주다'라는 의미에 해당하는 라틴어 동사 'Donare'는 '선물하다' '희생하다' '감사하다' 등 다양한 의미를 담고 있다. 『증여론』을 쓴 인류학자 마르셀 모스Marcel Mauss는 원주민들의 축제와 교환 의식potlatch에 대한 연구에서 세 개의 의무를 파악한 바 있다. '주다' '받다' '되돌려주다'가 그것이다. 모든 선물과 증여 현상을 성립시키는 이 세 개의 계기는 일정한 학습을 요구한다. 즉 타인에게 선물을 주는 법, 선물을 받는 법, 그리고 돌려주는 법을 아는 것이 관건이다. 증여는 각 행위의 특수한 문화적·의례적 코드를 넘어 교환의 비경제주의 차원을 이해하는 인류학적 기초를 정초한다. 바로 이 대목에서 이 세 개의 의미를 풍경이라는 선물에 적용해 볼 수 있을 것이다.[1]

풍경은 다른 감각을 무시한 채 시각을 특권시했던 서구 전통에 따라 그저 아름다운 경치를 눈으로 감상하는 미적 체험과 증거로서 머무르지 않는다. 주체는 감각 기관을 동원해 눈에 보이는 풍경과 총체적으로 접촉한다. 풍경은 단순히 가시적인 것을 계시하는 회화 작품으로서가 아니라, 한 편의 심포니를 감상할 때처럼 모든 감각을 총집결시킨다. 이 같은 감각적 전체성은 분할될 수 없으며 분할되는 순간 곧바로 풍경의 전체성을 놓칠 위험에 처한다. 천 개의 감각 작용이 주체를 엄습하고 그 자신을 풍경으로 변신시키는 마법과도 같은 사건이 발생한다. 즉 풍경을 한낱 대상으로 바라보는 주체 그 자신이 하나의 고유한 풍경이 되는 것이다. 주체와 객체라는 이분법의 해체는 달을 바라보며 자신의 마음속에 달이 들어오고, 달이 시인의 마음으로 변신하는 상태를 묘사한 동아시아 시인들의 풍경 시학에서 발견된다. 이때 주체는 단순히 외부에서 풍경의 내부를 쳐다보는 관찰자가 아니라 자신이 느끼는 풍경 내부에 속하며, 풍경에 속하는 것 이상으로 풍경과 하나의 몸이 된다. 이렇게 볼 때 풍경은 인간에게 그 자신을 내어주는 것이며 인간은 풍경이 준 선물을 받는 것이다. 즉 인간은 풍경이 내놓는 위대함을 맞이할 채비가 되어 있어야 한다.

　　그렇다면 인간은 자신을 오롯이 내어준 풍경에 무엇을 되돌려줄 수 있을 것인가? 답은 간단하다. 풍경이 제공한 감동의 풍요로움을 풍경에 다시 돌려줄 수 있을 뿐이다. 그것은 찰나에 은밀하게 이루어질 수 있으나 그 밀도는 강렬하다. 한 사람의 풍경 경험은 내밀하고, 개인적이고, 전달될 수 없고, 공유될 수 없는 것으로 드러난다. 우리 모두는 자신을 감동시켰던 풍경을 한 장의 사진에 담은 경험이 한 번쯤은 있다. 그리고

1　　Paquot, Thierry., *Le paysage*, Paris, La Découverte, 2016, pp.105 - 108.

친구들이 그 사진을 보고 시큰둥할 때 실망한 경험이 있을 것이다. 모든
감각적 경험은 이야기로 들려주기에는 너무나 미묘하기 때문에 시간이
지난 후에 언어로 기술할 때 그 감동과 열기는 식을 수밖에 없다. 실제로
인간이 느낀 것을 어떻게 언어, 회화, 사진 등의 매체를 통해 묘사할 수
있겠는가?

감각과 감수성의 역사인류학에 평생 천착해 온 프랑스의 역사학자
알랭 코르뱅Alain Corbin은 지각된 것과 지각되지 않은 것, 말해진 것과 말
해지지 않은 것 사이에 존재하는 사물을 판별하는 작업에 대한 대한 어
려움을 토로한 바 있다. 그의 말을 빌리자면 풍경 체험을 언어로 재현하
는 것은, 풍경이 감성적 차원을 머금고 있으며 특히 공감각적 성질과 결
부되어 있기 때문에 어렵다. 풍경의 공감각은 "일종의 여섯 번째 감각이
며 내재적 감각 작용이다."[2] 이 맥락에서 코르뱅이 제시한 '날씨 감수성
météosensibilité'이란 개념은 주목할 가치가 크다. 그는 풍경을 논할 때 반
드시 언급해야 할 문제로 바람, 비, 눈, 안개, 폭풍우, 천둥, 폭우 등의 변
화무쌍한 날씨가 연출하는 다채로운 풍경에 대해 사람들이 보여주는 감
수성의 문제를 강조한다.[3] 예컨대 그는 18세기 말에 형성되기 시작한 기
상학적 자아와, 기상 현상에 대한 심리적 효과를 묘사하는 수사학의 구
축과 기상 감수성의 심화 과정을 분석하는 시도를 한 바 있다. 그는 이
작업의 일환으로서 상이한 문화와 시대에 속하는 대문호들과 사상가들
이 비가 내리는 풍경에 대해 보여주는 감수성을 치밀하게 포착했다. 이
를테면 비 내리는 도시의 풍경을 우울의 한 요인으로 만들었던 샤를 보
들레르Charles Baudelaire를 비롯해 프랑스의 또 다른 상징주의 시인 폴 베

2   Corbin, A., *L'homme dans le paysage*, Paris, Textuel, 2001, p.27.
3   위의 책, pp.129-146.

를렌Paul Verlaine과 쥘 라포르그Jules Laforgue의 작품에서도 비는 말로 표현하기 힘든 멜랑콜리, 우울, 권태, 이유 없는 슬픔과 결부된다.[4]

감각 작용의 선물로서 인간에게 나타나는 풍경은 타자에게는 설명될 수 없는 것으로 드러난다. 풍경은 자신을 내어주면서 자신을 유일무이한 것으로 만들고 은밀하게 하나가 된다. 이 같은 내밀한 합일은 인간을 마법에 걸리게 만들고 매혹한다. 그리고 선물처럼 인간을 포용한다. 풍경을 선물과 증여로서 깨닫는 순간은 다름 아니라 선물이 춤추는 행렬에 들어가는 것, 즉 앞서 언급한 '주고' '받고' '되돌려주는' 세 개의 본질적 계기를 통해 리듬화해 마법의 춤을 추는 것을 말한다. 이것은 곧 한 인간이 느낀 감동과 유년기의 잃어버린 여정을 다시 찾는 것이며, 그의 영혼에서 잊혔던 소리를 꺼내어 듣는 것이고, 의식의 심연 속에 묻혀 있던 잠재적 이미지에 새로운 눈을 통해 생명력을 불어넣으며, 삶에서 너무나도 소중했던 자들을 부활시키는 숭고한 경험이다. 요컨대 그 같은 경험은 존재, 시간, 세계, 자아가 얽히고설켜 있는 모종의 착종 상태, 곧 풍경이 존재한다는 것을 깨닫게 해주는 실존적 시간의 현존이라는 선물을 받는 사건이다. 이 점에서 풍경 경험은 분명히 하나의 선물이며 무뎌진 인간의 감각을 예민하게 해줄 수 있는 증여이다.

그러나 자본주의가 팽배한 현대 문명에서 일부 사람들은 풍경이 판매되기를 선호하거나, 최소한 풍경을 획득할 가능성을 소유하기를 갈망한다. 이를테면 조망권이라는 이름 아래 풍경을 가격과 결부시킨다. 그런데 풍경은 경제적 가격이 없는 고유한 가치를 지닌 사물들의 방대한 비형식적 집합이다. 행위, 사고, 꿈조차 조건 짓는 현대 자본주의 사회에

4   알랭 코르뱅 외, 길혜연 옮김, 『날씨의 맛: 비, 햇빛, 바람, 눈, 안개, 뇌우를 느끼는 감수성의 역사』, 책세상, 2016, p.11-46.

서 그 시스템의 법칙에서 벗어날 수 있는 것은 없다고 단언하는 사람도 있을 것이다. 그러나 '풍경 인간학'의 관점에서 보는 사람들은 경제적 비용과 편익의 논리에서 벗어나는 풍경의 고유한 가치가 존재할 것이라는 가설을 조심스럽게 내비친다. 그리고 이 점을 풍경의 심미성, 세미오시스semiosis(의미의 생산과 해석), 윤리성(에토스), 공동체성을 부각해 강조하고자 했다.

　문득 누군가가 나에게 평생 보았던 풍경 가운데 가장 기억에 남는 곳을 물어보는 상황을 가정해 본다. 모든 이에게 그렇듯 헤아리기 어려울 것 같다. 그래도 이 책의 제목이 『풍경과 인간』인 만큼 몇 개의 장소들을 호명하는 것이 독자 제현에 대한 도리일 것이다. 그런데 미리 분명히 말해 두어야 할 점은 인상 깊었던 풍경이 반드시 아름다운 풍경은 아니라는 평범한 사실이다. 이란 북부 자그로스산맥 해발 2000m 고원을 자동차로 여행할 때의 풍경은 아름다움과는 거리가 멀었으나, 고원의 개념을 사전적 의미가 아닌 눈과 몸으로 체화한 신비롭고 생경한 경험이었다. 프랑스 유학 시절 부활절과 성탄절에 찾아갔던 르와르 강변의 고즈넉한 성 베네딕토 수도원과 그곳을 향해 갈 때 마주했던 겨울 들판의 파도처럼 출렁이는 유채꽃 풍경은 마음속 깊이 새겨져 있다. 내 영혼에 깊은 울림을 주었던 한국의 풍경 역시 열 손가락으로 뽑기 어렵다. 늦가을 석양빛이 비추는 부석사에서 느낀 황홀함은 형언하기 어려운 어떤 '아우라'에서 비롯되었을 것이다. 그러나 이런 특이한 풍경 체험 못지않게 필자가 소중히 여기는 일상의 축복은 매일 출근길에서 바라보는 일렁이는 한강의 은빛 물줄기와 위엄을 내뿜으며 우람하게 솟은 북한산 봉우리이다. 한강과 북한산은 서울의 영혼이고 시이며 기질이다. 필자는 하루를 살아낼 수 있는 힘과 용기를 산과 강이 어우러진 천혜의 풍경

18

이 내뿜는 아름다움에서 얻는다. 이렇게 말하고 나니, 이 순간 나는 모든 이에게 선물로 주어진 이런 일상의 풍경을 일러 '풍경 축복'이라는 신조어를 만들고 싶다. 여기서 새삼 힘주어 강조하고 싶은 바는 풍경의 본질은 세속적·객관적 기준으로 평가하는 외관의 아름다움이 아니라 눈으로는 볼 수 없지만 우리 영혼에 가져다 주는 정신적 인상이라는 점이다. 이런 심오한 의미를 표현할 길이 없는 필자이기에, 다른 어떤 문인보다 풍경 문제에 천착했던 마르셀 프루스트Marcel Proust 남긴 말로 풍경의 의미를 갈음하고자 한다.

"자연이나 사회, 사랑이나 예술에 대해 가장 무관심한 관망자라 해도, 모든 인상은 절반이 대상 속에 싸여 있고, 다른 절반이 우리 마음속으로 연장되어 우리만이 알아볼 수 있는 이중적인 존재이다. 우리는 서둘러 이런 마음속 인상을 무시하려 하지만, 그 인상이야말로 우리가 정말로 전념해야 하는 유일한 존재인 것이다. 그런데도 우리는 우리 밖에 있어서 깊이 파고들 필요가 없는, 따라서 우리에게 어떤 피로도 유발하지 않는 대상 속의 인상만을 고려한다. 다시 말해 산사나무나 성당의 광경이 우리 마음속에 판 고랑을 지각하는 일은 너무 힘들다고 생각한다."[5]

다소 난해한 프루스트의 말을 쉽게 풀기 위해 16세기 최고의 인문주의자였던 미셸 드 몽테뉴Michel de Montaigne가 남긴 명언을 인용한다. "말의 절반이 말하는 사람의 것이라면 나머지 절반은 듣는 이의 것이다." 말과 마찬가지로 풍경의 절반은 풍경을 바라보는 사람의 마음에 속한다고 말할 수 있을 것이다.

끝으로 이 책의 구성에 대해 몇 마디를 해두는 것이 필요할 것 같다.

5 　마르셀 프루스트, 김희영 옮김, 『잃어버린 시간을 찾아서 13: 되찾은 시간 2』, 민음사, 2022, p.66-67.

처음에는 향후에 출간할 『풍경 인간학』을 시론 형식으로 쓸 계획이었으나 문학적 능력의 한계를 절감하고 풍경 인문학에서 축적된 주요 담론을 중심으로 필자의 개인적 경험과 느낌, 사유의 편린을 씨줄과 날실로 교직하는 방식을 택했다. 비록 개별 영역에 대한 학술 지식 수준이 차이가 나더라도, 일종의 비교 미학으로 접근해 동아시아, 유럽, 이슬람 등 상이한 문화적 예술적 전통의 사례를 적재적소에 배치하려고 노력했다. 이 책에서 필자가 성 아우구스티누스Saint Augustine와 도연명陶淵明을, 페르시아 정원과 일본의 차경 정원을, 루미Rumi와 프란체스코 페트라르카 Francesco Petrarca를, 요한 볼프강 폰 괴테Johann Wolfgang von Goethe와 존 뮤어 John Muir를, 프랑수아르네 드 샤토브리앙François-René de Chateaubriand과 제임스 페니모어 쿠퍼James Fenimore Cooper의 아메리카 풍경 묘사를, 풍경 미학과 핵의 환경 재난사를, 고대 그리스 신전 건축물과 현대 생태 디자인 건축물을 병렬시킨 것은 비교 풍경론 접근법의 효율성과 앞선 사례에 대한 무한한 사랑과 존경, 지적 호기심을 반영한 것일 뿐이다. 이는 위대한 사상가들과 문예사를 깊이 있게 연구한 결과도, 현학적 태도를 드러내려는 의도도 결코 아니라는 점을 너그럽게 헤아려 주기를 바랄 뿐이다.

본문에 삽입된 풍경화 작품을 제외한 시각 자료의 대부분은 읽는 이로 하여금 본문에서 서술된 내용의 이해를 돕고 일정한 연상 관계를 구체화하기 위해 필자가 직접 현장을 여행하고 촬영한 사진 가운데 골라낸 것이다. 자신이 찍었던 사진을 볼 때마다 묘한 향수감, 이유 없는 우울과 회한, 슬픔의 감정이 뒤범벅되는 다소 혼란스러운 심적 상태에 빠졌음을 숨길 수 없다. 본서 6장의 제목 『슬픈 풍경』은 이런 필자의 풍경 감정을 암시하고 있다. 또한 이미 어떤 독자는 눈치를 채었을 것이거니와 이 제목은, 서양 문명의 비도덕성과 반생태성을 신랄하게 비판한

20

클로드 레비스트로스Claude Lévi-Strauss의 대작 『슬픈 열대』에 대한 오마주이기도 하다.

최근 서구 인문학계에서는 풍경 담론이 특정 학술 분야의 독점적 테두리뿐만 아니라, 일부 사회계층의 한정된 범위를 뛰어넘어 보통 사람들의 일상적 화제가 되었다. 최근 40여 년 동안 가히 폭발적이라 할 정도로 풍경에 대한 다양한 담론을 쏟아낸 서구 인문학계에 견주었을 때 아쉽게도 풍경 주제에 대한 한국 인문학계의 관심은 상대적으로 빈약한 것이 사실이다. 서구 학계에서 풍경은 과거의 주변적 주제에서 당당히 중심 반열에 올랐으며, 철학과 문학, 인문지리학, 사회학, 문화인류학, 고고학 등에서 해가 갈수록 학술적·문화적 중요성을 인정받으며 인식이 깊어지고 있다.

이렇듯 최근에 이뤄진 풍경 담론의 방대한 분량과 가파른 팽창 속도를 고려해 볼 때 풍경 연구의 현주소를 진단하는 작업조차 엄두를 내기 어려운 실정이다. 필자는 이 같은 공백을 메우고자 한국의 풍경 담론에 작은 디딤돌을 놓기 위해 10년 전부터 풍경 인문학의 종합적 비전을 제시할 한 권의 저서를 기획하고 자료를 모으고 집필을 준비해 왔다. 본서는 1,000쪽가량에 걸쳐 집대성할 '풍경 인간학' 담론의 서설에 해당하며, 주요 내용 가운제 일부 주제를 압축적으로 추려서 독자들에게 먼저 내놓는 책이다.

제1장

풍경, 마음, 우주

1 풍경, 정신, 시선

1) 새로운 마음의 눈: 내면의 정신적 성장

진정한 풍경 체험은 무엇인가? 그것은 무엇보다 세상을 경이롭게 바라보는 새로운 마음의 눈을 갖게 되는 특이한 사건이다. 그 어떤 사회적 규범이나 이념도 한 개인이 경험하는 풍경의 경이로움과 즐거움을 가로막을 수 없다. 풍경의 본질은 관습의 굴레를 벗어나 일상의 따분함과 틀에 박힌 도식적 생각을 단절할 수 있도록 해주는 삶의 촉매제이며 활력소이다. 그 같은 풍경 경험을 실현하기 위해서는 암묵적으로 작용하는 사회적 통념이나 상투적인 미적 취향에 의해 자신의 마음이 굴절되어서는 안 되며, 정면에서 풍경을 대면할 수 있는 자유로운 주체가 되어야 한다. 진정한 풍경 체험은 단지 시각적 인식에 예속되지 않고 모든 감각을 활용해 자신을 새롭게 탈바꿈하는 특별한 계기가 될 수 있다. 요컨대 온전한 풍경 경험은 열린 마음으로 사물을 바라보는 사람의 시선과 마음 상태에 달려 있다. 이 점에서 프랑스의 대문호 마르셀 프루스트의 발언은 풍경의 감각성과 표피성을 넘어서 그것이 선사할 수 있는 내면의 정신적 성장에 대한 혜안이다.

"단 하나의 진정한 여행, 단 하나의 '청춘'의 샘은 새로운 풍경을 향해 가는 것이 아니라, 다른 눈을 갖고, 타자의 눈을 통해, 다른 수백 명의 눈을 통해 우주를 보며, 그들 각각이 보고, 그들 각각이 존재하는 수백 개의 우주를 보는 것이다."[6]

풍경 경험은 무엇보다 자아 경험이라 할 수 있다. 이때 주체와 풍경은 혼연일체가 되는데, 그것이 곧 풍경 의식의 역사라 할 수 있다. 이렇듯 풍경은 그것을 구성하고 수용할 여유가 있는 마음속에서 비로소 똬리를 틀 수 있다. 풍경은 바로 의식 자체이며, 이 점에서 풍경과 마음은 둘이 아니라 하나다.

특히 풍경은 모종의 미학적 행위라고 부르는 것으로부터 탄생한다. 엄밀하게 말해 풍경은 체험된 것의 복잡한 실타래로부터 몇 개의 미적 가치를 추려내는 데 성공하면서 심미적 태도를 생성하고, 그 같은 태도를 정초하는 정신적 결단의 열매이다.[7] 풀어 말해 풍경은 "일체의 공리적, 종교적 또는 과학적 간섭을 피하려고 애쓰면서, 시각과 그것에 동반된 감동을 통해 특정 광경에 대해 심사숙고하려는 능동적 결정"[8]이기 때문에 자신의 정신세계에서 풍경을 창조하려는 주체가 있어야만 존재할 수 있다.

풍경 사물의 질감에 오롯이 자신을 내어주는 열린 마음을 통해 풍경 자체를 자신에게 하나의 작품으로 제시하는 미적 행위 없이는 풍경은 존재하지 않는다. 객관적 사실과 도구적 유용성의 차원을 초월하여 그러한 풍경을 마주하게 만든 우연과 필연의 뫼비우스 띠 같은 운명을 체험하게 하는 예술의 힘을 창출할 때 비로소 미적 힘이 발생하는 것이다.

그러나 개인의 추억과 시각 매체를 통해 과거에 보았던 풍경 이미

6   마르셀 프루스트, 김희영 옮김, 『잃어버린 시간을 찾아서 10: 갇힌 여인 2』, 민음사, 2020,
     p.113-114.

7   Girons, B. S., "Y a-t-il un art du paysage ? Pour une théorie de l'acte esthétique", in: *Le Paysage,
     état des lieux*, Paris, Editions Ousia, p.466.

8   위의 책, p.469.

지 등 이질적인 요소들이 관여하는 복잡한 지각 과정을 포함하고 있는 미적 행위는 객관적 언어만으로는 온전히 재구성할 도리가 없으며, 풍경을 생성하는 주체가 내리는 결단의 찰나에서 그 심미적 행위에 수반하는 정신적 메커니즘의 작동 방식을 과학의 렌즈로 포착하는 데에는 한계가 있다.

2) 정신적·문화적 표상으로서의 풍경

풍경에 대한 최초의 접근법은 그것을 하나의 관점으로 제시하는 데 있다. 정확히 말하면 사물을 사유하고 지각하는 고유한 방식으로서 풍경을 정의하는 것이다. '관점이 대상을 창조한다'라는 페르디낭 드 소쉬르Ferdinand de Saussure의 저 유명한 테제를 통해 현대 언어학의 새로운 연구 대상을 수립한 것처럼, 풍경은 객관적으로 미리 존재하거나 자연 발생적으로 이미 주어진 것이 아니라, 인간 정신의 생명력과 창안성에 귀속된 것으로 파악해야 한다. 따라서 풍경은 지각과 언어의 문제와 불가분의 관계에 놓인다. 풍경은 정신의 능동적 작동을 통해서 생산할 수 있다는 점에서 정신의 작품이며,[9] 세계를 조망하는 창문이자 격자이고, 어떤 면에서는 인간이 자신의 내면과 외부 세계 사이에 갖다 놓는 신비로운 정신적 베일이라 할 수 있다.[10] 이런 맥락에서 풍경은 하나의 고유한 해석이며, 독법이고, 특정 언어 유형의 표현이다. 프랑스 출신의 동양지리학 거장인 오귀스탱 베르크Augustin Berque는 한 문화권에서의 풍경 인식 형성 조건으로서 네 가지 유형의 표상을 제시한 바 있는데, 그것은 곧 풍

---

9   Schama, S., *Le Paysage et la Mémoire*, Paris, Le Seuil, 1999, p.13.

10   Besse, J., *Le Goût du monde: exercices de paysage*, Paris, Actes Sud, 2009, p.17.

경이 자연적으로 주어진 것이 아니라 철저한 정신적·문화적 표상의 결과물이라는 점을 보여준다. 그가 제시한 네 가지 유형은 각각 언어적 표상, 문화적 표상, 회화적 표상, 정원의 표상이다.[11] 특히 주목할 점은 네 개의 조건을 가장 먼저 그리고 가장 완결되게 마련한 문명은 동아시아 문명권이라는 사실이다.

　　요컨대 풍경은 개별적 주체 또는 공동체 집단과 더불어서 수립된 관계 속에서 존재한다. 풍경은 그곳에 머물거나 그곳을 만들었거나 사용하는 사람들의 성격에 관해서 이야기해주며 특히 그들의 시선, 담론, 서사, 가치, 신념, 심미성, 감성, 영성 등에 대해서 말해준다. 그러므로 풍경을 연구하는 것은 특정 공동체의 사유 형식과 지각의 메커니즘을 연구하는 것과 일맥상통한다. 풍경은 규정된 문화적 코드를 통해서 위에서 지적한 정보들이 제시되는 인간(학)적 표현으로 정의될 수 있다. 풍경의 인간학적 탐구는 풍경의 물리적 표면을 넘어 문화적·사회적 심층에 함축된 그것의 존재 이유를 묻는 작업으로써, 진리, 선함, 아름다움 등과 관련된 담론 구조와 가치 체계를 분석하는 작업을 포함한다. 아울러 이 같은 풍경 인문학의 접근법은 실재적 풍경과 재현된 풍경 모두에 동일하게 적용된다. 풍경이 개인적 발화(파롤Parole)이건 사회적 제도 차원의 규범(랑그Langue)이건, 회화, 사진, 영화, 문학작품, 조경 도면을 통해 실현되건, 풍경의 본질, 즉 그것이 늘 하나의 인간적 표현이고 담론이며 이미지라는 점에는 전혀 변화가 없다. 그런 이유에서 미술사의 도상해석학을 적용하여 풍경 도상학을 구상하는 것은 합당하다.[12]

11　　Berque, A., *Les Raisons du paysage*, Paris, Hazan,1995, p.34.

12　　Cosrove, D. and Daniels, S. (eds.), *The Iconography of Landscape: Essays on the symbolic representation, design and use of past environment*, Cambridge, Cambridge University Press, 1988, pp.1‑10.

3) 마음과 풍경의 상호작용

사람들은 풍경 이미지와 풍경 의식을 종종 혼동한다. 풍경 의식은 지금 이 순간 내가 체험하는 현실적 풍경이며, 풍경 이미지는 예술과 매체를 통해 재현된 재현된 이미지를 말한다. 그래서 풍경의 일차적인 공식으로서 풍경＝주체의 마음＋대상(자연 경관과 문화 경관, 인공물)을 제시할 수 있다.[13] 즉 풍경은 특정 주체의 시선과 마음에 의해서 포용된, 일부 지역을 점유하는 일정 규모의 외연이다. 위의 공식에서 풍경은 세 개의 핵심적 조건을 제시하고 있음을 알 수 있다. 첫째, 풍경은 풍경을 지각하는 주체 없이는 존재할 수 없다. 둘째, 풍경은 그 대상(자연 세계 또는 인공 세계와 상상의 세계) 없이는 존재하지 않는다. 셋째, 양자 사이의 관계, 즉 주체와 대상 사이의 관계를 표시하기 위해 위에서 사용된 '＋' 기호는 주체와 대상 사이의 접촉과 만남, 즉 상호작용을 의미하며, 이 같은 만남 없이 풍경은 성립할 수 없다. 다시 말해 풍경의 창발에서 주체, 더 정확히는 풍경을 수용할 수 있는 마음 상태나 여력 없이 풍경은 결코 탄생할 수 없다. 덧붙일 것은 여기서 말하는 주체는 전근대적 전통에서 벗어나 형성된 근대적 주체를 의미한다는 것이다. 여기서 풍경과 관련하여 근대적 주체성의 발생을 사회경제적인 방식으로 설명하려는 시도가 이루어질 수 있다. 예를 들어 봉건제에서 자본주의로 이행하며 교환 가치가 사용 가치를 넘어서는 과정에서 새로운 주체성이 등장했다고 볼 수 있다.[14]

---

13   Jakob, M., *Le paysage*, CH‑Gollion, inFOLIO, 2008, p.32.

14   이 점에 대해서는 다음 책 참조. Cosgrove, D., *Social Formation and Symbolic Landscape*, Wisconsin, Univ of Wisconsin Press, 1984.

　　주체성과 근대성이라는 요소가 풍경과 심층적인 관계를 맺는 이유
는 무엇보다 서양에서는 풍경이 근대성의 패러다임으로 나타났기 때문
이다. 이런 연유에서 근대의 주체성은 풍경 경험을 비롯한 주관적 경험의
출발에서 온전하게 이해되고 설명될 수 있다. 이렇듯 서양 근대에서 풍경
을 의식하게 만든 고유한 태도와 문화적 징후는 근대성과 주체성을 이해
하는 데 있어 주요 관심사가 될 수 있다. 사물을 보다 구체적이고 전체적
으로 내려다보는 고차원적 관점의 정복은 근대적 양상의 하나로, 풍경의
성립은 실제로 특정 높이의 점유와 일치한다. 여기서 말하는 높이는 물리
적 높이를 비롯해 상징적·초월적 의미에서 파악되어야 할 것이다.

　　서양 풍경 의식의 역사에서 약방의 감초처럼 빈번하게 언급되는
사건은 시인 프란체스코 페트라르카가 1336년 4월 프랑스 남서부의 알
프스 산맥에 위치한 방투산을 등반하면서 남긴 문헌이다. 페트라르카
가 자신의 산행 경험을 들려주는 이야기는 서양 문학사에서 풍경 재현
과 관련한 가장 오래된 서사이기도 하다. 이 르네상스의 시인처럼 방투
산을 등반한 사람이라면 누구라도 그 산의 정상이 풍경 개념을 완전하
게 파악하는 데 얼마나 이상적인 장소인가를 깨닫게 될 것이다. 그곳 정
상에서 아래를 바라보면 크고 작은 산과 바위 능선, 나무로 우거진 산등
성이가 한눈에 들어온다. 오늘날에도 그곳에서는 론강과 지중해 연안을
조감할 수 있으며 프로방스 전 지역을 내려다본다는 인상을 받게 된다.
페트라르카는 자신의 산악 등반 시도가 대단한 일이라고는 생각지 않았
다. 그는 이미 고대부터 마케도니아의 필리포스 5세가 아드리아해와 흑
해를 동시에 내려다보기 위해 에게해 북동 지방인 고대 트라키아 지역
의 하이모스 산을 등반했을 것이라고 적고 있다. 그러나 이 같은 파노라
마의 존재는 일부 사람만이 믿고 있던 전설에 불과했다. 따라서 필리포

도1 · 프랑스 알프스 산맥의 방투 산

스 왕의 원정과 페트라르카의 여행 사이에는 본질적 차이가 존재한다.

　　고대의 인간인 필리포스가 본 풍경은 신화와 전설의 영역에 속하는 반면, 르네상스 시대의 인간인 페트라르카가 목격한 풍경은 역사적 사실로 간주된다. 페트라르카는 방투산 정상에서 본 지평선에 펼쳐진 얇은 띠가 론강Rhône이라는 것을 확신했다. 방투산을 등반하기 전까지 론강은 페트라르카에게 자신이 유년시절을 보냈던 아비뇽을 가로지르던 큰 물줄기였을 뿐이다. 추상화를 통해 발휘된 그의 지적 능력은 자신의 아비뇽 시절부터 익숙해 있던 큰 강과 방투산에서 본 좁고 얇은 강물의 띠가 동일한 대상이라고 간주할 수 있게 해주었다. 페트라르카가 이 풍경에서 얻었던 비전은 함께 산 정상에 올랐던 그의 동생이나 50년 전에 정상에 올라봤다는, 등반 때 만난 어느 늙은 양치기의 경험과는 완전히 다른 차원의 것이었다.

　이 르네상스 시인은 크고 작은 산, 계곡과 강, 바다를 그저 명상하는 데 그치지 않았다. 페트라르카는 지형을 해석하고 등반 전에 본 것들과 연관을 맺는 분석력과 종합적인 안목을 발휘했는데, 이는 고대 인간들의 경험과는 전적으로 다른 것이었다. 무엇보다 풍경 의식이 새로웠다. 시인은 생명체와 무생물을 분별했고 자연이 빚어놓은 작품과 인간의 수고로 만들어진 걸작에 대해 숙고했다. 이러한 점에서 그는 서양 풍경사에서 풍경에 대해 성찰하고 기술한 최초의 인물이다. 방투산의 정상까지 올라간 근대적 시인에게 산은 상승의 플랫폼으로서 나타났다. 새로운 근대적 인간은 전 근대적 신학의 규범적 칙령을 의식적으로 위반함으로써 상징적 의미에서 초연하며 평원의 규칙을 넘어선다.[15] 페트라르카는 그 점을 독백 형식으로 이렇게 술회하고 있다. "이 산을 등반할 때 오늘 네가 수없이 느꼈던 것, 바로 그것이 천복과 무상의 기쁨에 도달하려고 애를 쓰는 너를 비롯한 그 많은 사람에게 이루어졌다. 확실히 그 점을 설명하기는 어렵다. 몸의 움직임은 발견되나, 정신의 운동은 눈에 보이지 않고 숨겨져 있다. 내 생각으로는 인간이 천복과 무상의 기쁨이라고 부르는 것은 높은 곳에 있다."[16]

　비슷한 맥락에서 17세기 프랑스의 천체학자 베르나르 퐁트넬Bernard Le Bovier de Fontenelle은 이렇게 말한 바 있다. "풍경 부분을 하나씩밖에 볼 수 없는 장소에 머무르면 결코 전체를 볼 수 없다. 전체 풍경의 조망은 높은 장소에서 가능하며, 그곳에서 이전까지 흩어져 있던 모든 물

15　　　Pétrarque, F., *L'ascension du mont Ventoux*, traduit du latin par Denis Montebello, avec une préface de Pierre Dubrunquez, Tours, Séquences, 1990.

16　　　위의 책, pp.19-20.

체들은 단번에 한눈에 결집된다."[17] 독일 근대 사회학의 태두인 게오르크 지멜Georg Simmel(1858-1918)이 정곡을 찌른 것처럼 풍경의 깊이는 그것의 면적과 외연에서 오는 것이 아니라 특정 시선을 비롯해 풍경을 구성하는 요소의 집합으로서 풍경의 포착을 가능케하는 일종의 응축으로부터 오는 것이다. "따라서 화가가 인간에게 제시하는 것은 경계선이 확실하지 않은 초원과 집, 시냇물, 구름의 파편적 덩어리가 아니라 풍경이라는 전체적 비전이다."[18]

자연의 한 조각이 총체성을 재현하거나 상징화하는 독특한 파편이 되도록 하는 추상화 과정은 풍경을 정초하는 인간의 시각 능력에 스며 있는 중의성을 암시한다. 그 같은 비전의 본질이 빛의 매개를 통해 인간의 눈이 외부 세계와 인간을 관계 맺도록 하는 감각적 기능에 기인하고 있는가라는 물음을 던져볼 수 있다. 달리 말해 비록 신비로운 힘을 지각하는 것은 어렵다 해도, 그 힘을 통해 갑작스럽게 사물의 정수를 보게 된다는 점에서 초자연적 사물로서의 풍경을 탄생시키는 초자연적 환영(비전)을 가정할 수 있다. 이러한 모호함은 하나의 근본적 구별을 시사한다. 인간의 시각은 단순한 광학 작용과는 다른 차원에 속한다는 것이다. 따라서 생물학적 기능에 속하는 정상 시력을 갖추는 것만으로는 충분하지 않다. 풍경을 보기 위해서는 두 눈을 크게 뜨는 것만으로는 충분치 않으며, 풍경을 보게 만드는 정신적 채비가 필요하다. 즉 풍경을 생성하기 위해서는 세상의 의미를 해독하려는 개인의 기호학적 결정이 필요하다.

17   Fontenelle, B. *Entretiens sur la pluralité des mondes*, 1686.
18   Simmel, G., "Philosophie du paysage", in: *La Tragédie de la culture*, Paris, Payot/Rivages, p.235.

2 풍경과 몸:
체험으로서의 풍경

1) 체험으로서의 풍경

풍경이 오직 정신적 표상이나 문화의 소산인 것만은 아니다. 풍경은 과
학의 탐구 대상이 될 수 있는 물리적 속성과 단위를 지니고 있다. 풍경
현실은 구체적 만남 속에서 인간에게 자신의 본모습을 드러낸다. 이 점
에서 풍경은 외부 세계와 타자의 존재를 증명한다. 인간 주체가 풍경이
라는 외재성과 관련을 맺는 방식에는 두 가지가 있다. 하나는 실증 과학
이고, 다른 하나는 경험이다. 강조할 사실은 과학은 풍경을 이해하는 유
일한 방식은 아니며, 가장 중요한 인식 방법도 아니라는 점이다. 풍경은
무엇보다 감각과 감성의 대상이며 세계의 감성적 성질을 담고 있다.[19]

풍경으로부터 느끼는 감수성은 풍경이 세계와 자연과의 관계에서
맡는 몫을 밝혀주었다는 점에서 사회학, 인류학, 미학 등 다양한 분야에
서 보편적으로 인정받고 있다. 인간의 몸이 지상의 감각적 요소와 맺는
물리적·신체적 관계는 과학이 상대적으로 경시해 온 문제이다. 물, 공기,
빛, 흙과 접촉할 때 발생하는 신체적 체험의 복잡한 차원에는 오감과 정
서의 다양한 양상들이 포함되어 있다. 따라서 그 같은 체험은 장소가 보

---

19   Besse, J - M, *Le Goût du monde*, Arles, Actes Sud, 2009, pp.49 - 57.

유하고 있는 정신적·신체적 울림을 동반하는 현상학적 경험이다. 풍경은 명상의 대상이기 이전에 총체적 분위기이며 정신적 환경이다. 현상학적 체험으로서의 풍경은 인간과 세계가 구체적으로 만나는 사건으로 이해될 수 있다.

　풍경 체험은 인간에게 세계에 존재하는 방식을 지시한다. 풍경은 몸이 주변 환경과 접촉하고 환경의 질감과 구조, 공간성 등에 물리적으로 영향을 받고 있다는 사실에 부여된 이름이다. 거기에는 모종의 사건과 같은 특이성이 존재하며 객관성의 테두리를 벗어난다. 프랑스의 풍경학 연구를 주도하는 한 석학의 언술은 정곡을 찌른다. "모든 장소는 은밀한 곳이 될 수 있고 또는 그렇게 될 것이다."[20]

　프랑스 사회학과 민족학의 태두인 마르셀 모스Marcel Mauss는 풍경의 개별성과 특이성과 관련해 다음과 같이 멋지게 표현한 바 있다. "사냥꾼은 막연하게 사냥을 하러 가는 것이 아니라, 토끼 사냥을 하러 가는 것이다."[21] 마찬가지로 누구도 막연하게 추상적 풍경 위를 걸어간 적이 없다. 특정한 길, 특정한 언덕, 특정한 꼭대기 위를 걸었다. 즉 인간 모두는 구체적으로 명명되고 시간의 풍파를 견뎌온 장소를 걸어간 것이다.

　풍경은 사유에 의해서 파악될 수 있는 대상이라기보다는 세계 속에 존재하는 특정 방식이며 형언하기 어려운 독특한 분위기이고, 주어진 장소에서 세계의 운동에 참여하는 방식이다. 따라서 풍경은 먼저 몸으로 체험되는 대상이며, 그리고 나서 언어를 통해 기술되거나 그림으로 묘사될 수 있다. 이때 풍경을 묘사하는 말은 생생한 체험의 시간을 연장

20　Besse, J-M, *Habiter. Un monde à mon image*, Paris, Flammarion, 2013, p.165.
21　이 점에 대해서는 다음 문헌 참조.
　　Soudière, M. *Arpenter le paysagge: Poètes, géographes et montagnards*, Paris, Anamosa, 2019.

한다. 요컨대 풍경 체험이란 특별한 순간과 장소에서 이루어지는 특이한 집중과 몰입에 부여하는 이름이다.

프랑스어의 관용 표현인 'Entrer dans le paysage'(풍경 속으로 들어가다)는 독특한 의미장을 갖고 있다. 'Entrer'(들어가다)라는 동사에는 바깥쪽을 떠나 내부로 관통한다는 의미가 함축되어 있다. 예컨대 닫혀 있는 장소의 문을 열고 다른 사람의 집, 또는 자신의 집에 들어가는 것을 말한다. 그런데 익숙한 집이 아닌 '풍경 속으로 들어간다'는 표현에서 그 함의에 대해 조심스럽게 제시해 볼 수 있는 가설은, 풍경을 인간이 살고 있는 집의 복제물이나 확장으로 볼 수 있다는 것이다. 풍경은 단순히 인간의 주변 환경을 에워싸는 것만을 의미하지 않는다. 풍경은 인간에게 낯선 공간이면서도 동시에 익숙한 것, 가치 있는 것, 욕망의 대상이 되는 곳을 의미하기도 한다.

2) 걷기와 풍경

걷기는 풍경을 체험하는 가장 근본적인 방식이다. 편한 마음으로 걸으면서 생겨나는 피로는 소진이나 무기력이 아니라 세계의 감성적 환경에 영향을 받아 몸과 마음의 감수성을 복원시키는 세계와의 삼투와 교감이다. 이 점에 대해 '걷기 예찬'에 평생을 바쳐왔던 프랑스의 인류학자는 이렇게 설파한다. "정신적 시련은 걷기라는 육체적 시련 속에서 효과적인 해독제를 발견한다. 인간의 중력 중심을 바꾸어 놓는 해독제를. 다른 리듬 속에 몸담고, 시간, 공간, 타자와 새로운 관계를 맺음으로써 주체는 세계 속에 자신의 자리를 회복하고 그 가치를 상대적 시각에서 저울질하며 스스로의 저력에 대한 믿음을 되찾는다."[22] 걷기 체험은 몸으로 느

긴 경험이 내면의 생명이나 개인의 주체성과 동일시될 수 없음을 일러준
다. 풍경에서 주관적 삶은 사물과의 경계에서 펼쳐진다. 사실상 주체와
객체의 이분법에서 벗어나는 순간이다. 주체가 세계에 노출된다는 것은
나 자신의 한계를 벗어나는 것이며, 일정한 몰아지경에 빠지는 것을 의
미한다. 풍경은 바로 그 같은 의미에서 주체가 자신의 울타리를 벗어나
서 만드는 그 무엇이다. 그렇다고 주체를 풍경이라는 객체에 가두는 것
은 아니다. 현상학적 체험으로서의 풍경은 과학 또는 재현적 의미에서
일체의 안정성을 상실한 주체 앞에 놓여 그를 압도하는 대상이 아니다.[23]

걷기는 대지 위에 인간의 흔적을 새겨놓는다는 점에서 글쓰기와 흡
사하다. 글쓰기가 하나의 물질적 매체, 즉 읽고 해석될 수 있는 텍스트를
통하여 언어를 구체화하고 사물화하는 것이라면, 걷기는 인간이 길과
여정, 오솔길의 형태와 토양에 자신을 각인시키는 것과 같다. 걷기와 글
쓰기는 모두 과거에 존재했던 활동들의 축적된 흔적을 표상하고, 동시
에 앞으로 나아갈 길을 보여준다.[24]

예수회 출신의 사제이자 프랑스의 역사학자 미셸 드 세르토Michel
de Certeau(1925-1986)는 걷기를 일종의 발화 공간으로 보았다. 걷기는
기호 체계에 기초하고 있으나 공간 속에서 언제나 변화 가능하고 예측
될 수 없다. 걷기는 세 개의 발화 작용을 포함한다. 첫째는 전유 과정으
로서, 걷는 이는 지형 시스템과 공간을 자기 것으로 전유한다. 이것은 마

22   다비드 르 브르통, 김화영 옮김, 『걷기예찬』, 현대문학, 2002, p.256-258 (프랑스어 원서)
      Breton, D., *Eloge de la marche*, Paris, Métaillé. 2000.

23   Tilley, C., *A Phenomenology of Landscape. Places, Paths, and Monuments*, Oxford, Berg Publishers,
      1994.

24   Tilley, C., *Phenomenology of landscape: Places, Paths and Monuments*, Oxford, Berg Publishers, 1994,
      pp.27-30.

치 화자가 언어를 자기 것으로 삼는 것과 같은 원리이다. 둘째는 실현 과정으로서, 걷는 행위 자체가 걷는 이의 실현이다. 공간 속에서 운동하는 도보자는 비로소 장소를 존재하게 만든다. 소쉬르의 언어 이론을 차용해서 말한다면, 발화자를 통해 개인의 발화(파롤)가 생물학적 차원에 속하는 보편적 언어 능력(랑그)을 실현하는 것과 동일한 원리이다. 셋째는 관계 맺기의 과정이다. 우리는 걷기 속에 존재하는 다양한 관계 맺기 과정에 참여한다. 도보자는 공간과 그 가능성을 존재하게 만든다. 세르토의 표현을 빌리면 걷는 이는 각각의 공간적 기표를 다른 무엇인가로 변형시키고, 그 발화 작용은 현재 속에 위치한다. 마찬가지로 걷는 이는 자신만의 고유한 선택, 우회, 지름길에서 벗어나거나 예상치 못한 행동을 통해 불연속성을 만든다. 불연속은 따라서 걷기의 수사학을 유도한다. 걷는 이는 그의 위치에서 이곳과 저곳을, 가까운 곳과 먼 곳을 존재하게 만든다. 예컨대 걷는 이는 자신의 산책로에서 자신이 즐겨 찾는 단골 가게(이곳) 앞에 먼저 멈추고, 그리고 나서 공원의 소담한 정원(저곳)에 걸음을 멈출 수 있다. 그것은 '나'를 통해 이루어지는 공간의 전유이다. 걷는 이의 발화 작용은 필연적으로 현존적이고 불연속적이며 교감적이다.[25]

  걷는 사람은 자신이 세상에 실존한다는 감정, 내면에서 울려 퍼지는 은총의 찰나를 영혼의 곳간에 쌓아두는 사람이다. 몇몇 장소들은 일상적이고 세속적인 삶의 세계를 남겨둔 채 또 다른 우주에 진입하도록, 눈에 보이지 않는 경계선을 넘어가게 하는 형언하기 어려운 감정을 선물한다. 길을 걸으면 그동안 무뎌졌던 감각들이 주변 환경에 예민해지

25   Certeau, M., *L'invention du quotidien*, *1*. Arts de faire, Paris, Gallimard, 1990.

면서, 걷는 이는 공간과 하나가 되는 듯한 무아지경에 빠져든다. 마치 신
비로운 힘에 이끌려 그 공간에 깊이 참여하는 듯한 착각에 빠지게 되는
것이다. 어떤 장소들은 자아와의 연속성을 느끼게 하며, 단절의 감각을
불러일으키지 않는다.[26] 다시 말해 풍경 앞에 서 있는 것이 아니라 풍경
속에 녹아들어 하나가 되는 경험을 하게 되며, 모든 감각은 풍경과 교감
하며 더욱 예민해진다. "걷기는 세계를 느끼는 관능에로의 초대이다. 걷
는다는 것은 세계를 온전하게 경험한다는 것이다."[27] 단 몇 분 정도의 짧
은 산책이건, 한라산 둘레길에서 보내는 하루의 경험이건, 산티아고 순
례길처럼 수개월에 걸쳐 행해지는 장기간의 걷기이건 시원하게 트인 야
외는 그때부터 걷는 이의 자아 속에 자리 잡는다. 특히 몇몇 풍경은 장소
가 지닌 특별한 매력을 느끼게 할 정도로 도보 여행자에게 눈부신 추억
을 마음속에 아로새긴다.[28] 이 점에서 리베카 솔닛Rebecca Solnit이 『걷기
의 인문학』에서 도보가 사유와 풍경과 맺는 관계를 파악한 대목은 걷기
의 인문학적 본질을 꿰뚫고 있다. "보행의 리듬은 생각의 리듬을 낳는다.
풍경 속을 지나가는 일은 생각 속을 지나가는 일의 메아리이면서 자극
제이다. 마음의 보행과 두 발의 보행이 묘하게 어우러진다고 할까. 마음
은 풍경이고, 보행은 마음의 풍경을 지나는 방법이라고 할까. 마음에 떠
오른 생각은 마음이 지나는 풍경의 한 부분인지도 모르겠다."[29]

　　수십 년 동안 걷기의 인문학적 의미에 천착했던 사회학자 다비드
르 브르통David Le Breton은 바로 그 같은 순간에 반드시 그곳에 자신이 존

26　　Breton, D., *Marcher la vie: un art tranquille du bonheur*, Paris, Métaillé, 2020, pp.97-116.
27　　다비드 르 브르통, 김화영 옮김, 『걷기예찬』, 현대문학, 2002, p.21.
28　　Breton, 위의 책, pp.97-116.
29　　리베카 솔닛, 김정아 옮김, 『걷기의 인문학』, 반비, 2017, p.21.

재해야 할 일종의 필연성을 절감했다고 회고하고 있다. 이는 마치 모든 존재가 바로 그 시간에 그 장소에서 그 같은 전무후무한 섬광과 더불어 수렴되는 것과 같은 감정을 불러일으킨다.[30] 그것은 우주와 자신이 합일 하는 특별한 순간이며, 일생에 단 한두 차례 누릴 수 있는 특권과도 같은 경험이다. 그러나 대부분 사람은 이 같은 특이한 감정을 묘사할 적절한 단어를 찾아내지 못한 채, 그 부름이 어디에서 오는지도 모른 채, 그저 그 장소에 이르게 된다.

19세기 미국 국립공원 수립에 결정적 기여를 했던 생태사상가 존 뮤어 역시 이 점을 간파한 바 있다. "이제 우리는 산속에 있고 산은 우리 안에 있어 우리의 땀구멍 하나, 세포 하나하나를 채워 열정을 불러일으 키고 모든 신경을 전율케 했다. 살과 뼈로 된 육신의 장막帳幕은 유리처 럼 투명하게 된다."[31]

세상을 몸과 마음으로 느끼며 걷는 이는 더 이상 세계와 거리를 두 거나 그 안에 머무는 존재가 아니라, 세계와 하나가 되는 존재다. 자연과 하나되는 강렬한 유대감은 그의 내면 깊은 곳에서 선물 받은 아름다움, 그리고 그 아름다움에서 발현되는 감사하는 마음에서 비롯된다.

자신이 히말라야산맥을 등반하는 상상을 해본다면 어렵지 않게 짐 작할 수 있듯이 걷는 공간의 광활함은 내면세계의 무한한 우주와 맞닿 는다. 공간과 정신 사이에는 경계선이 존재하지 않으며 하나의 발자국 은 다른 하나의 영토로 유도된다. 라이너 마리아 릴케Rainer Maria Rilke는 "매일을 모종의 생명으로 만들고 우주와의 합일로 만드는 이 같은 무한 한 고독"을 언급하며, 눈에 보이지 않는 우주에도 인간은 존재할 수 있

30   Breton, 같은 책, pp.97-98.
31   존 뮤어, 김원중·이연형 옮김, 『나의 첫 여름』, 사이언스북스, 2008, p.21.

다고 말했다.

현대인들은 폭우나 혹서와 같이 일상생활에 불편을 주는 기후 변화를 제외하면 자연환경에 거의 관심을 두지 않는다. 특히 인공조명으로 밤하늘조차 밝게 빛나는 대도시에서는 땅이나 나무조차 장식품처럼 여겨진다. 급속한 도시화는 자연을 '시뮬라크르simulacre(복제된 모사물)'로 전락시키며, 현대인을 인공적인 환경에 익숙하게 만들었고, 자연은 낯설고 이질적인 공간이 되었다. 자연에 몰입하고 몸과 마음으로 교감하는 시간은 이제 오직 걷는 사람만이 누릴 수 있는 특별한 경험이 되었다. 자신의 두 다리로 주파하는 여정은 성스러움의 의미를 갱신하고, 인간이 무한히 아름다운 우주 속에 투사된 피조물이라는 감정을 선사한다. 별이 빛나는 자연에서 잠을 자고 일출과 석양을 음미하고 멋진 풍경을 가로지를 때 인간의 몸과 마음은 질적으로 변화한다. 소나무로 둘러싸인 숲속의 빈터에서 밤을 보낸 작가 로버트 루이스 스티븐슨Robert Louis Stevenson(1850-1894)은 그 숲이 베푼 환대에 감사의 마음을 담아 아무도 없는 소나무숲 속 풀밭 위에 숙박비를 남겨둔다. "밤은 닫혀 있는 지붕 아래 세계에서는 죽음처럼 단조로운 시간이다. 그러나 열린 세계에서 그것은 별과 이슬과 향기와 함께 가볍게 흘러가며, 자연의 낮빛을 통해 시간을 일깨워준다. (…) 우주공간이라고 불리는, 별들 사이에서 윤기 나는 검푸른 공간이 소나무 뒤쪽에서 불그레한 잿빛을 띠고 있었다. (…) 차츰차츰 아름답게 다가오는 새벽에 내 마음은 엄숙한 기쁨에 사로잡혔다. 나는 시냇물 흐르는 소리를 즐겁게 들으면서, 기대하지 못했던 어떤 볼거리가 있을까 싶어서 주위를 살폈다. (…) 빛을 제외하고는 바뀐 것이 없었다. 그러나 실제로 그 빛은 모든 생명과 살아 있는 침묵의 정신 위에서 빛나고 있었고, 그것이 나를 이상한 희열에 휩싸이게 만들었다. (…) 새벽은 중요한 순간에 나를 깨워 주었다. 융단과 독특한 천장은 물론 창 밖으로 보이는 전망에 대해서도 더할 나위가 없었다. 나는 이 같은 아낌없는 환대로 인해 누군가에게 빚을 졌다는 기분이 들었다. 나는 떠나면서 반쯤은 장난스럽게 내 숙박비로 충분히 쓰였을 만큼의 돈을 풀밭 위에 남겨두었는데 그것이 또한 나를 더욱 즐겁게 만들었다."[32] 도보 여행자는 자신이 자연과 깊이 연결되어 있으며, 자연과 특별한 관계를 맺고 있다는 감정을 느낀다. 레비스트로스 역시 그의 명저 『슬픈 열대』에서 거목들로 울창한 아마존숲에서 겪었던 체험을 들려준 바 있다. "이 우뚝 솟아 있는 풍경은 나에게는 살아 있는 것처럼 보였다. 일정한 거리를 두고 세부적인 모습을 관찰할 수 있는 한 폭의 그림처럼 나의 명상에 얌전하게 순응하는 대신, 풍경은 나를 일종의 대화로 초대했다. 그 대화에서 숲과 나는 자신의 최상의 상태를 서로에게 선사했다."[33] 레비스트로스에게 있어 풍경이란 사물의 높은 곳에서, 이를 테면 산 정상에서 멀리 있는 곳을 내려다보며 관조하는 동떨어진 대상이 아니다. 그가 우리에게 일러주는 풍경의 참된 가치는 사물의 겉모습을 뚫고 들어가 간파해야 할 어떤 깊이이며 우리와 가장 가까이 존재하는 근접성이다. "인간들이 침묵을 고수한다면, 대지가 스스로 말하게 해보자. 이 강변을 따라 나를 유인했던 경이로움을 넘어 대지는 마침내 나의 시도에 답하고, 자신의 비밀스러운 속살을 내게 알려주리라. 모든 것이면

32   로버트 루이스 스티븐슨, 원유경 옮김, 『당나귀와 떠난 여행』, 새움, 2003, p.105, 109-110.

33   Lévi-Strauss, C., *Tristes tropiques*, Paris, Plon, 1955, p.406. (한국어 번역본) 박옥줄 옮김, 『슬픈열대』, 한길사, 1998, p.616.
      레비-스트로스의 풍경론에 대해서는 다음 문헌 참조.
      1. 김성도, 『레비스트로스의 『슬픈열대』 읽기』, 세창출판사, 2023, p.236-250.
      2. Olivier Mongin, "Une pensée du monde du sensible : les paysages de Claude Lévi-Strauss", *Synergies Brésil*, n.spécial 2, 2010, pp.53-65.

서 동시에 아무것도 아닌 이런 외관들의 혼돈스러움을 넘어, 그 비밀의 순수성은 도대체 어디에 움트고 있단 말인가? 나는 몇몇 경치들을 선택해서 그것들을 그 이외의 나머지와 분리시킬 수 있다. 이것은 여기 있는 이 나무인가, 이 꽃인가? (…) 나는 방대한 풍경을 거부하고, 시야를 좁혀 본다. 그리고 이 같은 점토 해변과 잎의 새순으로 나의 시야 범위를 축소시킨다."[34]

걷는 이는 자연, 나무, 동물과 인간이 철저하게 구별되는 분리에 선행했던 근대 이전의 세계를 재발견한다. 모든 풍경은 팔림프세스트 palimpsest, 즉 중세 때 겹겹이 다시 써내려간 기억의 양피지이다. 자연의 수많은 운동과 인간이 자연 속에서 느끼고 남긴 흔적은 모두 풍경 속에 새겨진다. 풍경은 폭풍우, 화산 폭발, 대홍수, 화재, 동물의 현존 등의 영향 아래에서 변형된다. 풍경은 역사의 수많은 켜들을 응축하고 있다. 지구상에 존재하는 자연 풍경은 수천만 년 동안 이루어진 시간의 끊임없는 연속을 구현하고 있다.[35]

걷는 여정은 대지, 숲, 언덕, 초원을 개간한 인간 활동에 의해 풍경에 가해진 시간의 흔적을 따라가는 여정이다. 풍경 속을 여행한다는 것은 언제나 역사 속의 여행이라는 점에서 지리와 역사의 이중적 차원에 속한다. 물론 여기서 역사는 공간을 축조한 수천 년 또는 수만 년에 걸쳐 있어서 인간의 인식으로는 접근할 수 없다. 그러나 풍경은 매우 미세한 흔적을 통해 자신이 탄생한 배경에 대한 이야기를 들려준다. 예를 들어 우리의 상식과 달리 알프스 산맥에는 인간의 손길이 닿지 않았던 원시 상태가 존재하지 않는다. 작은 오솔길조차 오랜 시간 동안 그곳에서 삶

34   Lévi-Strauss, 위의 책, pp.397-398. (한국어 번역본) p.605.
35   Breton, 앞의 책, p.106.

도2 · 산티아고 순례길을 걷는 도보자

을 영위하고 개척했던 사람들의 발자취가 남긴 흔적이다.

시간의 흐름과 변화 속에 새겨진 모든 풍경은 그 의미를 고정시킬 수 없는 부유하는 기표이다. 풍경은 단 하루, 특정 계절, 특정 기후의 순간에만 나타나는 수많은 층으로 이루어져 있다. 기상 변화는 빛의 굴절을 통해 풍경의 모든 요소를 흐릿하게 만들기도 한다. 도보 여행자는 풍경이 만들어내는 날씨와 분위기의 변화에 항상 민감하게 반응한다. 폭우 속에서 또는 맑은 날씨에서, 폭풍이나 안개 속에서 우리는 같은 걸음걸이와 같은 기분으로 길을 걷지 않는다. 이처럼 풍경은 변화무쌍함과 변신의 집합체이며 계절과 날씨에 따라 끊임없이 움직인다.

도보 여행자가 감상할 수 있는 것은 풍경의 겉모습만이 아니다. 새소리, 동물이 울부짖는 소리, 풀과 나뭇잎을 스치는 바람 소리를 비롯해, 풀,

꽃, 나무에서 발산하는 다양한 향기를 맡을 수 있으며, 열기 또는 냉기, 짙은 안개나 수증기가 그의 피부에 와닿을 때 느끼는 감촉을 선물 받는다.

3) 풍경, 시각, 신체성

철학자 모리스 메를로퐁티Maurice Merleau-Ponty가 제시한 자아, 신체, 세계를 아우르는 현상학을 수용하면 풍경에 대한 새로운 개념 형성이 가능하다. 과거의 이론들이 풍경을 관찰자와 분리된 대상으로 여기고, 관찰자의 위치나 거리 등에 주목했던 것과 달리, 메를로퐁티는 풍경을 우리 몸으로 직접 체험하는 살아있는 현실로 본다. 즉 풍경은 단순히 바라보는 것이 아니라 우리 존재와 깊이 교감하며 세계와 연결되는 통로가 된다. 풍경은 더 이상 명상하는 멋진 경치가 아니라 체험이 이루어지는 생명의 세계로서 인식된다.

특히 메를로퐁티는 자아와 풍경이 서로 직조하는 관계를 파악하기 위해 교착entrelacs이라는 용어를 사용한다. 나의 몸이 관찰 주체이면서 동시에 관찰의 대상인 것처럼, 세상을 보는 동시에 세상의 대상인 것처럼 가시적 세계와 인간의 몸이 맺는 관계는 분리와 접속이라는 이중 운동에 따라 얽혀 있다. 그 둘의 관계가 접속인 이유는 내가 세상에 보여짐으로 인해 가시적 풍경의 부분이 될 수 있기 때문이다. 한편 분리인 이유는 내가 풍경과 세계를 볼 수 있기 때문이다.

인간의 눈으로 사물을 보는 것은 일정한 거리를 취한 분리를 통해 실현된다.[36] 따라서 메를로퐁티는 체현된 시각을 자아와 풍경의 교착으

36   Wylie, J. *Paysage*, Paris, Actes du Sud, 2015, pp.228-229.

로 파악하는 독창적 개념을 제공한다. 시선은 더 이상 관객의 위치에서 보는 데카르트적 인식론의 배타적 보루가 아니다. 풍경은 관찰자 주체의 시각 영역도 아니고 가시적 사물의 총합도 아니다. 풍경은 관찰 주체로서의 자신에 대한 의미가 생겨나게 하며, 이와 끊임없이 얽히는 과정이다. 내가 바라보는 사물의 풍경에 내가 속한다는 것은 엄연한 사실이다. 풍경을 보는 행위 자체가 이러한 사실을 증명한다. 풍경을 통해 '나'라는 주체가 드러나고 의미와 감각으로 가득 찬 세계와 교감하게 된다. 이러한 주체성과 참여는 신체적 경험을 통해 끊임없이 생성된다.

메를로퐁티의 이론은 풍경, 시각, 주체성 등의 개념을 변형시킨다. 즉 풍경은 세계를 보는 방식에서 세계가 존재하는 방식이 된다. 세계를 바라보는 주체는 데카르트적 인식론에서처럼 풍경에 특정 의미를 투사하는 사유하는 자아가 아니다. 그와는 반대로 풍경에 대한 신체적 실천을 통해 통일되고 완수된 자아다.[37] 이 점에서 메를로퐁티의 말은 뛰어난 통찰력을 보여준다. "화가의 시각은 더 이상 하나의 외부에 대한 시선이 아니다. 즉 단지 물리적-광학적 관계가 아니다. 세계는 재현을 통해 그의 앞에 존재하는 것이 아니다. 사물 속에서 집중화와 가시적 세계가 자아에 당도한 것을 통해서 탄생하는 것은 화가 그 자신이다."[38]

자아, 신체, 세계에 대한 메를로퐁티의 현상학은 풍경에 대한 새로운 정의를 가능케 한다. 객관적 관찰, 거리, 관객 주체 등의 가정에서 벗어나 세계에 내 존재를 잠재적으로 표현할 수 있게 된 것이다. 이는 다름 아닌 능동적 참여로서의 풍경을 의미한다.[39] 생활 세계로서의 풍경은

37 위의 책, p.230.
38 Merleau-Ponty, M., *Le Visible et l'Invisible*, Paris, Gallimard, 1964, p.69.
39 Wylie, J., *Landscape*, London and New York, Routledge, 2007, pp.139-186.

인간이 살아가는 세계이지 멋진 장면이 아니다. 풍경 체험에 무게 중심을 둔다는 것은 풍경을 하나의 문화적 이미지 또는 회화적 재현의 방식으로 정의하는 시각에 맞서서 내부와 외부, 정신과 물질의 분할을 거부함을 뜻한다. 이 같은 시각에 의하면 풍경은 마음의 눈이나 상상 속에 존재하는 그림이 아니다. 그 같은 상징적 풍경은 몸이 관여하지 않은 문화적 의미로서 문화 관념과 자연 물질이라는 근본적 이분법을 재생산한다. 한마디로 풍경 현상학은 지난 반세기 동안 영미권의 풍경 담론을 지배한 문화주의적 인식론을 정면으로 반박하는 작업에 착수한 것이다.

3 풍경 - 사유:
사유와 거주로서의 풍경

1) 풍경 - 사유

풍경은 단지 행동 영역과 학술 연구 대상으로만 머무르지 않는다. 풍경은 새로운 합리성을 발명하는 인식론적 모델을 구축한다. 풍경 연구의 권위자 미셸 콜로Michel Collot는 풍경이 수행하는 그 같은 인식론적 기능을 표현하기 위해 풍경학, 예술, 문학 등의 영역을 횡단하며 그것을 일러 풍경 사유라 부른 바 있다.[40]

거시적 차원에서 풍경은 엄연히 문명에 속하며, 인간 정신성의 심오한 진화 과정을 반영한다고 말해도 과언이 아닐 것이다. 제2차 세계대전 이후 물질적 풍요를 삶의 목표로 삼은 서구 사회의 가치관은 근대 이전에 전승되어 왔던 풍경에 대한 인식 및 태도와 근본적으로 단절되었다. 현대 서구 사회가 맹목적으로 추수한 이 같은 효율성과 경제지상주의는 도시 계획, 국토 계획, 공간 구획에서 우선 원칙으로 자리 잡아 역사적, 사회적, 문화적, 자연적 맥락을 경시하는 우를 범했다. 인문적 가치에 대한 이러한 경시는 16세기 데카르트의 심신이원론과 17세기 과학혁명에서 비롯한 근대 사조의 세계관을 반영하며, 합리성을 최고의

---

40   Collot, M., "La pensée paysage", in: *Le paysage : états des lieux*, Ousia, 2001, pp.498-511.

가치로 여기고 감성과 지성을 대립시키는 세계관에 기반을 두고 있다. 생태학적 위기를 눈앞에 둔 현시점에서 인간은 그 같은 단절된 요소들을 재결합해야 할 필요성을 절감한다. 새로운 세계관과 인식론은 결코 이론적인 사고에만 머물러서는 안 되며, 기존의 타성에 근거한 사유와 과감하게 단절할 것을 요청하고, 행동 방식과 삶의 방식을 개혁하는 것을 전제로 한다. 요컨대 풍경은 총체적 변화를 주문하는 "하나의 전략적 사안이다."[41] 풍경은 행동의 영역으로도, 이론적 연구 대상으로도 환원될 수 없으며, 보다 심오한 차원에서 세계, 생명체와 사물, 그것의 연대를 사유하게 만들며, 무엇보다 다르게 사유할 것을 요구한다. 즉 풍경은 타성적 사고를 버리고 다르게 생각하도록 만들어주는 촉진제라는 의미심장한 결론을 도출할 수 있다.

　이렇듯 풍경은 새로운 유형의 합리성을 발명하기 위한 인지적·인식론적 모델이다. 그런 이유에서 풍경을 시적 상상력에 대한 호소, 의미작용 구조, 감동의 원천으로 파악하고 나면 궁극적으로는 사유의 재료로 접근하는 가능성이 열리게 된다. 이 대목에서 콜로 교수는 '풍경 사유pensée paysage'라는 새로운 사유 범주를 제안하면서 상호 호혜적인 관계 속에서 인간과 우주 사이의 본질적인 관계를 파악하고자 한다. '풍경 사유'는 동사구로서 해석될 수 있으나 동시에 복합명사로서 읽는 것도 가능하다.[42] 풍경이 사유와 결합함으로써 다양한 의미론적 해석이 가능해지는 것이다. '풍경 사유'라는 조어는 풍경이 우리로 하여금 사유하게 만든다는 의미와 더불어 사유가 풍경처럼 펼쳐진다는 의미까지 담고 있는 독특한 표현이다.

41　위의 책, p.498.
42　표현이 처음 제시된 곳은 콜로의 논문이다. Collot, 앞의 논문.

　하지만 이 같은 이러한 이중적 의미는 단지 그것의 기발한 언어 표현에 머무르지 않는다. 이는 풍경을 마주하는 사람이 수행할 수 있는 성찰의 방향을 제시한다. 풍경 사유의 이중적인 의미는 주체/대상, 인간/우주라는 이분법적인 구도를 해체하고 관계 중심적인 사고를 지향한다. 즉 지리학자 베르크가 제시한 '투사 방식'에서 영감을 받아 주체와 객체가 서로 영향을 주고받는 관계적 사고를 강조한다. 또한 현상학에서 발전된 상관관계 개념에서도 영향을 받았다는 점을 덧붙여야 할 것이다. 풍경 사유는 주체가 자신이 마주하는 대상에 대해서 자신의 고유한 범주를 투영하는 대신 대상에 주의를 기울이는 깊은 사려를 통해 진행된다. 풍경 사유는 사물에 자신의 관점과 태도를 일방적으로 강요하는 것이 아니라 사물이 건네는 몸짓과 암시에 세심한 주의를 기울이고 귀를 기울이려는 대화와 경청의 자세를 취한다. 풍경 사유는 주체와 대상이 서로 마음을 터놓을 때 비로소 실현될 수 있는 세계와의 참된 만남에서 탄생하는 것이다. 그러나 풍경 사유는 결코 주체와 대상을 애매모호하게 혼합시키는 혼란스러운 사유가 아니며, 막연한 융합적 사유는 더더욱 아니다.

　풍경은 생각을 떠오르게 만든다. 공동묘지를 생각해 보자. 묘지는 풍경의 한 유형이다. 그것은 공리적, 종교적, 그리고 미학적 성질로 평가받거나 찬양받을 수 있을 것이다. 사람들은 다양한 이유로 그곳을 방문한다. 어떤 사람은 특별한 이유 없이 공원묘지에 가는 경우도 있다. 인문지리학의 태두인 이푸 투안Yi-Fu Tuan에 따르면, 공원묘지는 특별한 정신 상태를 유발하며 인간이 그곳을 어떻게 인식하는지에 영향을 미친다. 묘지는 일반적으로 시간과 도덕성이라는 주제에 대한 명상을 유발하는 특별한 종류의 장소이다.[43] 베르크 역시 풍경이 특정한 방식으로 사유하게끔 한다는 점은 의심할 여지가 없다고 강조한다. 덧붙여 몇몇 관념은 바로 풍경으로부터 도래한다는 점 또한 분명하다고 확인한다.[44] 풍경이 인문과학 분야에서 주목받는 이유는 단순히 보는 것을 넘어 사유하게 만드는 힘이 있기 때문이다. 프랑스의 대문호 발자크는 이미 이렇게 쓴 바 있다. "풍경은 여러 생각을 품고 있으며, 또한 생각하도록 만든다."[45]

이렇듯 풍경은 우리 마음속에 숨겨져 있던 깊은 울림과 느낌의 순간적 깨달음epiphany을 상찬하는 데 있어 호의적이다. 또한 생명체와 접촉하며 움직이는 몸과 더불어 형성되는 시선은 풍경의 감각적·감성적 성질을 형상화하는 데 있어 결정적 역할을 맡는다. 따라서 "시선은 세계를 예술 작품으로 만들어낼 수 있는 힘을 갖는다."[46] 시선은 심미적 행위이며 아울러 사유 행위이다. 지각은 직관적 생각하기의 방식이며 반성 이전의 사유 방식이다. (…) 그 직관적 사유 속에서 지식과 반성적 사유는 자원을 공급받는다. 풍경 사유는 곧 이분법을 탈피하려는 새로운 사유법이다. 풍경 지각의 중요성을 진지하게 수용한다면, 서양 사상의 고착된 이원주의에서 벗어나 기존의 상당수의 이분법적 대립을 넘어설 수 있을 것이다. 의미와 감각, 가시적인 것과 비가시적인 것, 주체와 대상, 사유와 외연, 정신과 신체, 자연과 문화 등 서양 전통에서 대립하거나 종속적인 관계로 여겨졌던 개념을 풍경을 통해 새롭게 사유할 수 있다. 풍경 사유는 오늘날 인간이 직면하는 문제에 대한 해답을 제시하고 동아

43   Tuan, Y-F., *Topophilia: a Study of Environmental Perception, Attitudes, and Values*, Columbia University Press, 1990, pp.94-95.

44   Berque, A., *La Pensée paysagère*, Paris, Archibooks, 2008, p.7.

45   Balzac, H., *Ursule Mirouët. La Comédie humaine*, Paris, Gallimard, 1976, p.770.

46   Tortosa, G., "Pour un art in visu, manifeste (esth)étique", in: Clément, G., *Les Jardins planétaires*, Paris, Jean-Michel Place, 1999.

시아의 예술과 사상의 풍요로운 대화에 기여하며, 서구 문명의 역사를 새롭게 조명할 수 있을 것이다.

2) 풍경과 거주의 원근법

마르틴 하이데거Martin Heidegger는 1951년 「건축함 거주함 사유함Bauen Wohnen Denken」이라는 논문을 통해 거주 개념을 제안한 바 있다.[47] 여기서 거주는 인간이 세계 속에서 존재를 표현하는 전체적인 수단으로서 나타 난다. 하이데거의 거주 개념은 다양한 풍경과 장소를 성립하고 시간 속 에서 자연과 문화를 연결 짓는 존재와 사물과의 풍요롭고도 은밀한 집 합이다. 하이데거의 심오한 표현을 빌리자면 거주하는 것은 유한한 생 명, 즉 필멸자들이 지상에 존재하는 방식이다. 그의 독일어 원문에서 '건 축함'과 '거주함' 사이에, '거주함'과 '사유함' 사이에 쉼표가 없는 것에 서 감지할 수 있듯이 하이데거에게 있어 이 세 가지는 상호 교환이 가능 한 동의어다.[48] 그의 거주의 원근법은 주체와 대상의 이원성에 기초한 생활 모델과 사유 모델을 넘어서려는 현상학적 야심을 응축한다.[49]

인류학자 팀 잉골드Tim Ingold는 하이데거의 거주 철학으로부터 영 감을 받아 거주를 실천적 활동으로 파악한다. 그는 생명체가 물질적 환 경과 맺는 본질적이면서도 존재론적인 참여 속에 거주의 뿌리가 있다고 설파한다. 그의 통찰에 의하면 세계가 의미를 머금게 되는 것은 생명체

47   Heidegger, M., *Bauen Wohnen Denken: Vorträge und Aufsätze*, Klett-Cotta, 2022(1951).

48   거주과 사유의 관계에 대한 하어데거의 사상에 대해서는 다음 문헌 참조. 김성도, 『도시인간 학』, 안그라픽스, 2014, pp.722-728.

49   Wylie, J., *Paysage*, Paris, Actes du Sud, 2015, pp.239-240.

가 그곳에 거주할 때이다.[50] "장소는 그곳에서 시간을 보내는 사람들에게 제공하는 경험, 즉 특정 분위기를 구성하는 시각적 요소, 소리 및 냄새에 따라 특성이 결정된다. 그리고 그 같은 경험은 그곳의 거주자들이 실천하는 활동의 종류에 달려 있다. 즉 각 장소의 고유한 의미는 사람들이 세상과 맺는 관계적 맥락에서 비롯한다. 따라서 공간과 더불어 세계에 의미가 부여되는 반면, 그 같은 의미는 풍경과 더불어 세계로부터 다시 모아진다."[51]

거주의 원근법은 자신의 환경 속 행위 주체에 주목한다. 세계와 분리된 개인이라는 개념에 반대하며, 현상학에서 '세계 내 존재'라고 부르는 것처럼 주체가 세계와 능동적으로 관계 맺으며 살아가는 존재임을 강조한다. 자연과 문화, 물질 담론 사이에 도입된 일체의 분리를 비롯한 이원주의적 사유의 원칙을 거부하고, 주체와 환경 사이에 존재하는 참여의 연속적·관계적 맥락에 주안점을 둔다. 거주의 원근법에 의하면 '자연' '환경' 등의 용어는 인간 사고의 외부에 존재하면서 침묵하는 물리적 세계를 지시하지 않는다. 자연은 부동의 물질이 아니며 나중에 가서 의미가 각인되는 기층이나 용기로서 인식되지 않는다. 거주의 원근법은 자연과 환경을 외부 세계가 아니라, 생명의 펼침 속에서 작용하는 능동적 힘이자 적극적인 참여 주체로 이해하는 새로운 비전을 함의한다.

잉골드가 거주와 풍경 개념을 분절시키는 방식은 특별하다. 그는 이 둘을 분리할 수 없는 것으로 제시한다. 풍경은 거주와 다름없다. "풍

50 Ingold, T., "Building, dwelling, living: How animals and people make themselves at home in the world" in: *The Perception of the Environnment: Essays on Livelihood, Dwelling and Skill*, London, Routeledge, 2000, pp.172-208.

51 위의 책, p.192.

경은 세계 안에 거주하고, 장소들을 이어주는 행로들을 따라 여행하는
사람들에게 알려진 바대로의 세계인 것이다."[52] 풍경의 시간성이라는
테제를 제시한 그의 풍경 사상에서 이 같은 결론은 당연하다. 풍경은 결
코 특정 영토로서 수학적으로 수량화되고 측량될 수 있는 게 아닌 것이
다. 단순한 토지 면적과 대립하여 풍경은 질적이면서 이질적인 무엇이
다. 풍경은 수량이 아니라 느낌이며 정서를 담고 있다. 또한 풍경은 서구
적 의미에서 말하는 자연, 즉 인간의 삶과 사유의 외부에 있는 영역이 아
니다. 서구적 개념에서 자연이 인간과 분리된 거리를 암시한다면, 풍경
은 주체와 대상이 서로 맞물려 있는 착종 상태이다. 잉골드는 풍경을 공
간과 대립시킨다. 공간은 토지 면적에 대한 지도의 재현으로 동화될 수
있지만, 풍경은 인간의 신체적 지각에 뿌리를 두고 있다.[53] 반면 풍경 개
념이 생물체의 기능보다는 형태를 강조하는 것과 마찬가지로, 신체 개
념 역시 기능보다는 그것의 형태에 중점을 둔다. 신체가 하나의 생물이
세계 내 현존하는 형태라면, 그 생물이 존재하는 세계는 풍경의 형태로
나타난다. 유기체와 환경처럼 몸과 풍경은 상호 보완적인 용어로, 각각
은 형상과 배경으로서 서로를 함의한다."[54]

　　현상학적 원칙을 적용할 때 풍경은 신체 차원과 같은 맥락에 속한
다. 신체적 차원은 세계 속에서, 세계와 더불어 행동을 창조하는 연속적
과정으로서 나타난다. 특히 거주라는 차원에서 풍경은 시간성과 더욱
밀접하게 결부되어 있다. 여기서 말하는 시간성은 본질적으로 인간이
행하는 일련의 과제 완수에 속한다. 풍경과 일정한 거리를 두면서 망막

52　　같은 책, p.193.
53　　같은 책, pp.189-208.
54　　같은 책, p.193.

에 의존해 이루어지는 시각은 거주라는 신체 전체를 통한 동작적 참여를 통해 대체되며, 역사의 직선적 시간은 신체적 체험에 정초를 두고 있는 시간성에 의해서 대체된다. 즉 거주 환경이면서 동시에 거주 활동인 풍경은 존재론적으로 시간성을 내포하고 있으며, 이로 인해 풍경과 거주는 분리될 수 없는 현상학적 전체 속에 토대를 둔다. 거주에 대한 풍경 이론의 한복판에는 존재와 풍경의 관계가 근본적으로 불가분하다는 가정이 자리 잡고 있다. 풍경은 결코 비물질적인 상징적 의미의 시리즈로 분할될 수 없으며 물리적으로 환원될 수 없다. 인간이 풍경 속에서 삶을 영위하는 동안 풍경은 인간의 한 부분이 되고, 마찬가지로 인간은 풍경의 한 부분을 형성한다.[55]

요컨대 거주의 원근법에서 풍경은 거주하는 사람에게 인식되는 세계이며, 따라서 풍경은 세계에 거주하는 일상의 기획으로서 정의된다. 풍경은 곧 참여적인 환경으로서 특징지어질 수 있다. 풍경은 이미 알려졌거나 재현된 환경이 아니며, 단순히 의미를 부여하는 실천도 아니다. 풍경은 노동과 과업을 수행하는 수행하는 감성적인 환경이자 문화적 의미와 상징성의 원천이다. 결론적으로 풍경은 물리적인 표면이나 고정된 영토가 아니라 거주의 실천과 지속적인 과정 그 자체이다. 메를로퐁티의 표현을 빌리자면 풍경은 사유의 외부에 있는 대상이 아니라 우리의 사유가 머무는 보금자리다.

---

55   같은 책, pp.190-196.

4 풍경과 진리

중국에서 최초의 화론으로 손꼽히는 『화산수서畫山水序』의 저자인 남북조 시대의 화가 종병宗炳(375-443)은 이른바 '종병의 원칙'으로 역사에 기록될 다음과 같은 심오한 문장을 남겼다.

"무릇 눈으로 보고 마음으로 통하는 것을 이理라고 하는데, 사실적으로 교묘하게 그려진 산수화는 곧 눈으로 보아도 감응하게 되고 마음도 회통할 수 있다. 눈으로 보고 마음으로 통하여 산수에 있는 신과 감응하니 작가의 정신이 더욱 나아가 이理를 터득하게 된다."[56]

이 문장의 요지는 "산수는 형태와 질감을 갖추면서 정신성을 지향하는 것"으로 풀이할 수 있다. 그는 산수화를 산수의 정신을 묘사하고 도道를 계시하는 신물神物(사산수신寫山水神)로 보았다.[57] [58] 중국에서 육조六朝 이후 4-6세기에 풍경(산수)은 최고 반열의 으뜸 주제가 된다.

유럽에서 '풍경'이라는 단어가 등장하고 본격적 논의가 시작된 것은 르네상스 시대부터이다. 종병의 시대와 거의 동시기에 쓰여진 아우구스티누스(354-430)의 『고백록』10권에서 읽을 수 있는 한 구절은 동서양 풍경관의 극명한 차이를 보여준다.

"흔히 사람들은 높은 산봉우리, 망망한 바다의 물결, 넓은 강의 흐

---

56   천촨시 지음, 김병식 옮김, 『중국산수화사 1: 초기 산수화에서 북송까지』, 심포니, p.40.

57   임태승, 『중국미학 원전자료 역주1: 미학이론, 역주 2: 서예, 회화』, B2, 2022.

58   천촨시, 위의 책, p.40.

름, 끝없는 대양, 별의 운행을 구경하러 여행을 떠납니다만 자신들에 대해선 까맣게 잊어버립니다. (…) 내가 눈으로 보는 순간 그것들이 내 안으로 흡수되는 것이 아닙니다. 나한테 있는 것은 그것 자체가 아니라 그 영상일 뿐입니다."[59]

이 구절의 "그들 자신se Ipsos"이라는 단어는 현대인이 의식 또는 양심이라고 부르는 것을 의미하며, 아우구스티누스 자신이 '메모리아 memoria(기억)'라고 부르는 것을 뜻하기도 한다. 아우구스티누스가 말하려고 하는 바는 세상의 화려한 볼거리는 인간에게 사물의 진리를 숨긴다는 것이다. 그러므로 그리스도인은 외부fortis의 표면적 광경에 현혹되어 혼을 빼앗겨서는 안 되며, 그것들로부터 과감하게 돌아서서 내면 intus을 돌봐야 한다는 점을 표출하고 있다. 다시 말해 진리가 머물러야 할 곳인 자신의 양심을 보살피는 데 마음을 모아야 한다는 가르침을 웅변한다. 왜냐하면 바로 그곳, 나의 양심과 의식 속에 신이 계시기 때문이다. 아우구스티누스는 은혜를 입어 회심回心한 후에야 비로소 이 사실을 깨달았다. 그는 인간이 자연에 대해 보다 심오한 이해에 도달하고 자연에서 신적 질서의 단순한 반사 그 이상의 것을 보기를 권했다. 그의 훈계는 그에게 심대한 영향을 끼쳤던 플라톤 철학의 핵심 메시지를 담은 동굴 알레고리를 반영한다. 이 우화에 따르면 인간은 동굴 벽에 투사된 그림자에 불과한 이미지를 그림자로부터 파생된 감각적 대상들로 파악하는 것이 아니라 실재적이고 참된 것으로 간주하는 환영에 빠져 있다.

반면 종병이 살았던 동아시아에서 진실의 자리는 풍경이었다. 이 점을 보다 선명하게 파악하기 위해서는 종병과 동시대 시인이었던 도연

---

59   아우구스티누스, 최민순 옮김, 『고백록』, 바오로딸, 2010, p.401-402. (프랑스어 원서) Saint Augustin, *Confessions*, X, 8, 15, Paris, Les Belles Lettres, 1994 et 1996.

명(365-427)이 쓴 몇 구절의 시를 읽는 것으로 족할 것이다.

> 동쪽 울타리 밑에서 국화를 따노라니
> 우연히 남산이 눈에 들어온다.
> 산 기운은 저녁에 아름답고
> 날아다니던 새들도 무리 지어 돌아오누나.
> 이 가운데 참뜻 있으니
> 말하고자 해도 말을 잊었노라.
>
> ── 도연명, 「술을 마시다(飮酒)」 일부[60]

> 때는 마침 한여름 오월
> 맑은 아침 남쪽에서 서늘한 바람이
> 빠르지도 느리지도 않게
> 살랑살랑 내 옷깃에 불어온다.
> 눈을 돌려 서쪽 정원 바라보니
> 찬란하게 해바라기 무성하네.
> 지금은 너무도 사랑스럽지만
> 어이할거나, 다시 시들 테니.
> 경치에 느낌 있어 때맞춰 즐기길 원하나
> 매번 마실 술 없어 유감이다.
> 근심스레 가을 수확 기다리지만
> 쓸쓸하니 더디고 더디기만 하구나.

도3 · 도연명의 「귀거래사」를 묘사한 산수화, 조석진의 〈귀래도〉

아득한 생각 억누를 수 없어
미친 듯이 홀로 한없이 슬퍼한다.
— 도연명, 「호서조에게 화답해 지어 고적조에게 보이다」[61]

    아우구스티누스가 비난한 바는 내면의 양심을 돌보는 일을 소홀히
하고 눈요기에 사로잡혀 풍경을 탐닉하려는 당시 사람들의 취향이었다
고 볼 수 있다. 당시 로마인들 사이에는 경치와 풍광을 탐닉하는 취향이
널리 퍼져 있었다는 수많은 증거가 있다. 하지만 로마인에게는 '풍경'이
라는 일반화된 개념이 없었기 때문에 라틴 문학은 종병이 표출했던 풍
경 미학 또는 풍경 철학의 유산을 후대에 남길 수 없었다.
    서양 철학사의 본질적 주제였던 '존재' 또한 풍경과 직접적 연관성
을 맺지 못했다. 존재론의 아버지라 불리는 파르메니데스(기원전 515 -
440) 이래로 존재는 현세를 초월하는 것으로 여겨져 왔다. 형이상학
의 아버지인 플라톤(기원전 428 - 348) 이후 존재는 감각적 세계kosmos

aisthêtos가 속한 시간과 공간을 초월하여 절대화되었다. 감각적 세계는 인간의 감각으로 접근할 수 있는 상대적 존재만을 포함하지만, 상대적 존재는 실재의 그림자에 불과한 것으로 인식되었다. 플라톤의 존재론에 견주어 감각적 세계를 더욱더 평가 절하하는 기독교와 함께 절대적인 존재는 오직 신이다. 플라톤에게 있어 우주(코스모스kosmos)는 신 그 자체였다. 이 같은 서구 철학과 신학 사상의 동일한 운동 속에서 인간의 의식은 신적 초월이 머무르는 곳이 된다. 이것은 나중에 근대인으로 하여금 세계를 물질적 객체로 환원시킬 수 있게 한다. 데카르트에게 있어 물질적 객체는 외연을 구비한 사물이다. 반면 인간 주체는 '생각하는 존재'에 대해 초월성을 스스로 부여한다.

이러한 이원론은 이미 아우구스티누스가 '안'과 '밖'을 대립시킨 데서 잘 드러난다. 그리고 아우구스티누스는 고대 중국에서와는 다른 방식으로 풍경의 문제를 인식하게 된다. 중국을 비롯한 동아시아에서는 '스스로 그러하다'는 의미의 자연이라는 개념을 통해 세계의 진정성과 인간의 진실성을 하나로 통합한다. 앞서 언급된 도연명이 말하는 진리는 다름 아닌 이 우주성이다.[62]

---

62   Berque, A., "Sous l'agreste paysage, nos morts", in: *Revue des deux mondes*, mars 2002, pp.96-102.

5 풍경과 우주

1) 풍경의 우주성:
사물과 도덕적 존재의 조화

근대 유럽은 풍경의 우주성, 즉 사물과 도덕적 존재의 조화와 조율을 배제했다. 반면 고대 세계에서 우주성은 실재하는 것이었는데, '우주(코스모스)'와 '세계(문두스mundus)'는 사물의 질서, 세계의 질서, 인간의 질서라는 세 가지 의미를 모두 담고 있었다. 고대의 풍경관은 아름다움, 선함, 참됨의 통일성을 추구하는 시각이었으며, 한마디로 홀리즘(전체론)의 우주적인 시선이었다.[63] 기독교 신앙의 우주성은 창조자인 신의 형상에 따라 창조된 인간 존재만이 삼라만상과 더불어 창조의 일부를 형성한다는 것이었다. 그런데 르네상스 시대에 접어들면서 인간의 가치를 고양시킨 것은 감각적 세계의 복권이었으며 이는 풍경의 발명으로 이어졌다. 르네상스 시대부터 풍경을 포함해 사물을 바라보는 새로운 시선, 그것을 표현할 수 있는 새로운 언어, 그것을 보여줄 수 있는 새로운 이미지를 갖게 되었다.

---

[63] 다음 문헌 참조.
1. Allait, D., "*Contemplatio mundi. le paysage cosmique à la Renaissance*", pp.65-72.
2. Salgueiro , H. A. (coord.), *Paisagem e arte. A invençao da natureza, a evoluçao do olhar*, Sao Paulo, Comité Brasileiro de Historia da Arte, 2000.

지구를 세계의 중심에서 제거하고 광대한 은하계에 존재하는 헤아리기 어려운 행성들 사에에 갖다놓음으로써 전통적인 우주 질서의 근간을 산산조각낸 코페르니쿠스 천문학의 과학적·철학적 중요성은 이미 잘 알려져 있다. 따라서 코페르니쿠스 천문학이 수반한 과학적·철학적 혁명은 더 이상 계층적 구조가 존재하지 않지만, 여전히 질서 정연하며 유연하다. 코페르니쿠스를 세계의 무한성을 옹호하는 인물로 해석하는 것은 그가 무한한 공간적 팽창의 가능성을 문제제기했다는 점에서 합리적으로 보인다. 그는 이 가능성에 대한 의문을 비과학적인 것으로 치부하는 것을 거부했다.[64] 그는 눈에 보이는 세계, 고정된 별들의 세계가 무한하다고 말한 적이 단 한 번도 없으며, 다만 그 같은 가시적 세계는 측정할 수 없고immensum 너무 광대하여 하늘에 비해 지구가 점과 같을 뿐만 아니라 태양 주위를 도는 지구의 연간 공전 궤도 전체도 점에 불과하다고 말했을 뿐이다.[65]

"우주의 파괴와 지구의 중심적 위치 상실, 특권적 위치의 상실로 인해 인간은 필연적으로 그때까지의 중심 인물이자 장면이었던 창조신의 우주적 드라마에서 특권적인 위치를 잃게 되었다는 지적은 종종 옳은 지적이 되어 왔다. 이 진화의 끝에서 우리는 파스칼이 시사한 자유의 세계와 현대 과학 철학의 무의미한 세계를 발견하게 된다. 결국 우리는 허무주의와 절망을 발견한다."[66]

한편 데카르트 철학에서의 무한 개념은 그의 철학의 유일한 근거로 간주될 정도로 핵심적 역할을 맡는다. 그의 철학에서 신은 무한한 존

---

64   Koyré, A., *Du monde clos à l'univers infini*, Paris, Gallimard, 1973, pp.47-49.
65   위의 책, p.51.
66   같은 책, p.65.

재로서만 사유될 수 있으며, 그래야만 비로소 그 존재가 증명될 수 있고, 이 같은 신에 대한 무한 관념을 소유해야만 인간의 본질, 즉 신이라는 관념을 부여받은 유한한 존재의 본질이 설명될 수 있다. 프랑스 과학사의 대석학인 알렉상드르 쿠아레Alexandre Koyré의 통찰에 따르면 데카르트가 외연 개념을 뒷받침하기 위해 물질을 사용한 것은 옳았다. 하지만 물질에서 그것을 발견했다고 생각한 것은 잘못이었다. 모든 것을 포용하고 움직이게 하는 무한하고 확장된 실체는 분명 물질이다. 그러나 궁극적으로 그것은 물질이 아니라 령Esprit이다. 즉 "그것은 인간 정신이 아니라 성령, 즉 신이다." 사실 우주는 실재할 뿐만 아니라 신성한 그 무엇이다.[67]

절대 공간은 무한하며 움직일 수 없을 뿐만 아니라 균질하고 분할할 수 없으며 유일무이하다. 이는 스피노자와 니콜라 말브랑슈Nicolas Malebranche, 핸리 모어Henry More가 거의 동시에 발견한 매우 중요한 속성으로, 칸트가 100년 후에 다시 발견하게 될 속성과 동일하다.

모어가 열거한 신과 공간의 공통적인 속성은 사실상 절대 존재론적 속성과 다르지 않다. 그러나 신의 공간성과 공간의 신성이라는 주장으로 나아갔다는 점에서 그의 과학적 담대함을 볼 수 있다. 무한성은 필연성을 함의하고 무한한 공간은 절대적 공간이다. 모어의 공간 개념은 공간에 신적 속성을 부여했으며, 이 같은 개념화는 세계에 대한 새로운 과학적 혁명을 일군 당시 대부분의 과학자와 철학자가 공유했다. 예컨대 스피노자는 텅빈 공간의 존재를 부정하고 외연과 물질을 동일시했던 데카르트의 생각을 수용하면서 두 종류의 외연을 세심하게 구별했다. 첫번째 것은 인간 감각에 주어지고 상상력에 의해 표상될 수 있는 외연으로서, 분할될 수 있고 운동이 가능하며 영속적으로 변화하고 유한한 방식의 영원한 다중성을 성립한다. 반면 두 번째 외연은 진정으로 충만하게 무한하고 따라서 분할될 수 없으며, 그 자체로 있는 존재, 즉 신의 본질적이고 영원한 속성을 성립한다.[68]

그러나 17세기 과학혁명은 사물에 녹아 있는 우주성을 철저히 파괴했다. 과학의 진리는 이제 도덕적 가치와 동떨어진 것이 되어 차갑고 자율적이며 초연한 것이 될 운명이었다. 뉴턴의 『광학』(1704)은 인간의 눈을 통해 보는 것, 즉 감각적·감성적 세계는 더 이상 과학적 진리가 아니라는 것을 증명했다. 18세기는 17세기 코페르니쿠스로부터 시작된 과학혁명이 완수된 시기다. 객관적 진리는 이제 절대적인 것이 되었지만, 철저하게 근대성 이전의 '닫힌 세계'의 가치들로부터 유리되었다. 쿠아레는 이렇게 설파한다.

"새로운 우주론에서 수립된 무한한 우주에서는 공간과 시간의 무한 속에서 물질이 필연적 법칙에 따라 끝없이, 그리고 목적 없이 움직인다. 그러나 이 무한한 우주는 오직 존재론적 속성만을 유산으로 계승했을 뿐 다른 모든 속성은 신이 세계를 떠나며 가져갔다."[69]

서구 근대 문명의 중추적 원리로 자리 잡은 반反세속적인 과학적 진리는 하이데거가 '탈세계화Entweltlichung'라고 부른 현상을 초래한다. 우주성의 상실은 과학적 인식의 지배가 점점 더 확고해짐에 따라 발생한 근대의 불편한 속살, 곧 근대성의 비극을 잉태했다. 왜냐하면 세계의 과학적·객관적 제어의 조건은 감각적 세계를 부정하는 데 있었기 때문이다. 데카르트가 명확히 밝혔듯이 과학의 조건은 '감정'(느낄 수 있는 능

68   같은 책, p.184.
69   Koyré, A. *Du monde clos à l' univers infini* , Paris, Gallimard, 1973, pp.336-337.

력, 아이스테시스aisthêsis)를 '용해' 또는 소거하는 데 있다. 확실성은 감각
에 있는 것이 아니라 이성에 기초한 분별력entendement에 있기 때문이다.

그런데 역설적이게도 유럽에서 자연과 환경을 풍경으로 바라본 것
은 근대인들이었다. 그러나 환경을 풍경으로 이해했음에도 그들의 사유
에서 우주성은 사라졌다. 그 같은 비우주성으로 인해 반생태적이고 반
생명적인 기능주의에 빠져 풍경과 환경을 파괴한 현대 문명의 비극이
발생했다. "따라서 역사의 흐름 속에서 공간은 점점 더 자율적인 역할
을 수행해 왔으며, 근대성과 더불어 공간을 시간의 획일적 파악 조건으
로 만드는 전복에 이르렀다. (…) 그러나 이를 위해서는 공간에서 모든
구체성이 제거되어야 했다. (…) 이 같은 순수한 용기는 균질하고 등방
성이며 무한한 절대 공간을 가진 뉴턴 물리학이다. (…) 데카르트의 문
제 설정은 물질을 외연extensio과 동일시하는 것과 관련이 있다. 따라서
데카르트의 이원론에서 사물이 장소이고 공간인 것처럼, 공간과 장소도
사물이다. 전근대적 관점과 관련하여 혁명은 완료되었다. 문제의 공간
은 순전히 수학적 공간, 즉 데카르트 좌표의 공간이기 때문이다. 결과적
으로 사물은 총체적으로, 순수하게, 그리고 간단하게 측정될 수 있다."[70]
이러한 한계를 인식하면서 20세기 중반 이후 포스트모더니즘의 기치 아
래 기능주의와 현대 과학 만능주의의 확실성을 불신하고, 대신 심미성
과 우주적 감각의 회복을 추구하려는 노력이 이루어졌다. 이 같은 맥락
에서 포스트모던 시대에는 풍경에 대한 관심이 크게 고조되었다.

풍경은 인간 생명과 삶, 실존 그 자체이다. 이 점을 이해하려면 하이
데거의 말을 경청해야 할 것이다. 그는 실존한다는 것은 '자기 자신 밖

---

70   Berque, A., *Écoumène : Introduction à l'étude des milieux humains*, Paris, Belin, 2009, pp.108-109.

에 존재하는 것ausser sichsein'이라고 했다. 즉 인간은 종병의 원리를 인식할 필요가 있다. 풍경은 물질 그 자체일 뿐만 아니라 인간 존재가 형성되는 사회적 몸이기도 하다. 이는 인간 존재가 몸의 한계를 뛰어넘어 세계의 사물을 수용한다는 것을 뜻한다. 그러나 인간은 아쉽게도 이 사회적 신체를 첨예하게 의식할 수 없는 무감각한 존재가 되고 있다. 근대 서구 문명의 한계를 인식한 일부 유럽학자는 근대성과 연관 없이 독립적으로 풍경을 구성하고 있는 중국 문명을 살펴볼 것을 권유한다.[71]

사실 데카르트에서 비롯한 주체와 객체의 구분은 문제가 심각하다. 그러한 구분에서 풍경은 단지 하나의 객관적인 실체로 다루어지는 특정한 지리에 불과하기 때문이다. 동양 지리학자인 베르크가 지리와 존재를 유기적으로 배치하려 하는 것도 주체와 객체의 구분에 대해 비판적 관점을 가지고 있기 때문이다.[72] 그는 지리와 존재의 관계를 '에쿠멘 Écoumène(인간적 거처)'으로 설명한다. 물리적 물체도 생태학적 실체도 아닌 에쿠멘으로서의 지구는 인간이 살고 있는 지구이자 더 나아가 인간의 존재 장소로서의 지구이다. 에쿠멘은 생명계로부터 창발하며 "가장 보편적인 인간의 업業"[73]이다. 일반적으로 에쿠멘의 모티프는 인류의 기술 체계의 흔적을 담고 있으며, 이는 우리 내면의 가시적인 체현이다. 그러나 동시에 에쿠멘의 동기는 상징적인 부분, 즉 우리가 볼 수는 없지만 세계를 우리 자신으로 송환함으로써 기호라는 매체를 통해 우리의 동물적 신체를 움직이는 부분이다. 이런 의미에서 에쿠멘의 모티프는

71 Berque, A., "De paysage en outre-pays", in: *La théorie du paysage en France (1974-1994)*, Champ Vallon, 2009. p.349
72 Berque, 앞의 책, Écoumène, pp.397-404.
73 같은 책, p.233.

우리 감성의 모태이며 이 감수성을 통한 행동의 모태이기도 하다.[74]

　이러한 관계에서 여러 요인이 섞이고 복잡한 동기 안에서 반응하며 세계의 시가 창조되고, 우리는 풍경 속에서 그 일부를 의식적으로 읽을 수 있다. 그러나 동시에, 그 시는 우리도 모르는 사이에 우리 몸과 생물권 속에서 울려 퍼진다.[75] 베르크는 앞의 맥락에서 주체와 객체의 구분이 모호한 동양의 사상을 통해 새로운 길을 모색할 것을 권면한다. 실제로 동아시아의 우주론은 이원적이지 않고 오히려 자연과 인간, 대우주와 소우주의 교감에 중점을 두고 있다.

2) 성층화된 우주에서 근대적 풍경으로: 수직적 우주관에서 수평적 경관

16~18세기 수직적 우주에 대한 서양의 중세적 개념은 세상을 표현하는 새로운 세속적인 방식에 점차 자리를 내주었다. 예컨대 수직적 차원은 수평적 차원으로 대체되었다. 우주는 경관(풍경)landscape이라 불린 자연의 평평한non-rotary 세그먼트에 길을 내주었다. 여기서 '수직적'이라는 것은 단순한 공간적 차원을 넘어서는 의미가 있다. 인문지리학의 거장 투안 교수가 날카롭게 꿰뚫어 보았듯이 수직성은 초월성을 의미하며, 시간에 대한 특별한 개념과 친화성을 갖는다.[76]

　초월적인 개념에 기반한 세계 모델은 수직적 축을 강조하며, 이는 주로 순환적인 시간 개념과 일치한다. 축제를 통해 뚜렷하게 구분되는

74　같은 책, p.242.
75　같은 책, p.243.
76　Tuan, 앞의 책, Topophilia, p.129.

도4 · 중세의 수직적 우주관을 표상하는 고딕 성당, 프랑스 샤르트르 대성당

달력은 고도로 계층화된 우주론을 형성하는 데 적합하다. 수직적 공간 구조로 향하는 기하학적 편향성과 순환적이고 영원한 것으로 향하는 시간적 성향에 대응하는 것은 인간의 고유한 본성이다. 인간 본성은 양극화된다. 인간은 두 개의 역할을 맡는데, 하나는 사회적이고 세속적인 역할이고, 다른 하나는 신화적이고 성스러운 역할이다. 앞의 것은 시간과 결속되어 있고, 뒤의 것은 시간을 초월한다. 이 같은 역할은 서로 다른 계층 또는 계급에 속하는 사람들에 의해 구체적인 행동으로 나타나는

데, 각각의 경우 사회적 성층화를 생산한다.

비록 수직적 우주 관념은 유럽 대탐험 시대에 서서히 약화되었으나, 세속화 경향은 다른 문화권에 거의 영향력을 행사하지 못했다. 유럽 내에서도 도시의 식자 문화와 상업적 가치로부터 동떨어진 촌락과 주변 지역들에는 그 영향력이 미미했다. 인류의 대부분, 특히 농부들은 성층화된 세계관 속에서 삶을 영위했고, 순환적 시간을 경험했으며, 이 상태는 20세기 초반에도 결정적 변화가 없었다.

원시인의 우주와 관련된 생각에는 몇 가지 공통적인 특징이 있다. 먼저 부시먼Bushman의 생활 세계를 살펴보자. 그들은 칼라하리Kalahari 사막의 척박한 환경에서 평범하게 살아가며, 그 물질 문화는 매우 간소하다. 부시먼의 수평적 공간, 즉 일상 공간은 자원이 빈약하고 크기에도 한계가 있다. 그렇지만 부시먼의 세계에서 지리적 제약은 수직적 공간성에 의해 보상된다. 부시먼은 하늘을 쳐다본다. 거의 매일 식량을 찾아 나서야 하고, 먹을 수 있는 뿌리와 다친 동물의 흔적을 찾기 위해 땅에 시선을 고정해야 하지만, 하늘의 별은 그들 세계의 일부다. 별들은 인간의 드라마에 참여한다.[77] 별들의 움직임은 때때로 시와 더불어 해석된다. 그들은 아침에 떠오르는 별을 "태양에 쫓겨 하늘을 가로질러 태양의 맹렬한 열 아래서 녹아내린다"고 표현한다.

광활한 지평과 탁 트인 풍경은 시베리아와 중앙아시아를 특징짓는다. 이 지역 유목민에게서는 성층화된 우주에 대한 다수의 심오한 개념화를 발견할 수 있다. 시베리아와 중앙아시아 세계의 구조는 하나의 중심축과 연계된 하늘, 땅, 지하 세계라는 세 개의 층위와 더불어 다층화되

---

77   같은 책, p.130.

었다. 알타이 부족의 민속 시에서는 하늘이 세 개 또는 일곱 개이며, 심지어 12개의 좌반구로 이루어져 있다고 말한다. 튀르키예의 타타르족은 하늘이 하나의 텐트 또는 지붕이라고 상상하는데, 이는 대지와 대지 위의 생명을 보호한다. 이들의 상상계에서 별들은 하늘의 빛이 스며들어 오는 구멍이다. 하늘의 지붕은 주춧돌에 의해 유지되고, 주춧돌은 북극성을 중심으로 공존하는 축이다. 중앙아시아 유목민이 상상하는 세계는 수직적이고 아찔할 정도로 가파르다. 천상의 주춧돌은 때때로 포박 말뚝과 결합되고, 그 말뚝에서 신들은 별들을 회전시킨다.

　이들에게 삶의 쉼터는 소우주이다. 원형 이동 텐트인 유르트yurt는 둥근 하늘을 표상한다. 연기를 내보내는 지붕 개폐구는 북극성을 향한다. 북극성은 우주적 층위에서 다양하게 해석되는데, 천상의 텐트를 떠받치는 말뚝 또는 여러 층으로 된 천상 궁륭에 있는 구멍들로 해석되기도 한다. 알타이 부족에게 중심축은 구멍을 통과하고 하늘, 땅, 지하 세계라는 세 지대를 통과한다. 그 축을 따라 신들은 땅으로 내려오고 죽은 자는 땅 아래의 지대로 내려간다.[78] 투안은 소우주에 담겨 있는 심오한 인류학적 의미에 대한 탁월한 해독을 제시한다. "작은 것은 큰 것을 반영한다. 작은 것들은 인간의 모든 감각에 접근할 수 있다. 작은 영역 안에 있는 한정된 메시지는 쉽게 인식하고 이해할 수 있다. 가옥, 사원, 도시 같은 건축적 공간은 자연적 특성이 결여하고 있는 명료함을 담고 있는 소우주이다. 건축은 개별적으로든 총제적으로든 말로 표현할 수 있는 경험뿐만 아니라 내면 깊이 느껴지는 경험까지 분명하게 표현하는 유형의

78　공간이 인간의 감정과 신체와 맺는 관계에 대한 상세한 논의는 다음 문헌 참조.
　　이푸 투안, 윤영호, 김미선 옮김, 『공간과 장소』, 사이, 1997, p.271-296.

도5 · 궁륭의 하늘을 표상하는 몽고의 원형 이동 텐트, 유르트

세계를 창조해 자신의 인식을 고양하려는 인간의 노력을 지속시킨다."[79]

중세 유럽과 수많은 원주민 문화에서 지구는 인간 신체의 확장으로 인식되었음은 주지하는 바와 같다. 그러나 소우주 사상은 지구뿐만 아니라 별과 행성마저도 인체와 결부시켰으며, 이런 이유에서 점성술은 소우주 개념에 기초했다. "인간은 별들의 우주에서 결정적이며 핵심적인 존재이다. 인간은 자신 안에 별들의 체계 전체의 정수를 담고 있다. 점성술과 인간의 신체를 결합하는 것은 우주의 다양한 물질을 통합할 필요성과 평행한 완전체를 추구하는 과정에서 비롯된다."[80]

79   위의 책, p.296.
80   같은 책, p.280.

제2장

천국과 차경: 정원 풍경

1 풍경과 유토피아

1) 유토피아적 풍경

풍경은 마음 한구석에 자리 잡은 그리운 옛 모습을 떠올리게 한다는 점에서 향수적인 속성을 지닌다고 말할 수 있다. 풍경은 인간 상상계에 새겨져 있다.[81] 풍경을 생각하면 과거에 보았던 풍경, 유년 시절의 풍경, 그리고 무엇보다도 행복했던 추억의 이미지가 떠오른다. 왜냐하면 풍경은 대부분 긍정적 의미를 갖기 때문이다. 풍경 이미지의 긍정적 흐름에는 두 개의 의미가 있다. 첫째는 풍경의 아름다움에 녹아 있는 인간 사이의 조화, 즉 사회적 의미다. 이를 테면 천국은 갈등이 없는 세계다. 둘째는 인간과 자연의 조화, 즉 생태학적 의미다. 구약 성서에서 아담과 이브가 동물과 식물과 더불어 화목하게 살았던 모습이 대표적이다. 이 점에서 천국은 오염이 없는 세계이며, 식물의 성장에 주의를 기울이면서도 동물에게 악의가 없는 세계다.[82] 그와 반대로 추한 풍경은 인간 사이의 갈등, 부조화와 도덕적 타락을 드러내거나 오염, 숨 쉴 수 없는 공기, 소음, 구토 나는 악취로 점철되어 있다. 추한 풍경은 저급하거나 조악한 취향과 마찬가지로 불쾌감을 자아낸다는 의미에서 나쁜 취향을 드러낸다.

---

81 Luginbühl, Y., "Introduction; Vers quelle utopie paysagère courons-nous?" in: Caiozzo, A, (ed.), *Paysages et utopies*, Presses Universitaires de Valenciennes, 2018, pp.15-30, p.17.

82 Luginbühl, Y., *La mise en scène du monde: Construction du paysage européen*. CNRS Editions, 2012.

미의 부조화는 무엇보다 도시의 부조화이며 범죄, 실업, 사회적 비천함과 동의어이다. 서양 문화사에서 풍경이라는 용어가 미술에서 기원했다는 것은 부분적 해석일 뿐이다. 근대 서유럽의 주요 언어에서 풍경의 기원적 의미는 상이했다. 예를 들어 프랑스어 'Paysage'와 등가어인 플라망어 'Lantscape'는 미술 세계에서 생겨난 것이 아니다. 이는 네덜란드의 국토 정비로부터 탄생했으며 고향 땅, 공동체, 국토의 거버넌스 등을 동시에 의미했다. 'Lantscape'는 독일어 'Landschaft'와 흡사한데, 이 단어에서 인간은 Land, 즉 고향 땅, Schaft는 공동체의 의미로 인식할 수 있으며, 이 둘 사이의 상호작용은 실제로 영토의 거버넌스를 가리키고 있다.

풍경의 유토피아와 국토 정비 작업 사이에 존재하는 관계를 설명해주는 사례들 가운데 하나로서 16세기 이탈리아를 언급할 수 있다. 당시 베네치아가 갈망했던 이상은 사회적 상상계를 결집시키면서도, 구체적인 도시 계획의 기반에 토대를 둔 유토피아의 정치적 의미를 상기시킨다. 토목공학자 크리스토포로 사바디노Cristoforo Sabbadino가 16세기에 상상한 프로젝트는 실제로 하나의 유토피아 형식, 즉 베네치아 공화국의 최고 통치 기관의Illustriissime의 형태를 탁월하게 보여준다. 그것은 지중해에서의 지배력을 강화하고 해상 상업에서 우위를 차지하려는 오스만 제국의 세력에 맞서기 위한 다목적 전략이었다.

사바디노의 프로젝트의 목적은 석호潟湖 위에 도시를 확장하고, 홍수를 일으키는 돌로미티 산맥의 물줄기를 조절하며, 석호 내부 또는 육로의 교통 순환 도로를 정비하는 데 있었다. 이 대규모 프로젝트는 베네치아 환경에 대한 깊은 이해를 필요로 했으며, 엔지니어들은 석호의 수로와 조류에 관한 중요한 지도를 작성했다.

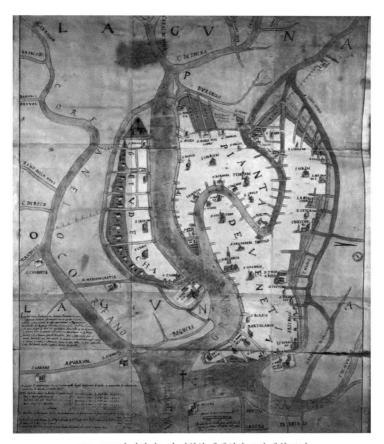

도6 · 1557년 사바디노가 기획한 베네치아 도시 계획 도면

2) 아르카디아 이탈리아 정원

고대 지중해 경작지는 적도 이북의 기후에서 발달했다. 여름에는 덥고 건조했으며, 겨울에는 거대한 산맥 주변부에서 엄청난 강수량이 발생했다. 그러한 기후 조건을 견딘 식물은 지중해 전역에서 자랐다. 바다는 자연이 제공한 탁월한 운송 경로로서 다양한 지중해 연안으로 유용한 초목을 퍼뜨렸다. 수 세기 동안 지중해 전역에서 동일한 지중해성 식물이 경작되기에 이르렀고, 그 결과 지중해 유역의 풍경은 서로 닮게 된다. 이를테면 마디가 많은 올리브나무, 포도밭, 다양한 향신료 종, 키가 작은 종려나무, 호리호리한 삼나무, 인간이 다듬은 듯한 파라솔 모양의 전나무를 곳곳에서 볼 수 있다. 이 초목들은 나중에 아시아에서 온 감귤류 나무와 아메리카에서 온 용설란, 선인장과 결합한다. 이러한 식물군 가운데 일부는 규칙적으로 전지 작업을 했을 경우 상당한 수령에 도달하는데 특히 올리브나무가 그렇다.

　　다른 초목은 경작이 중단된 지역이나 폐허가 된 건물 주변으로 확산했다. 이는 고대 그리스 아르카디아Arcadia 지역의 이상적인 풍경으로 많은 근대 화가가 묘사했던 장면이다. 북유럽의 여행자가 남유럽에 도착했을 때 기대한 것은 쇠락과 야생 상태로의 회귀를 암시하는 환경 속에 자리한 고대의 흔적이었다. 프랑스 화가 클로드 로랭Claude Lorrain과 그로부터 영감을 받은 화가들은 그 같은 풍경 앞에서 전원의 장면을 화폭에 담았다. 이때 그들의 관점은 '이탈리아적 시선'인 높이 치솟은 시점이었다. 당시 화가들은 이상적 풍경에 대한 객관적 자료를 제공하는 것보다는 수많은 지중해 장소에서 발견할 수 있는 목가적 풍경의 은유에 관심을 두었다.

도7 · 클로드 로랭이 그린 고대 유적지의 페허

　그렇다고 이탈리아 정원 구획이 반드시 목가적 분위기를 창조하려고만 한 것은 아니다. 어쨌거나 눈여겨 볼 것은 몇몇 지중해 식물군의 존재다. 실편백, 양산 모양의 소나무, 올리브나무, 삼나무, 라벤더 등은 제자리에 정확히 심겼다.

3) 이탈리아 화가들의 아르카디아 풍경

고대 서양 시에서 묘사되는 즐겁고 아름다운 풍경을 뜻하는 '로쿠스 아모에누스Locus Amoenus'는 1504년 베니스에서 자코포 산나자로Jacopo Sannazaro의 책이 출판될 무렵부터 유행하기 시작했다. 그의 책 제목『아르카디아』는 자서전 성격의 서사이면서 동시에 알레고리를 사용하고 있다. 그의 시집은 엄청난 성공을 거두었다. 시인은 사랑의 고통을 위로 받기 위해 목동들이 살고 있는 아르카디아로 길을 떠난 주인공 신체로 Sincero의 험난한 여정과 실패를 들려준다.

전원 생활 방식에 대한 문화적 가치 부여는 무엇보다 문학적이고 시적이었으며, 철학과 회화 분야로 확장되어 갔다. 당시의 지적·예술적 분위기는 베니스의 회화에 엄청난 영향을 미쳤다. 조르조네Giorgione의 몇몇 작품과 젊은 시절 티치아노 베첼리노Tiziano Vecellio의 작품은 전원 생활을 예찬했던 당대의 문화에서 나온 것이며, 고대 전원을 동경하는 문화에 견주었을 때 비로소 그 작품들의 예술성이 이해될 수 있다.[83]

대기의 성질은 미묘한 방식으로 빛을 확산시키고, 색을 입히고, 흐릿하게 만든다. 예를 들어 영국의 습기 찬 대기는 과장된 대기 원근법을 창조하며 뒤로 물러가는 언덕이 마치 수채화 물감을 씻어낼 때처럼 멀리서 사라져가게 만든다. 이 점에서 영국의 수채화 전통과 정원 조경은 밀접하게 연결되어 있다. 수채화 화가는 이상적인 풍경을 그렸으며, 정원사는 그 조경을 창조했고, 다시 수채화 화가는 정원 풍경을 그림으로 재현했다. 사막과 같은 건조한 대기에서는 빛이 선명하여 신비롭게도 멀리 떨어진 산들이 가까이에 있는 것처럼 또렷하게 보이게 만든다. 축축한 적도에서는 하늘이 빈번하게 하얗게 빛나고, 물체는 마치 그림자 인형극 놀이처럼 오직 대비되는 실루엣으로 보일 정도다. 반면 북쪽의 흐린 하늘은 지표면의 가장 미묘한 세부를 계시하는 듯 섬세하게 퍼져 나가는 빛을 보여준다. 오후의 낮은 태양이 구름 속에서 잠시 휴식하며 솟아날 때 조르조네와 티치아노는 평온한 황금빛 장면을 그려냈다.

---

83   Pommier, E., *La beauté et le paysage dans la J' Italie de la Renaissance*, Paris, Les Belles Lettres, 2013.

도8 · 조르조네, 〈폭풍우〉

　이 같은 방대한 기획에는 영원성의 욕망, 즉 공간적, 생태적 유토피아에 각인된 시간적 유토피아가 스며 있다. 또한 그것은 자연을 지배하려는 욕망을 보여준다. 물론 유토피아는 사회적으로 규정되고 그 방향이 수립되었다. 유토피아는 당대 사회 이념으로 축조한 특정 권력의 작품이고, 평등주의를 기반으로 하지 않았다. 이 점에서 16세기 영국과 이탈리아의 정치 체제는 19세기에 출현하게 될 사회적 유토피아와는 한참 거리가 멀었다. 16세기 유럽에서 나타난 풍경 유토피아는 고대 페르시아나 아랍인이 식민지로 만든 안달루시아 또는 중세 정원과 같이 먼 시대의 산물이지만, 이상적 풍경에 대한 꿈이 정의와 도덕의 미덕을 구현하려는 열망에서 비롯된 것은 아니라는 점을 분명히 인식해야 한다.[84] 사회적 조화라는 목표가 출현할 때 그것이 역사적 사실에 부합하지 못하는 한낱 '빛 좋은 개살구'이거나 교묘한 알리바이에 불과한 경우가 빈번하다.

　　그렇다고 하더라도 사회적 유토피아를 내건 담론이나 텍스트 속에 정의, 미덕, 도덕의 이상형이 전혀 존재하지 않는 것은 아니다.아마도 서구의 유토피아 담론은 수많은 종교 이론에 영향을 미쳤을 것이다. 이들 종교 이론에서 인간은 헤아릴 수 없는 신성 앞에서 겸손해야 했으며, 더 나은 운명을 위해 신성한 의지에 자신을 맡겨야 했다. 정원, 즉 에덴은 인간 사이의 조화보다는 인간과 자연의 조화를 상징하는 유토피아를 형상화했다.

　　어쨌든 사회적 유토피아가 출현한 것은 18세기에 이르러서이다. 이 사회적 유토피아는 언제나 시골 풍경과 결부된 것은 아니며 오히려 도시 풍경과 빈번하게 결부되었다. 예외가 있다면 촌락과 도시를 결합하려고 시도했던 에버니저 하워드Ebenezer Howard가 구현하려 한 전원도시의 유토피아 정도를 손꼽을 수 있다.[85]

84　　Luginbühl, Y., , 앞의 논문, p.22.
85　　Howard, E., *Garden Cities of Tomorrow*, Swann Sonnenschein, 1902, (프랑스어 번역본) *Villes jardins de demain*. Tientsin Press, 1917.
　　　　근대 도시 계획 담론의 유토피아즘과 하워드의 전원도시 개념에 대해서는 다음 문헌 참조.
　　　　김성도, 『도시 인간학』, 안그라픽스, 2014, p.83-96, 243-249.

2 정원의 시원

1) 천국과 정원

고대 페르시아어로 '천국'이라는 단어는 서양어에서 '정원garden'을 의미
했다. 그 두 단어는 울타리가 쳐진 일정한 토지를 가리켰다. 따라서 흔히
사용하는 '천국의 정원'이라는 표현은 동어 반복이다. 그런데도 이 표
현은 서양 문화사에서 특정 의미를 담은 은유가 되었다. 이를테면 창세
기는 천국을 묘사함과 동시에 에덴동산으로부터 아담과 이브가 쫓겨난
이야기를 들려준다. 태초에 인간은 우유와 꿀이 넘쳐흐르는 천국의 나
라에서 행복하게 살고 있었는데, 신의 말씀을 어기고 추방되어 들판을
경작해야 하는 고된 노동에 매달려야 했다. 아마도 천국에서의 삶에 대
한 우리의 관념은 수렵채집 시대를 이상화하는 데서 비롯되었으며, 이
는 수만 년 전부터 형성되었을 것이다. 그들이 살았던 시절에는 먹을 것
이 넘쳐났고, 인간과 동물은 사이좋게 삶을 영위했으며, 자손 번식, 탄생,
성행위, 죽음, 먹고 먹히는 동물도 존재하지 않았다고 전해진다. 이 같은
천국의 이미지는 생명 진화의 기초에 있는 자연의 역동성을 총체적으로
부정하고 있다.

영속적 창조라는 관념은 모든 정원사에게 의미심장하다. 신은 에덴
정원을 창조하고 돌보았다. 인간은 신을 정원사에 비교한다. 아름다운
꽃을 가꾸기 위해 자연의 역학은 환영받았으나 자연적으로 자라난 것,

변형된 것, 쓸모 없거나 아름다움을 해치는 것은 제거되어야 했다. 식물을 정확한 질서에 따라 심었다는 점에서 인간이 식물을 세련되게 개화시키고 길들였다고 말할 수 있을 것이다. 예컨대 잡초나 야생 초목을 제거하고 나무와 관목을 자르고 깎고 다듬어서 야생 상태가 되지 않도록 만들었다. 그리고 정원의 보물이 약탈당하지 않게 야생 동물을 사냥하거나 멀리 내쫓았다. 정원을 보존하기 위해서는 울타리가 필요했다. 울타리가 없이는 정원도 존재할 수 없다. 정확하게 다듬어진 나무와 관목은 오래 살 수 있으며 영원한 생명의 상징이 될 수 있다. 나무는 규칙적으로 전지해 주면 만개할 수 있지만, 제때 다듬지 않으면 야생의 잡초처럼 자라거나 전지된 나무보다 빨리 죽게 된다. 만약 정원을 매년 엄격하게 관리한다면 정원은 제 모습을 유지할 수 있을 것이다. 이런 맥락에서 인간은 지속가능성의 원리를 깨닫게 된다. 가지치기, 잡초 제거, 울타리 보수 등의 상시적인 관리 없이는 정원이 지속될 수 없다.

　관리되지 않은 야생의 황무지에서 초목은 균형 상태를 추구한다. 그 상태의 최고 절정에 이르면 초목 군락의 다채로운 구성원들은 저마다 나름대로 몫을 맡아 빛과 공기와 물의 적당한 몫을 차지하는 평형 상태에 도달한다. 아울러 발아와 성장, 죽음과 쇠퇴를 통해 서로 균형을 이룬다. 정원의 초목도 마찬가지다. 인간의 가지치기, 잡초 뽑기, 물 주기 등을 통해 또 다른 균형에서 자신의 자리를 잡는다. 토종 식물이 정원에 들어가면 자연 맥락 속에서 실타래를 짤 수 있다. 외래종 초목도 가능하다. 어떤 것들은 별다른 어려움 없이 성장하나 어떤 종은 세심한 배려와 주의가 필요하다. 외래종은 멀리 동떨어진 장소를 떠올리게 한다. 이를테면 오스트레일리아의 오크와 느릅나무는 지구 반 바퀴를 돌아온 초기 식민통치자들에게 고향을 상기시키고, 스코틀랜드에 있는 종려나무는 따스한 지중해의 산들바람을 생각나게 한다.

건축은 자연을 통해, 자연은 건축을 통해 흘러간다. 상이한 기후 환경 때문에 각각의 문화권은 건축 공간과 정원을 연결하는 고유한 장치들을 발명했다. 스페인 건축에서의 아케이드는 정원의 파티오patio(중정, 안뜰)로 개방되어 있다. 아케이드는 거주 공간과 정원 사이의 좌우로 활짝 열린 차단막 정도의 역할을 한다. 이것의 은밀한 연계성은 여름의 열기나 겨울의 한기보다 더 중요하다. 인도는 고온 기후 때문에 산들바람, 향기, 시야를 방해하는 어떤 장애물도 만들어지지 않는다. 개방된 침대 위에 덮개가 있는 정도로, 외부로부터 보호하는 별다른 장치가 필요 없다. 이른 아침과 밤에 최상의 자리는 바로 탁 트인 하늘 아래 있는 것이다. 그래서 인도에서는 계몽의 상징이 학교 건물이 아니라, 인도의 대표적 수목종인 반얀나무 아래 앉아 있는 스승guru이었다. 남부 아시아의 기념비적 건물들은 단지 고푸람gopurams(기념탑)과 성소에서 체험되는 것이 아니라 하늘을 향해 열린 공간 사이를 통해 체험된다.[86]

정원과 정원 주변에 위치한 건축물, 이를테면 도시, 성채, 울타리는 지속되기 위해 만들어졌다. 정원 역시 그 존재를 연장하면서 또 다른 방식으로 지속 가능할 수 있었다. 예컨대 건강에 이로운 약초를 정원에 심는 것이 가능했다. 약초는 치명적인 질병을 치료하고 예방하는 데 도움을 주었고 사람들은 수도원 내의 정원을 '살아 있는 약방'에 비유했다.

인간의 가치가 폄하되고, 예술과 문화가 위험에 처한 현시대에서, 정원만큼이나 내밀하고 인간의 마음을 평온하게 해줄 수 있는 것은 거의 없다. 정원은 인간의 깊은 내면에 호혜를 베푸는 자연의 평화로운 이

---

86   Mitchell, W. J. and Turnbull Jr. W. and Moore, C. W., *The Poetics of Gardens*, The MIT Press, 1988, pp.1 -54.

미지를 보여준다. 일체의 장벽을 허물면서 정원의 예술은 전통 유산, 문화, 환경에 대해 말할 뿐만 아니라, 사회에 대해서, 더불어 살기에 대해서, 자유에 대해서 말하고 있다.

2) 도시와 정원

도시와 마찬가지로 정원 역시 울타리가 쳐진 닫힌 공간으로서 계획되었다. 도시와 정원은 외부로부터 보호되어야 했으며, 그 둘을 구별하는 표식은 경계선이었다. '도시' '정원' '장벽'을 의미하는 여러 서양어를 비교해 보면 경계 확정 및 경계선이라는 공통 개념을 발견할 수 있다. 정원을 뜻하는 독일어 'Garten'은 울타리를 의미하는 라틴어 'Hortus', 정원을 의미하는 이탈리아어 'Giardino', 프랑스어 'Jardin', 영어 'Garden'에 대응한다. 슬라브어 'Gorod' 'Hrad' 'Grad'는 동일한 기원에서 정원이 아닌 도시를 지칭하고 있으며, 스칸디나비아어 'Gard'는 폐쇄된 마당을 지칭한다. 영어 'Town' 역시 독일어 'Zaun(격자, 철책)'와 같은 어원에서 파생된 단어이다. 반면 네덜란드어 단어 'Tuin'은 정원을 지칭한다.

어원적 연관성과는 별개로 도시와 정원은 인류의 역사에서 거의 같은 시기에 출현했다. 정원은 도시 가까이에 자리 잡고 있었고, 석류나무, 무화과나무, 올리브나무, 포도나무와 같은 다양한 식물에서 자라는 과일이 도시에서 소비되기 전까지 철책 뒤에서 안전하게 자랄 수 있게 가꾸어졌다.

기원전 만 년 전 최초의 텃밭에서 현대의 정원에 이르기까지, 인간은 정원과 풍경을 서로 스며들 수 있는 대상으로서 상상했다. 인간은 농사짓는 행동 속에다 원형적인 풍경에 대한 감정을 투영하며 대지에서의 작업을 통해 세계에 대한 비전을 제시했다. 그 감정 속에서 인간은 안전함의 주인이자 안락함의 창조자가 된다. 평온한 공간은 예측 불가능한 상황들로부터 정신의 은신처를 마련할 것이다. 그 공간은 사고를 해방하는 정신의 시야로부터 탄생한 공간이다.

3) 소우주로서의 정원: 완벽한 소우주를 성립하기 위해 재창조된 풍경

미셸 푸코Michel Foucault는 1967년 3월 14일에 발표한 특별 강연 〈다른 공간들Des espaces autres〉에서 정원을 헤테로토피아와 소우주의 전범으로 제시한 바 있다. 그는 이렇게 말한다. "헤테로토피아는 단 하나의 실재하는 공간에, 그것들 자체로서는 양립될 수 없는 여러 개의 공간을, 여러 개의 부지emplace-ments를 병치하는 힘이 있다. 이 같은 헤테로토피아의 가장 오래된 예는 아마도 모순적인 부지의 형태인 정원일 것이다. 정원은 천년의 놀라운 창조인데 오리엔트에서는 매우 심오한 의미가 있었다는 것을 잊지 말아야 한다. (…) 정원의 식물군은 이 공간에서, 일종의 소우주에서 분할되어야 했다. (…) 정원, 그것은 세계의 가장 작은 단편이자 총체성이다. 고대부터 그것은 행복하고 보편주의적인 헤테로토피아의 일종이다."[87]

　　푸코는 직접 정원을 가꾸어본 경험이 없으나 그만의 심오한 통찰을 통해 정원의 핵심을 꿰뚫어 보았다. 수천 년의 역사를 통해 동서고금 정

87　　Foucault, M., "Des espaces autres", in: *Dits et écrits(1954 - 1988, Vol, IV: 1980 - 1988)*, (ed.) Defert, D. and Ewald, F., Paris, Gallimard, 1994, pp.752 - 762.

도9 · 이탈리아 비밀 정원

원의 공통적인 특징을 파악하려 할 때 목격하는 바는 다름 아닌 푸코가 간파한 헤테로토피아적 소우주라는 관념이다. 신비로운 힘을 지닌 희귀한 초목들을 모아 분류해 놓았던 15세기 이탈리아 비밀 정원들giardini segreti은 분명히 의도적으로 제작된 소우주라 할 수 있는데, 정원의 공간 구성이 아리스토텔레스로부터 영감을 받은 우주론적 개념을 지시하는 것으로 가정되었기 때문이다. 이를테면 그 정원들에는 태초의 에덴을 연상시키는 정원 관리 개념이 있다. 데시데리우스 에라스뮈스Desiderius Erasmus, 레온 바티스타 알베르티Leon Battista Alberti 등으로부터 영감을 받은 공간 구성 원리에 의해 규칙화된 르네상스 인문주의적 정원 역시 신

플라톤주의자들의 '기억의 극장들'처럼 정렬된 소우주로서, 이곳에서 인간 본성은 사물을 그의 가슴에 응축시키고 있다. 『박학한 무지』[88]의 저자인 니콜라우스 쿠자누스Nicolaus Cusanus(1401-1464)가 언급한 바와 같이 인간 본성은 작은 우주로서 표상된다.[89]

　푸코가 언급한 페르시아인들과는 달리 고대 중국인, 한국인, 일본인들은 세계의 상징적 완벽성을 집대성하는 '양탄자 정원'을 구현하려는 욕망은 없었지만 소형화된 이상적 우주를 표상하는 데 몰입했다. 도교와 유교 전통에 친숙한 산수 풍경이 그 점을 증언한다. 동아시아인은 정원에 연못을 파고 풍수 원리에 따라 선택된 돌들을 세웠다.

　로마인의 시선에서 아름다운 것은 인간에 의해 통제된 것이다. 아름다운 풍경은 감각적 쾌락을 위해 야생의 자연이 길들여지고 육성되고 정비된 풍경이다. 벽에는 이국풍의 정원을 재현했는데, 이는 감미로운 향기, 다채로운 꽃의 색깔을 암시하기 위한 것이었다. 따라서 로마의 정원은 비시간성을 창조하는, 꽃들의 부화와 만개가 동시에 발생하는 불가능한 이미지와 더불어 이루어졌다. 행복, 신선함과 음악성은 흐르는 물에 의해 보장된다. 때때로 분수는 방 안에서 흐르고, 소리의 울림과 건축물의 울림을 벽화를 통해 표현한다. 벽화의 동물은 야생성과 사육성의 공존을 증명하고, 자연의 가장 아름다운 오브제는 심미적인 즐거움을 주도록 구성되었다. 이 같은 쾌락은 정원과 창문, 비리다리움viridarium 속에 열린 비전과 더불어 원근법에 의해 배가되었다. 베수비우스 지역에 있는 산 마르코San Marco 별장이 대표적인 예이다.[90]

88　　니콜라우스 쿠자누스, 조규홍 옮김, 『박학한 무지』, 지식을만드는지식, 2013.

89　　Dantec, J-P, *Poétique des jardins*, Paris, Actes Sud, 2011.

도10 · 고대 폼페이의 별장 벽화에 그려진 정원의 모습

　　폼페이의 '비너스의 집'에는 이상적이고 질서정연한 풍경을 묘사
한 프레스코와 실제 정원이 나란히 자리하고 있다. 이 풍경은 풍성한 식
물군, 여러 빛깔의 새들, 빛을 받은 난간, 분수와 함께 있는 수반水盤, 대
리석 부조와 같은 전형적인 요소로 구성된 조화로운 모습이다.[91]

　　베르길리우스의 전원시에서처럼 회화로 그려지거나 높은 곳에서
바라본 아름다운 풍경은 유토피아적 이상 사회의 꿈을 위해 사실성을
잃은 모습을 보여준다. 아름다운 풍경은 자연의 재해석이며 관찰될 수
없다. 로마인이 자연에 부여한 의미에 의하면 자연은 오직 그것이 미술

90　　Peters, W. "Le paysage dans la peinture murale de Campanie" in: *dans La Peinture de Pompei*, Paris, Hazan, 1993, pp.277‑291. Voir, aussi, Erich Lessing et Antonio Varone, Pompei, Paris, Terrail, 1995.

91　　Grimal, P., *Les jardins romains à la fin de la République et aux deux premiers siècles de l'Empire*, Paris, De Boccard, 1943.

과 더불어 제시될 때, 하나의 미학적 의도와 더불어 문학적 또는 회화적 재구성 속에서 제시될 때 비로소 아름다움이 존재한다. 이때의 아름다운 풍경은 분명 인간화된 풍경이기는 하나, 인간적 형상이 정체성을 상실하는 독특한 풍경이다.[92]

92   Croisille, J-M., *Paysages dans la peinture romaine: Aux origins d'un genre pictural*, Paris, Picard, 2010.

3 두 개의 원형 정원

자연의 소리든 인간의 소리든, 소리가 음악이 되기 위해서는 선택되고 배열되어야 한다. 정원의 원리도 마찬가지다. 자연 풍경은 아직 정원이라고 할 수 없다. 정원을 이루는 재료의 선별과 구성을 통해서 비로소 정원이 만들어진다. 정원을 조성한다는 것은 곧 음양의 균형과 긴장을 조절하여 인간에게 의미 있는 새로운 관계를 창조한다는 것이다. 이는 인간의 질서와 자연의 도, 물과 산, 빛과 그늘, 바람 소리와 고요함 등의 균형을 이루는 것을 말한다.

　　인류 역사에서는 정원과 관련한 두 가지 기본적 개념, 단 두 개의 원형 정원Ur-garden이 존재한다. 하나는 기쁨과 쾌락을 주는 것이 무엇인지에 대한 관념이고, 다른 하나는 인간 본성과 자연 사이의 행복과 적절한 평형의 이상형이다.[93]

　　첫 번째 것은 질서화된 천국으로서 페르시아의 평평한 사막에서 고안되었다. 그것은 번잡한 세계와 분리된 공간을 만들기 위해 정원 주변에 벽을 세운다. 중심부에는 샘물이 있으며, 수로를 통해 물길을 동서남북으로 나누어 정원을 몇 개의 구역으로 분할하고 있다. 각각의 구역은 다시 같은 방식으로 나뉜다. 정원이 크다면 열여섯 개의 사각형 구역이 다시 네 개의 사각형으로 분할되는데, 이것은 마치 큰 천국 안에 작은

93　　Mitchell, W. J. and Turnbull Jr. W. and Moore, C. W., 앞의 책, pp.13-48.

천국이 둥지를 트는 것과 같은 원리다. 숲이나 정자는 작렬하는 태양으로부터 그늘을 제공하고, 폭포는 여름 공기를 시원하게 만들고, 엄선된 꽃들은 색과 향기에 따른 자태를 뽐낸다. 꽃들은 새를 유혹하고, 새들의 노래는 물 떨어지는 소리와 절묘한 대비를 이룬다.

페르시아에서는 이러한 풍경을 네 개의 사각형 패턴Chahar Bagh 그림으로 그리거나 카펫에 직물로 짜 넣었다. 때때로 정원사는 특정 장소에 맞추기 위해 패턴을 변형하기도 했다. 사각형 대칭이 자주 직사각형 형태로 바뀌었고, 수로는 연못으로 확장되곤 했다.

스페인 남쪽에서는 일찍부터 아랍인이 페르시아 정원의 비전을 선사했는데, 한 걸음 더 나아가 그들은 정원의 위치를 언덕과 산들바람이 잘 통하는 언덕 꼭대기로 선택했다. 그 결과 테라스, 계단식 경사지, 전망대가 부각되면서 천국의 모델이 구현되었다. 이탈리아 정원 디자이너 역시 천국 모델을 사용하였는데, 천국 모델 그 자체를 중심으로 삼는 대신 왕국의 확장이나 대저택의 확장으로 만들기 위해 변형을 가했다.

이 모든 정원은 천국의 변형된 형태, 즉 4중의 벽으로 둘러싸인 천국이다. 이 장소를 다채롭게 하기 위해 고난도의 정교한 기술이 사용되었다. 예컨대 17세기 프랑스의 정원 디자이너 앙드레 르 노트르André Le Nôtre는 에덴의 벽을 허물었고, 보르비콩트Vaux-le-Vicomte 성의 정원에서는 최초로 수로의 주축 방향을 바꾸어 물이 정원에서 나와 야외로 흘러가게 만들었다. 이때 물은 곧 눈과 상상력의 은유적 매개물이다.

정원의 두 번째 관념은 외부의 강력한 힘, 자연 등으로부터 자신을 보호해야 할 압력을 덜 느낀 사람들이 수천년에 걸쳐 발명한 것이다. 이들은 자연과 동반적 관계를 맺는 것이 보다 용이하다고 느꼈다. 예컨대 15세기부터 일본 정원 책들에서 반복적으로 등장하는 하나의 다이어그

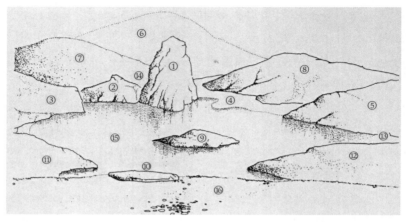

도11 · 수호석을 중심으로 구성된 일본 정원의 다이어그램

램을 주목할 필요가 있다. 이 다이어그램은 어떻게 하면 자연적 세계를 겉으로 무심한 것처럼 보이게 하면서 인공적으로 꾸밀 수 있을지를 잘 보여주고 있다. 다이어그램 중앙에는 정원석이 있고, 이 정원석을 중심으로 대지와 물 등 16개의 요소가 비대칭적 균형을 이루며 배열되어 있다. 이들 요소는 모든 정원에 필수적인 것은 아니며, 다이어그램에는 관계와 강조의 많은 변이형이 암묵적 상태로 남아 있지만, 열여섯 개 요소에는 각각의 정체성과 중요성이 있다.[94] 열여섯 개 요소의 명칭은 다음과 같다.

① 정원석 또는 수호석守護石 ② 작은 언덕 위의 바위 ③ 측면 산 ④ 모래사장 ⑤ 모래사장의 모서리에 있는 근처의 산 ⑥ 멀리 떨어진 산 ⑦ 중간 영역의 산 ⑧ 산의 돌출부 ⑨ 중앙 섬 ⑩ 경배하는 돌 ⑪ 주인의

섬 ⑫ 손님의 섬 ⑬ 호수의 윤곽 ⑭ 폭포 입구 ⑮ 호수 ⑯ 넓은 해변

중국 정원은 일찍이 산과 물을 축소하여 세계를 구성하는 방식을 고안했다. 중국의 자유로운 정원 디자인과 그와 대비되는 직사각형 도시 디자인의 엄격한 위계는 중국이 자유분방한 사상인 도교와 관료주의적 사상인 유교를 공존시키기 위해 얼마나 애써왔는가를 보여주며 서양인을 당혹하게 만든다. 그것은 대립항의 공존, 즉 음양의 공존과 더불어이루어진다. 중국 정원의 선들은 구부러져 있거나 비대칭적이라 예상치못한 풍경을 발견할 수 있게 한다. 예컨대 고대의 성곽도시인 쑤저우蘇州에서는 유럽산 단풍나무가 줄지어 있는 거리와 수로의 격자가 마치 네겹 모양의 천국처럼 엄격하게 질서화되어 있다. 하지만 수십 개의 숨겨진 정원에는 회반죽을 바른 벽과 파사드 뒤에서 돌과 연못의 배열이 뒤엉키고 은밀한 분위기를 연출하며 유교적 질서의 명료성을 허물고 자연의 숨결이 흘러가도록 허락한다. 중국 정원의 기원과 관련해 프랑스의비평가 자크 브누아 메샹Jacques Benoist-Méchin은 다음과 같이 말하고 있다.

"생활 양식에 대한 엄격한 규율과 추상적 사고를 하는 소질이 부족한 탓에 족쇄가 채워져 있던 중국인에게 자유를 가져다준 것은 다름 아닌 정원을 만드는 일이었다. 정원은 도피, 꿈, 환상의 장소, 전원과는 구별되는 우주의 단편, 파종도 수확도 여름도 겨울도 없는 특별한 곳, 산책하는 사람을 이끄는 상상할 수 없는 시점의 연속, 인간의 상상력을 북돋아 평범한 세계에서 피안으로 이끌어가는 모든 것이 조화롭게 있는 새로 짜인 공간이 되지 않으면 안 되었다. (…) 정원의 목적은 그것을 바라보는 사람에게 도피와 자유의 느낌을 주는 데 있으나, 그 구성은 매우 엄밀한 규범에 근거를 두고 있다. 중국인은 대칭형에 참을 수 없는 혐오감을 느꼈다. 곧게 뻗은 길, 정사각형 화단 등 일반적으로 말하는 대칭형은

모두 엄격하게 배척당했다. 대부분 정원은 강한 대조를 이루는 경치가 연속되어 한눈으로는 전체를 볼 수 없고, 색다른 경치가 차례차례 나타나 방문하는 사람을 놀라게 하는 형태로 설계되었다."[95]

95   자크 브누아 메상, 『정원의 역사』, 옮긴이 이봉재, 르네상스, 2005, pp.43-44, 47.
      (프랑스어 원서) Benoist-Méchin, *L'Homme et ses jardins*, Paris, Albin Michel, 1975, pp.29-30, 32.

4 정원 울타리 구조의 의미

어원적 계보, 물리적 속성, 그리고 존재론적 차원에서 정원은 울타리 안의 공간이다. 즉 촌락 또는 도시의 영토 속에 재단된 하나의 실재로서 개별화되어 있고 자율적이다. 푸코가 언급한 것처럼 정원은 이 같은 이질적 헤테로토피아 공간 범주에서 가장 오래된 형식이다. 또한 소우주와 대우주라는 개념적 이원성을 나타내기 때문에 가장 완벽한 형태이기도 하다. 프랑스의 정원사이자 조경가 질 클레망Gilles Clément은 인공위성 시대, 세계화 시대의 전 지구적 정원jardin planétaire을 옹호한 바 있다.[96]

정원을 헤테로토피아 예술로서 고려하는 것은 정원의 임계점을 다시 생각하게 만든다. 여기서 말하는 임계점은 특정 영토의 울타리를 말한다.[97] 울타리와 문은 정원의 조건이다. 바빌론과 고대 중국, 고대 로마 또는 르네상스 시기의 테라스 정원은 외부에서 접근할 수 없으면서도 풍경을 향해 개방되었다. 오늘날에는 간단한 원리라고 말할 것이나, 이는 물질적이고 상징적인 분할선이기도 하다. 정원을 창조한다는 것은 공간 속에 하나의 분할선을 수립하는 것이다.

"정원은 역사를 통해 이어지는 형식들 가운데 하나이다.[98] 정원은

96   Clément, G., *Le jardin planétaire: Reconcilier l'homme et la nature*, Paris, Albin Michel, 1999. (한국어 번역본) 김주경 옮김, 『커다란 정원』, 이마주, 2020.

97   Brunon, H., and Mosser, M., "L'enclos comme parcelle et totalité du monde: pour une approche holistique de l'art des jardins", *Ligeia, Dossiers sur l'art*, n.73-76, janvie-juin 2007, pp.59-75.

98   Dantec, Jean-Pierre., *Poétique des jardins*, Paris, Actes Sud, 2011, p.29.

마술적 대생만큼이나 정밀한, 지상의 토양에 흔적을 새겨놓는 각인이다. (…) 각각의 정원은 꽃과 나무를 심고 텃밭을 경작해 경작해 하나의 한 정된 영토 한계선을 만든다. 울타리를 통해 정신은 우주의 법칙들을 이 해하고 지배하는 데 성공한다."[99] 정원의 필수적인 울타리는 오직 그것 의 영토적, 환경적, 더 나아가 우주적 의미를 고려해야만 사유할 수 있다. 여기서 인간은 존재론적 애매모호성에 직면한다. 정원은 오직 그것의 한계를 통해서만 존재하나 반드시 그 한계를 초월하기 때문이다. 정원 을 지칭하는 용어의 어원론에서 이러한 점을 잘 알 수 있다. 예컨대 유럽 어의 상당수에서 근접한 의미의 세 개 단어가 흡사한 형태로 발견된다. 정원, 공원, 천국이 그것이다. 그리고 흥미롭게도 이 세 단어 어원의 의 미는 모두 '울타리'이다. 정원의 울타리는 정원과 나머지 세계를 분리해 주는 윤곽인 동시에 경계선이며 하나를 외부로 몰아내고, 다른 하나를 내부에 포함하는 선명한 가시적 수단이다. 또한 외부와 내부가 중첩되 는 불안정한 긴장선을 표상하는 방편이기도 하다. 사실상 울타리는 형 태적 관계에서 절묘하게 완수되는 내부와 외부 사이 이원적 관계를 형 성하는 축이다.[100] 따라서 정원의 역사는 사람들로 하여금 풍경과 더불 어 대화하는 방식을 재고하게 만드는 윤곽과 한계의 변증법으로서 다시 해석할 수 있을 것이다.

오늘날 정원의 역사를 쓴다면 영토의 현실에 견주어 이 같은 창조 형식의 특수성을 다시 의식하는 것이 필요하다. 정원의 울타리를 개방하

99 Auricoste, I., "L'encolos enchanté ou la figure du dedans" in: *Mythes et art*, Paris, Sgraffite, 1983, pp.83-88.

100 1. 위의 책, pp.84-85.
2. Erp-Houtepen, A., "The etymological origin of the garden", *Journal of Garden History*, VI, 3, 1986, pp.227-231.

고, 정원을 물질적인 동시에 살아 있는 시스템으로서 접근해야 한다. 요
컨대 정원은 구체적 지형 조건 속에 놓여 있는 현장의 예술로서 결코 완
전하게 폐쇄되는 법이 없으며 주변 풍경과 대화하기 위해 외부를 향해
열려 있다. 즉 현장의 예술로서 폐쇄되지 않고 풍경과 대화한다. 이탈리
아 철학자 로사리오 아순토Rosario Assunto의 표현을 취한다면, 그것은 '열
린 유한성'이다.[101] 정원은 해당 장소의 생태적 조건을 형성하는 주요 구
성 요소(지형, 수력학, 기후 등)와 밀접한 관계에서 파악된다. 최근의 고
고학의 성과에 의하면 정원은 추상적 이미지가 아니라 토양에 기초하고
뿌리를 내린 건축물로서, 그것의 흙, 물, 바람과 함께 더불어 지나가는
시간과 상호작용하고 환경에 호응하는 역사적 두께에서 이해될 수 있다.

예컨대 중세로부터 르네상스 시대로의 전이는 호르투스 콘클루수
스Hortus Conclusus(울타리로 둘러싸인 정원), 즉 울타리 안의 은신처로부
터 풍경으로 열린 새로운 정원으로의 이동으로서 기술된다. 이는 자신
의 벽에 갇히는 것이 아니라 스스로를 바라보는 행위라 할 수 있다.[102] 그
원형들 가운데 하나가 피에솔레 메디치 별장Villa Médicis de Fiesole이다. 같
은 시기 알베르티가 그의 저서 『건축론』에서 설명하고 있는 원리에 따
라 1450년에 실현되었으며, 아르노 계곡의 파노라마를 지배하는 테라스
로 층층이 세워져 있다.

여기서 짧게나마 영국에서 18세기 초반에 나타난 피토레스크
Picturesque 개념을 상기할 필요가 있다. 이것은 호레이스 월폴Horace Walpole
이 발화한 저 유명한 표현에 의해 압축된다. "그의 불완전한 시도의 황

101   Assunto, R., *Il paesaggio e l'estetica*, Palerme, Novecento, 1994.
102   Comito, T., "Le jardin humaniste", in: M.Mosser et G.Teyssot(dir.), *Histoire des jardins de la
       Renaissance à nos jours*, Paris, Flammarion, 1991, pp.33-41.

혼에서 하나의 위대한 시스템을 볼 수 있을 정도로 충분한 천부성과 타고난 윌리엄 켄트William Kent가 나타났다. 그는 울타리를 넘어섰고, 모든 자연이 정원이라는 사실을 깨달았다."[103] 여전히 논쟁의 대상인 '하하 Ha-ha' 정원 기법은 새로운 피토레스크 정원의 완벽한 환유로서 제기된다. 주지하다시피 하하는 정원 주변의 깊은 도랑 형태의 구조물이다. 그것은 정원을 외부로부터 고립시켜 동물들의 이동을 막으면서도 주변 풍경 전체에 대한 시야를 확보해준다.[104]

하하 정원의 극적 광경 가운데 하나는 발코니에서 일종의 강화된 풍경을 상기시키는 것인데, 스토우 가든Stowe Garden이 대표적인 예다. 외부 파노라마를 시선을 통해 파악하고, 정원 속에 파노라마를 통합시키려는 의지는 동아시아 풍경 미학의 차경을 연상시킨다. 동아시아 정원의 영향이 서양에서 감지되는 순간이다.[105]

103   Walpole, H., Essay on Modern Gardening, Young Books, 1931(1771). (프랑스어 번역본) *Essai sur l'art moderne des jardins*, Paris, Gérard Monfort, 2000, p.580.

104   Bénétière, M - H., *Jardin. Vocabulaire typologique et technique*, Paris, Éditions du Patrimoine, 2000, p.100.

105   1. Ji Cheng, *Yuanye, Le traité du jardin*(1634), traduit du chinois par Che Bing Chiu, Besançon, Les Éditions de l'Imprimeur, 1997, p.60, 283.
       2. Chambers, W., *Aux jardins de Cathay: L'imaginaire anglo-chinois en Occident*, textes réunis et présentés par J.Barrier, M.Mosser et Che Bing Chiu, Besançon, Les Éditions de l'Imprimeur, 2004.

5 오리엔트 정원의
기원과 구조:
아랍과 페르시아 정원의 미학

비옥한 초생달 지대에서 위대한 도시 문명이 탄생했다. 기술, 원예, 조경, 문자, 삶의 지혜가 그곳에서 길들여졌으며, 정원 예술을 세련화의 극치로 이끌었다. 오리엔트 정원은 그 구성 방식과 식물 종의 풍요로움, 빼어난 독창성에 힘입어 세계 정원 역사에 여전히 귀감으로 남아 있다. 동양과 서양의 정원사와 조경사 들은 서로 다른 문화권으로 여행을 다니며, 창조적 아이디어를 교환했고, 자신들 모국의 도시 계획의 역사에 다른 팔레트를 첨가했다.[106]

   사적 사용을 위해 자연을 제어하는 단순한 쾌락 차원을 넘어 오리엔트의 정원은 명상적이고, 관조적이며, 과시적인 공간을 창조했다. 하나의 정원을 창조하는 것은 풍경을 위대하게 만드는 일이며, 생명체를 뿌리내리게 하고 풍경을 공유하는 것이다. 특히 정원은 시민의 기쁨을 위해 도시 공간에 신선한 공기와 꽃향기를 제공하는 장소다. 고대 바빌론의 정원에 식물이 심어진 벽과 테라스는 새로운 근대적 해석을 요구한다. 왜 아랍과 안달루시아의 정원들은 수많은 현대 정원 디자이너와

---

106   G Sylvie Depondt, "Jardin d'Orient: De l'Alhambra au Taj Mahal", in: *Jardins d'Orient (De l'Alhambra au Taj Mahal)*, Institut du monde arabe, Snoeck, Gand, 2016, pp.9-11.

예술가를 매료시키는 것인가? 이렇게 고대 시대로 거슬러 올라가는 이
유는 현재와 미래를 설명하기 위함이다. 또한 알함브라 궁전이 있는 이
베리아 반도의 연구를 넘어 인도 대륙으로 범위를 확장하는 이유는 오
리엔트 정원의 영원성과 보편성을 강조하기 위해서이다.

1) 도시와 정원의 불가분성

정원은 들판, 과수원, 오아시스와 같이 순수 농업 개발을 목적으로 하는
공간과 달리 미학과 쾌적함을 추구하기 위해 다양한 초목과 구조적 요
소들을 배치한 곳이다. 예컨대 정원 공간에는 수로, 원예 식물, 산책로
등이 포함된다. 정원의 특징을 결정짓는 결정적 요인은 이 같은 여유이
다. 중세 이슬람 세계의 위대한 철학자 이븐 할둔Ibn Khaldun은 그 같은 여
유를 예술, 사치와 더불어 도시 생활의 근본적인 속성 가운데 하나로 간
주했다. 그것은 생존을 위해 먹거리만을 찾는 사막의 유목민족인 베두
인의 생활과 확연히 구별된다. 여유와 잉여는 도시 공간의 고유한 성격
이며 이런 이유에서 정원은 도시 문명의 산물일 수밖에 없다. 그렇지만
분명히 기억해야 할 중요한 사실은 근동의 건조한 지역에서 농사가 없
었다면, 다시 말해 먹고 살기 위해 탄생한 작물을 심는 기술과 농토에 물
을 끌어들이기 위해 개발한 관개 시설 등의 기술이 없었다면 정원이 존
재할 수 없었다는 것이다. 분수가 기분을 즐겁게 해주는 인공물이라면,
오리엔트 정원의 수로는 농토와 도시을 축조했던 카나트qanat,[107] 북아프

---

107 고대 페르시아에서 개발된 전통적인 수로 시스템으로, 지하 수원을 이용해 건조한 지역에 물
     을 공급하는 관개 시스템이다. 인류 역사상 가장 혁신적인 수자원 관리 시스템 중 하나로 평가
     받으며, 오늘날에도 환경 친화적인 물 공급 방식으로 연구되고 있다.

리카의 관개시설인 세구이아Seguia[108]와 그 밖의 관개시설로부터 파생했다. 그러나 도시 시민들은 정원을 사회적 신분 상승의 징표로서 삼기 위해 이 농촌의 뿌리를 망각하려고 애썼다. 심지어 나무를 심은 공간에서도 그 같은 뿌리를 잊기를 원했지만 식량을 생산했던 공간의 잔재는 여유와 잉여의 공간에서 다른 과실나무와 더불어 존속했다. 예컨대 사람들은 과일을 채집하고, 마치 과일이 자연적으로 제공되는 것처럼 소비했다. 묘목과 노동을 통한 유지 관리의 결과물이 아니고 저절로 주어진 것처럼 말이다.[109]

여유와 잉여를 보여주는 정원 예술의 가장 태곳적 증언은 기원전 8~7세기 고대 이집트와 기원전 4세기 아케메네스 왕조의 페르시아에서 찾아볼 수 있다. 이들 정원의 공간 구획과 아름다움에 대한 묘사는 여러 벽화와 글에서 나타나며, 기술의 발달뿐만 아니라 아니라 비범한 세련미를 보여준다. 페르시아 정원은 이 시대부터 오늘날까지 4분면 형태였다. 메소포타미아 왕궁의 비문과 부조물은 아시리아인이 휘황찬란한 정원을 소유하고 있었음을 보여준다. 아랍 세계에 대한 정확한 기록은 아쉽게도 남아 있지 않지만, 특히 번영했던 왕국들은 이슬람이 도래한 7세기 이전 수세기 동안 아라비아 반도 남쪽 연안의 푸른 산록지대를 차지하고 있었다. 이슬람 이전의 시대로부터 반도의 경이로운 정원을 묘사한 아랍의 노래와 시가 전해져 온다. 여기에서는 정원을 여성을 위한 산책 장소나 연인의 만남의 장소로서 소개하면서, 가장 아름다운 꽃

---

108   북아프리카, 특히 모로코의 오아시스 지역에서 사용되는 전통적인 노천 관개 수로 시스템이다. 강이나 지하수원에서 물을 끌어와 농경지에 공급하는 역할을 한다.

109   Awada, F. and Tricaud, P-M., "Villes et jardins indissociables", in: *Jardins d'Orient (De l'Alhambra au Taj Mahal)*, Institut du monde arabe, Snoeck, Gand, 2016, pp.27-33.

과 오솔길과 새소리가 있는 무성한 나무와 잎사귀의 장소로 부른다.

7세기 이슬람이 도래하면서 『쿠란』은 정원에 중추적 자리를 부여하는데, 정원을 천국과 결합시켜 정원의 특징과 향기의 달콤함을 생생하게 묘사한다. 에덴에 흐르는 네 개의 강은 페르시아어로 파이리다에자Pairidaeza[110]라고 명명된 고대 페르시아 키루스Cyrus 유적의 4분면 정원을 연상시킨다. 이슬람이라는 새로운 종교는 혈연 연대성에 기초한 부족적 가치를 무너뜨리고 보편적인 형제애, 동일한 이상에 의해 통일된 민족 가치를 수립한다. 이 같은 사실 때문에 이슬람 종교는 도시 공간에 우호적이다. 무슬림 정복자들은 시리아와 페르시아의 도시에 새로운 성과 요새를 짓고 도시를 건설했다. 페르시아 문명과 비잔틴 문명의 접촉을 통해 지역 예술가와 장인 들은 혼종적인 성격을 띠게 되었고 이는 새로운 원형을 생산했다. 아랍인은 로마 빌라의 은밀한 정원을 자신들의 것으로 받아들이면서 페르시아인의 4분면 정원을 채택했다. 이는 아랍 주택의 은밀성에 적응한 것이다. 또한 두 문명으로부터 모자이크 기술을 빌려와 이슬람 사원을 비롯한 그들의 가장 아름다운 기념비들을 장식했다. 물과 모자이크, 식물들 속에서 위대한 휘황찬란함과 다채로움이 추구되었다.

그 여유롭고 잉여적인 성격으로 인해 정원을 도시적인 것으로 본다면 정원과 도시는 분리될 수 없는 것인지 물음을 던져볼 수 있다. 정원이 방대한 환경과 맺는 관계에 대한 이 같은 물음은 정원 예술의 역사를 이끈 동력이다. 여기서 두 개 유형의 관계를 정의할 수 있는데, 공간적 관계와 상징적 관계가 그것이다.

---

110   고대 페르시아에서 유래한 용어로, '울타리로 둘러싸인 정원'을 의미한다. 이후 영어 Paradise
       (파라다이스)의 어원이 되었으며, 이상적인 낙원과 같은 정원을 뜻하는 개념으로 발전했다.

페르시아는 정원을 통과하면서 왕궁을 도시와 연결시키고, 나아가 영토와 결부시키는 기념비적 원근법을 개발했다. 아랍 세계가 그들의 정원을 보석상자 속에 보석을 감추듯 닫아버릴 때, 페르시아는 정원을 진주 목걸이처럼 하나의 축으로 꿰고 있다. 수많은 페르시아 정원들은 도시 속에서, 더 나아가 사막 속에서 연장된다.

페르시아의 가장 크고 유명한 축은 역설적이게도 이스파한에 있는 차하르 바그Chahar-Bagh 대로인데, 그 이름은 4분면의 정원을 참조하나 그 자체는 정원 길의 연장은 아니다. 그러나 사파비 왕조(1501~1736) 페르시아인들에게 있어 도시 전체는 거대한 정원으로서 간주되었으며, 18세기와 19세기 서구 여행자들의 탄성을 불러일으켰던 그들의 수도 이스파한 또한 그러했다.

2) 페르시아 정원의 미학

현대인의 상상계에서 고대 페르시아를 상상할 때 양탄자나 세밀화와 마찬가지로 우리 머릿속에 곧바로 떠오르는 것이 정원과 장미다. 프랑스 시인 르콩트 드 릴Leconte de Lisle은 그의 시 「이스파한의 장미Les Roses d'Ispahan」에서 그 점을 상기하고 있다. 페르시아 정원의 가장 오래된 흔적들 가운데 하나는 아케메네스 왕조(기원전 551-331)의 상징적 수도인 파사르가다에의 왕궁 도시에 있다. 몇몇 그리스인은 고대 페르시아인들에게 소중했던 이 장소를 노래했다. 'Paradise'(천국)라는 단어는 고대 페르시아인에게서 탄생한 것이다. 페르시아어 'Paradeisos'는 나무와 꽃이 자비롭게 심어진 왕의 사냥 구역 울타리를 지칭했다. 히브리어 'Pardes'는 '울타리 정원'이라는 의미를 간직하면서, 나중에 『쿠란』에서는 'Firdawa'라는 단어로서 에덴의 정원을 모범으로 삼은 약속된 천국을 지칭했다.

파사르가다에 왕궁의 기단 돌 덩어리들 속에는 다듬어진 수로망들이 남아 있는데 이를 통해 수로 전체의 형상을 가늠할 수 있다. 나무를 심어놓은 길을 따라 세워진 기념비적 문들은 다양한 정자에 이르고 작은 다리는 대규모 물을 제공하는 수로를 수놓는다. 물이 없는 정원을 생각하기는 어렵다. 이란 고원의 사람들은 멋을 생각하기 전에 먼저 관개시설을 구비한 농사를 실현할 방책을 궁리했다. 그들은 지하 수로에 의해 연결된 우물에서 지하수를 길어 올릴 수 있는 기술을 구현했다. 지하수로인 카나트 기술은 이어서 서쪽으로 확산되어 오늘날 이베리아 반도에서도 그 기술을 발견할 수 있다.

후기 고대와 초기 중세 시대의 정원은 몇몇 문학작품에서 묘사된 내용을 통해서만 알려져 있을 뿐이다. 10세기 페르시아 르네상스 시대에 활동했던 시인들은 왕에게 찬양을 헌사했던 경우가 빈번한데, 이 왕들은 봄꽃으로 장식된 화단 한복판에서 왕관을 쓰고 통치했다. 장미나 튤립을 비롯한 각종 꽃과 나무, 특히 사이프러스 나무는 젊은이의 아름다움을 묘사하는 은유의 단골 소재였다. 장미는 사랑하는 존재의 뺨 또는 입술에 비유되었으며 사이프러스는 바람의 숨결과 유혹적인 이미지로서 물결쳤다. 쾌락의 장소에서 물놀이와 분수가 흥을 더했고, 쪽빛과 황금색 회화로 장식된 파빌리온이 쾌적함을 더했다. 『천일야화』는 이들 정원의 분위기를 묘사하고 있다.

실제로 아랍 구술 문학의 많은 동화는 대개 멋진 궁전이 있는 정원에 관한 이야기이며, 이야기꾼은 건축물을 정교하게 묘사하면서 도시에 관한 이야기를 들려준다. 정원과 궁전, 심지어 그곳에 살았던 사람들에 대한 이러한 묘사는 얼핏 들으면 별다른 중요성이 없는, 그저 듣는 이들의 귀를 즐겁게 해줄 요량으로 이야기꾼의 입술에서 펼쳐지는 단순한 서사적 관습이라고 여길 수 있다.

그러나 더 면밀하고 세심한 독서를 할 때 우리는 이러한 묘사가 아랍-무슬림 상상력의 세련된 꽃이라 할 수 있는 천국의 낙원을 연상시켜 청중의 집중적 관심을 끄는 전략임을 알 수 있게 된다. 『천일야화』에 등장하는 정원과 궁전에 대한 묘사는 이슬람 문화권 청자의 무의식에 깊이 호소하여 절대적인 행복을 구현하는 천국의 문턱에 도달하게 만든다. 정원은 지금 여기의 속세에서 천국의 황홀감을 살짝이라도 느낄 수 있게 하는 실재하는 공간이다. 실제로 아랍 무슬림 문화권에서의 정원에 대한 빈번한 언급과 휘황찬란한 묘사는 『쿠란』에 지상에서 선을 행하는 자에 대한 보상으로 풍부하게 언급된 천상 정원을 떠올리게 만든다. 이같은 이슬람 세계의 문화적 종교적 맥락을 고려한다면 『천일야화』에서 정원의 주제는 매우 특별한 차원과 중요성을 지닌다는 점을 알 수 있다.

아랍-무슬림 세계에서의 정원은 인간이 행복을 맛볼 수 있는 신화적이면서도 동시에 실재적인 공간이었다. 바로 이런 이유에서 바그다드와 사마라Sāmarrā의 초기 유적부터 사마르칸트의 웅장한 바그bagh(궁전 정원)을 비롯해 모로코 제국 도시의 아그달agdal, 그라나다의 알함브라, 이란의 사파비 정원, 인도와 카슈미르의 무굴 정원 등은 도덕적·종교적 감화를 주기 위해 창작된 문학에서 항상 가장 중요하게 여겨져 왔다. 특히 정원의 천국 이미지와 관련해 정원을 끔찍이 사랑했던 사산 왕조(224~651)에 와서 정원의 이미지는 모하메드가 계시한 낙원을 가장 직접적으로 연상시켰다. 정원이라는 주제는 페르시아 화가들의 세밀화 전반에 걸쳐 나타나며, 이러한 세밀화 묘사와 『천일야화』에 등장하는 정

원의 묘사 사이에는 유사성이 있다는 점도 덧붙일 수 있다.[111]

『천일야화』에서 정원을 묘사하는 부분은 매우 빈번하다. 「누레딘과 페르시아 미녀 이야기」에서 한 부분을 발췌해 본다. "두 사람은 한동안 티그리스 강변에 펼쳐진 정원들을 따라 걸었습니다. 특히 길고도 멋진 담벼락으로 에워싸인 정원이 있었는데, 그들이 담을 따라 끝까지 걸어가니 길이 옆으로 굽으며 말끔하게 포장된 긴 길이 나왔고, 그 끝에는 예쁜 분수대와 그 너머의 정원 대문이 보였습니다. (…) 그런데 사실 이 정원은 칼리프의 소유로, 그 중앙에는 '그림 누각'이라고 불리는 큰 누각이 한 채 서 있었습니다. 건물에 이러한 이름이 붙은 것은, 칼리프가 특별히 초빙해 온 여러 화가들이 그린 페르시아식 그림들로 건물을 장식했기 때문입니다. 누각 내부에 있는 크고 작은 멋진 홀에는 여든 개의 창이 나 있었고, 각 창에는 샹들리에가 하나씩 걸려 있었습니다. 이 여든 개의 샹들리에에는 바람 한 점 없이 잔잔한 날, 칼리프가 방문할 때만 불이 커졌습니다. 그럴 때면 누각 전체가 환하게 밝아져, 그 휘황찬란한 모습은 인근의 전원뿐 아니라 도성의 대부분 지역에서도 보일 정도였지요. (…) 식사가 끝나 손까지 씻고 나자, 누레딘은 창문 하나를 활짝 열고 페르시아 미녀를 불렀습니다. "이리 와서 달빛에 비친 정원의 풍경을 한 번 보시오! 아, 정말 기가 막히는군!""[112]

하지만 이보다 더 중요한 사실은 이야기꾼이 『쿠란』의 가장 중요한 구절들을 잘 알고 있다는 점이다. 그는 또한 왕과 황제가 지은 거대한 궁전에 대해서도 잘 알고 있다. 따라서 이야기꾼의 정원 묘사는 『쿠란』

111   Weber, E., "Jardins et palais dans le Coran et les Mille et une nuit", *SHARQ AL-ANDALUS*, 10-11(1993-1994). Homenaje a M. Jesús Rubiera Mata.
112   앙투안 갈랑 엮음, 임호경 옮김, 『천일야화』, 4권, 열린책들, 2010, p.1060, 1065.

의 암시와 자신이 직접 본 정원에 대한 묘사 또는 페르시아 세밀화 작품에서 본 복제품을 모두 포함한다고 가정할 수 있다. 프랑스 국립도서관에 소장된 15세기 페르시아 필사본 『미라즈나메*Mirâc-nâme*』 또는 『예언자의 여정』에서 우리는 위대한 에메랄드 나무뿐만 아니라, 천국, 곧 화려한 정원에서 여흥을 즐기는 천상의 미녀들을 발견할 수 있다. 따라서 이야기꾼은 세 가지 주요 영감을 능숙하게 종합할 수 있었으며 그의 영웅들이 사는 정원에 대한 묘사가 이 점을 충분히 증명하고 있다.

　『천일야화』에 나타나는 정원 묘사는 다수이나 몇 가지 특징을 살펴보면 다음과 같다. 첫째, 『쿠란』의 주제를 발전시키고 있는 내용들로서 과일, 새, 시냇물, 포도주, 은을 비롯한 다양한 용기 등이 상세히 묘사되어 있다. 이는 모두 천국에 대한 설명에 속하고, 어릴 때부터 『쿠란』 구절의 리듬에 길들여진 무슬림 청취자에게 이 단어들은 내세에 약속된 낙원을 상징한다. 둘째, 『천일야화』에서 바그다드와 사마라의 정원 묘사는 앞서 언급한 것과 매우 유사한 방식으로 『쿠란』에 나오는 정원의 문과 풍성한 과일을 연상시킨다. 셋째, 『천일야화』의 서술자는 지상 정원의 아름다움을 통해 천국의 아름다움을 연상시키고 있다. 이 둘의 연결은 이브라힘Ibrahim과 자밀라Jamila의 이야기에서 명확하게 드러난다. 주인공인 이브라힘은 책에서 본 소녀의 그림을 붙여놓은 바스라의 정원을 소개받게 된다. 한 구절을 인용해 본다.

　"이브라힘은 이 정원을 보고 천국 낙원al-Janna을 보고 있다는 인상을 받았다. 그는 덤불이 우거진 나무, 거대한 야자수, 풍부한 물, 다양한 노래를 부르는 새들을 보았고, 다섯 계단을 올라가면 닿는 네 개의 문이 있는 돔을 향해 걸어갔다. 그 가운데에는 황금 사다리를 타고 내려가는 못이 있었고 (…) 그 못 한가운데에는 크고 작은 형상이 있는 황금 분수가 있었는데, 그 입에서 물이 뿜어져 나왔다. 이 조각상들에서 물이 온갖 소리를 내며 나오면 마치 낙원에 있는 것 같았다. (…) 정원사가 그에게 물었다. 내 정원이 어떻게 보이느냐? 청년은 대답했다. 그것은 지상의 낙원입니다. (…) 정원사는 잠시 자리를 비우더니 통닭과 음식물을 갖고 돌아왔다."[108]

이야기 후반부에서 이브라힘은 이 멋진 정원에서 산책하며 먹고 싶은 과일을 실컷 따는데 드디어 정원사가 자밀라가 왔다고 알려준다. 그녀를 보았을 때의 묘사이다.

"그때 그는 그녀를 보았다. 그녀는 화려한 보석과 옷을 휘감고, 머리에는 진주와 희귀석으로 장식된 왕관을 쓰고 있었고, 목에는 진주 목걸이, 허리에는 루비와 진주로 묶인 토파즈를 차고 있었다. 그리고 이브라힘은 스스로에게 말했다. 의심할 여지가 없다. 하늘의 문이 열렸다."

이 예에서 쿠란의 용어 al-Janna(알잔나)는 세 번 이상 사용되었으며, 『쿠란』의 76장 18절에서 사용되는 천상의 샘을 뜻하는 단어 '살사빌 Salsabil'의 이름을 통해 직접 언급된다. "천국의 문"이라는 표현 역시 『쿠란』에 나와 있다. 자밀라에 대한 묘사는 위에서 언급했듯이 선택받은 자들의 풍요로움과 아름다움을 연상시킨다. 그리고 이브라힘은 마치 이 동산에서 자신이 원하는 과일을 맛볼 권리가 주어진 선택받은 자처럼 행동한다.

또 다른 이야기 '「칼레단의 자식들의 섬」의 왕자 카마르알자만과 중국 공주 바두르의 사랑 이야기」에서도 정원은 카마르알자만의 자연스러운 피난처가 된다.[114] 『쿠란』의 낙원은 다름 아닌 피난처이자 선택받

---

113   *Les Mille et Une Nuits*, Paris, Robert Laffont, vol.2, Dâr al-kutub, vol.2, p.613.
114   앙투안 갈랑, 앞의 책, 3권, p.841-951.

도12 · 이란 카샨 정원

은 자들만이 살 수 있는 구원의 집이다. 피난처는 모든 신자들과 이 이야기를 듣는 사람들이 지상에서 천국에 들어가기 전에 그 피난처를 상상하기 위한 최고의 희망이다.

엄밀한 의미에서 이란에서 전승되는 고대 정원은 17세기를 넘어 올라가지 않는데, 이스파한의 휘황찬란한 페르시아 정원은 사파비 왕조(1501-1722)로부터 본격적으로 창조되었다. 이스파한은 16세기 말, 아바스 1세가 제국의 중심부로 선택한 곳이다. 이어지는 17세기 내내 통치자들은 거대한 정원과 왕궁을 건설하면서 자신의 위상을 드높이기 위해 걸작품을 창조하는 데 공력을 기울였다. 불행히도 이스파한은 최근 수십 년 동안 그 외관에서 큰 변화를 겪었고, 현재는 사파비 왕조 시대 화려했던 정원의 흔적만 남아 있다.[115] 반면 콤과 이스파한 사이에 위치한 도시, 카샨의 외곽에 있는 핀Fin 정원은 비교적 잘 보존되어 있다. 핀 정원은 가로 150m, 세로 120m의 직사각형에 벽으로 울타리가 세워져 있으며, 벽의 중심에는 수로가 가로지르고 있다. 19세기 초에 두 번째 평행축이 추가되었는데, 이는 계절에 따라 왕국의 남쪽과 북쪽을 오가며 '왕의 노마디즘'을 실천한 아바스 1세의 통치 방식에서 비롯된 것이다.

115   Porter, Y., "Jardins persans", in: *Jardins d'Orient(De l'Alhambra au Taj Mahal)*, Institut du monde arabe, Snoeck, Gand, 2016, pp.73-79.

6 동아시아 정원의
공간 시학[116]

1) 동아시아 문명의 자연 철학과 심미성

동아시아 정원의 정수는 공간 구축에 배태된 자연 철학, 생태학, 시학으로
압축할 수 있다.[117] 동아시아 공간에 담긴 자연관은 동아시아 문명의 사
상, 문학, 전통 양상에서 발견되는 핵심적 원리이다. 동아시아의 생태학
적 사고는 하늘, 사람, 땅의 합일과 음양오행 사상으로 풀이될 수 있다.

　　동아시아 예술의 최고봉이라 할 수 있는 정원 예술의 의미를 해독
하기 전에 동아시아인의 미학적 지각을 지배하는 두 개의 원리를 파악
해야 할 것이다. 첫째, 다른 문명들에 견주어 동아시아의 심미성은 자연
속에서 아름다움을 찾고 자연의 미를 숭앙했다. 풍경의 고고학과 비교
문화사를 검토했을 때 풍경에 대한 최고 수준의 미학적·문화적 성취를
이뤄낸 곳이 다름 아닌 동아시아 문명이라는 점도 확인된다.[118] 둘째, 동
아시아의 미학적 인간은 인간의 작위에 기반을 둔 형태의 완벽성을 통
해서 아름다움을 지각하는 데에도 중요한 가치를 부여하였다. 특히 인

116　김성도, 「동아시아 정원의 공간기호학 연구」, 기호학 연구, 61권, 2019, pp.7-36.
117　동아시아 자연철학에 대해서는 다음 문헌 참조.
　　Petrucci, R.,*La philosophie de la nature dans l'Art d'Extrême-Orient*, Paris, Librairie Renouard, 1912.
118　Berque, A., "Des eaux de la montagne au paysge", dans Adriana Verissimo Serrao (dir.), *Filosofia e arquitectura da paisagem*, Centro de filosofia da Universitde de Lisboa, 2012, pp.95-103.

간이 창조한 형태에서 미를 인식하는 데 탁월한 심미안을 보여준 일본의 정원 예술에서는 이 같은 경향이 한국과 중국에 비해 선명하게 나타난다. 이를테면 창호의 종이 격벽의 비례와 조화, 일본 전통 가옥의 파사드를 덮고 있는 나무 격자는 일본인의 심미적 감상 대상이다. 이를 통해 일본 문화는 인공물의 심미적 지각 차원에서 기능성과 더불어 미학적 완벽성이라는 두 개의 기호학적 차원을 모두 포용했다.[119]

한편 한국의 전통 정원은 중국과 일본에 비해 인위적 요소를 절제하며 조성되었다는 특성이 있다. 고산 윤선도의 정원은 풍경이 빼어난 장소를 선정하여 최소의 인위만을 가하고자 했다. 보길도 부용동 원림은 물과 바위가 조각한 경관의 정수를 집약시킨 작은 정원을 조성함으로써 섬 전체를 하나의 열린 정원으로 만들 것을 지향했고, 해남의 금쇄동 원림은 아래 쪽에 있는 계곡부터 산 꼭대기에 이르는 행로 전체를 정원 공간으로 조성했다. 이는 동아시아는 물론 세계 정원사에서 인공을 최소화하면서도 자연 풍경 그 자체를 정원으로 만든 불후의 걸작이라 할 수 있다.

헤이안 시대(794~858) 귀족들에게 거주의 독창성은 건축보다는 정원에서 재현한 인공적 풍경에 달려 있었다. 이는 세워진 돌, 인공 언덕, 수로, 연못, 작은 섬을 혼합해 형상화했던 인공적 풍경을 말한다. 정원의 산수는 실제의 풍경 또는 전설적 풍경을 상기시켰다. 산 이미지를 특권시하는 중국 산수화와 달리 일본의 산수화는 섬들이 흩어진 바다 풍경을 만들었는데, 이는 세 개의 근본적 풍경 장소인 마츠시마嚴島, 이츠쿠시마松島, 아마노하시다테天僑立, 즉, 삼경三景을 모델로 삼아 이루어졌다.

119   일본 미학의 특징에 대해서는 다음 문헌 참조.
    1. Delay, N., Le jeu de l'éternel et de l'éphémère, Philippe Piquier, 2004.
    2. Lucken, M., Japon, l'archipel du sens, Perrin, 2016.

이는 헤이안 시대의 정원에서 빈번하게 그림으로 그려졌으며 일본 열도의 창조 신화와 관련을 맺고 있다. 10세기부터 몇몇 정원은 큰 평판을 얻었는데, 이들 정원은 특정 지방의 풍경이나 사람들이 높이 평가한 풍경을 상기시켰다.

일본 정원에서 바다의 풍경과 섬을 표현하는 구성 요소와 기법의 핵심은 중도中島이다. 동양 최고의 정원 이론서인 『사쿠테이키作庭記』에서도 정원의 이미지는 그 섬의 특징과 밀접한 관계를 맺고 있다. 그 가운데 몇 개의 섬을 서술하면 다음과 같다. 첫째, 야마시마山島는 고저가 있는 산 형태의 섬으로 산 기슭이나 물가에 돌을 세우고 앞면에는 하얀 모래사장을 둔다. 둘째, 노시마野島는 야마시마와는 대조적으로 들판 같은 완만한 섬이며 돌은 곳곳에 그 등을 보이도록 세우고, 그 곁에는 가을 풀을 심으로 사이에는 이끼 등을 덮어 만든다. 셋째, 모리시마杜島는 평평한 섬이고 전체적으로 수목을 식재한다. 넷째, 이소지마磯島는 파도가 밀려오는 곳을 표현한 것이므로 파도에 깎여진 듯이 거칠고 키가 큰 돌을 곳곳에 세운다. 그 힘찬 돌 사이에 낮은 키의 소나무를 식재하는 것으로 돌이나 바위가 있는 물가의 풍경을 만들어낸다.

동아시아 정원 예술의 핵심인 '자연속에서 우연히 드러나는 발현되는 아름다움'과 '인간의 작위로 이룩한 완벽한 형태의 아름다움'을 파악하려는 두 가지 심미적 지각 방식을 이분법적 대립과 배타적 관계로 파악해서는 곤란하다. 이와는 반대로, 두 가지 심미적 방식은 동시에 발생하며, 서로 겹쳐지도록 의도된 측면이 있다고 할 수 있다. 두 개의 질서와 원리는 상호 강화와 상호 상승을 이룬다는 점에서 음양의 원리인 상보성의 원리를 구현하고 있다.[120]

2) 동아시아 정원의 우주적 비전

프랑스의 중국학 거장 마르셀 그라네Marcel Granet는 중국 문학의 가장 오래된 고전 가운데 하나인 『시경詩經』 속에 묘사된 시골 풍경 주제들은 그것이 '자연에 대한 본능적 감정'과 결부될 때 비로소 의미를 갖는다는 점을 보여준 바 있다.[121] 중국학의 태두인 롤프 스타인Rolf Stein은 그라네의 견해와 달리 자연에 대한 동아시아적 개념은 본능적 감정이나 순수한 조화의 개념에 기초한 것이 아니라 종교적 믿음에 따른 환경에 대한 복잡한 개념화에 기초한다는 의견을 피력했다.[122] 이 같은 개념화는 중국의 축소판 정원 예술에서 최고의 사례를 찾을 수 있다. 그것은 꽃병에서 기르는 작은 정원이며, "무한하게 축소된 작은 크기의 우주 이미지"라 할 수 있다.[123]

이러한 축소된 풍경에는 고유한 우주관이 담겨 있다. 산, 강, 숲은 돌, 물, 작은 나무에 의해 재현된다. 이 세 가지 요소는 늘 현존해야 하거니와 그 전체가 완결된 하나의 풍경을 형성한다.[124] 이 같은 풍경에서는

120 이 점에 대해서는 다음 문헌 참조.
     Moore, C. W. and Mitchell, W. J., and Turnbull, W. Jr., The Poetics of Gardens, The MIT Press, The poetics of garden. 1943.

121 Granet, M., *La pensée chinoise*, Paris, Albin Michel, 1997, p.53.

122 Stein, R., *Le monde en peit*, "Jardins en miniature d'Extrême-Orient, le Monde en petit", *Bulletin de l'École française d'Extrême-Orient*, Hanoï, Paris, XLII, 1943, pp.1-104, (영어 번역본) *The World in Miniature: Container gardens and Dwellings in Far Eastern religious Thought*, trans Phyllis Brooks, Stanford University Press, 1990.

123 Iziwowitz, K. G., "1987, "Les jardins et le principe vital en Asie Orientale", in: *De la voûte au terroir au foyer*, Koechlin, B., Sigaut, F.Thomas, J.M.C. Toffin, éds., Paris, Editions de l'Ecole des Hautes Etudes en Sciences Sociales, pp.81-88.

124 Stein, R., "Jardins en miniature d'Extrême-Orient", in: *Bulletin de l'Ecole française d'Extrême-Orient*, XLII, 1943, pp.101-104.

하늘 역시 현존하며, 중국 신화의 천복을 누리는 사람들이 살고 있는 섬들과 더불어 대양도 현존한다. 축소된 풍경의 본질적 요소를 형성하는 산속에서는 동굴이 모습을 드러낸다. 중국 정원(원림)에서는 자연의 산을 진산眞山, 인공적 산을 가산假山이라고 부른다. 중국 정원의 가산 제작 과정에서 빈번하게 사용되는 조경 수법으로는 곡谷과 동洞을 손꼽을 수 있으며 각각 산곡山谷과 동혈洞穴을 의미한다. "이들은 가산의 진산에 대한 연상력을 더욱 강하게 하는 역할을 한다."[125] 곡과 동의 탁월한 운용 사례로는 쑤저우시 '환수산장環秀山庄'이 있다. 환수산장의 곡은 두 절벽 사이에 있으며 그 안에는 물이 잔잔하게 흐르고 계곡을 가로지르는 석량이 설치되어 있어 심산유곡의 하늘로 치솟는 다리와 계곡의 분위기를 압축적으로 재현한다. 이 같은 정원이 보여주는 다양한 양상들은 우주의 재현이며 영원한 행복과 평화의 장소인 천국의 이미지를 상기시킨다. 동시에 같은 이유에서 축소판 정원은 마술적 힘을 소유했을 것이다.

우주적 비전이 투영된 정원의 가치와 개념에 운동이라는 또 다른 차원이 첨가된다. 죽은 자의 생명의 힘, 기氣는 산으로부터 대양으로 나아가고, 무릉도원과 같은 이상적 섬에까지 이른다.[126] 이같이 하강하는 운동은 또 다른 방식으로는 우주의 상이한 부분을 연결하는 연대성을 표현하고, 우주는 유일무이한 힘이 순환하는 방대한 그물망을 형성한다. 앞선 것과 같은 활력은 기의 본질이며 순환을 통해 우주에 생명을 불어넣는 생명의 원리라 할 수 있다. 일본 정원의 산수는 고대부터 일본 신화나 불교의 공간과 기원을 재현하는 것과 결합되어 왔다. 이는 정원 풍경을 통해 자연 속에서 물리적으로 융화되는 영성적 장소의 기능을 보존한다.[127]

125   박경자, 『중국의 정원』, 학연문화사, 2010, p.436
126   Izikowitz, 앞의 논문, p.84.

물과 돌은 동아시아 정원 미학에서 가장 중요한 상징계를 담고 있다. 돌들은 다양한 방식으로 쌓여 형태를 만든다. 그것들은 산의 이미지를 만들어 내기 위해 축적될 수 있다. 돌들은 구조적 역할만큼이나 상징적 역할을 갖는다. 왜냐하면 돌들은 일체의 인공적 요소 없이 특정 원근법의 자연적 배경을 형성하고 공간의 인상을 창출하는 데 기여하기 때문이다. 이 같은 맥락에서 동양은 물론 세계 최초로 정원 조성의 사상적 기초와 실제를 겸비한 기념비적 정원 이론서인 『사쿠테이키作庭記』의 서두에서 저자는 정원 조성 작업은 다름 아닌 돌을 놓는 행위에 있다고 말하고 있다.[128]

"정원을 만드는 일(돌을 놓는 일)은 먼저 그 요지를 심득해야 한다. 하나, 연못의 모양에 따라 각 장소에 맞는 풍정風情을 구상하면서 자연 풍경을 회상하여, '그 장소는 이와 같았구나.' 하고 견주어 생각하면서 정원을 만들라."

저자는 조경가의 주관적 미의식을 가능한 한 자제하고 정원에 가장 잘 어울리는 자연 풍경의 본 모습을 최대한 살려서 돌을 배치하라는 전언을 남기고 있다. 다음 인용문에서 사용된 '돌의 요청'이라는 생소한

---

127 다음 문헌 참조.
Vocabulaire de la spatialité japonaise, sous la direction de Philippe Bonnin, Nishida Masatsugu, Inaga Shigemi, CNRS Editions, 2014, pp.395-397.

128 다치바나도 도시쓰나, 김승윤 옮김, 타케이 지로 주해, 『사쿠테이키作庭記: 일본 정원의 미학』, 연암서가, 2012.
『사쿠테이키作庭記』에 대한 상세한 연구는 다음 문헌 참조.
1. 김승윤, 「『사쿠테이키作庭記 연구』: 동아시아적 작정 원리를 중심으로」, 서울대학교 대학원 박사논문, 2013.
2. 박경자, 『일본의 정원』, 학연문화사, 2010, pp.153-204.
3. 이미자, 「『사쿠테이키作庭記』와 일본 정원문화의 특질에 관한 고찰」, 일본어문학 제77집, 2018, pp.261-279.

표현은 곧 돌 자체가 의지와 욕망을 갖고 있음을 암시한다는 점에서 정원의 자연스러움을 존중하라는 뜻을 일러준다.

"큰 강 양식은 뱀이나 용이 지나간 길처럼 만들어야 한다. 이 정원 양식을 만들기 위해 맨 먼저 해야 할 일은 얼굴돌石面(모서리가 깨끗한 위엄 있는 돌)을 강의 상류에 놓는 일이다. 강에 놓을 다른 돌들은 이 돌의 요청에 따라 놓여야 한다."129

"안개 섬은 연못을 가로질러 보았을 때 푸른 하늘 아래 두 겹 혹은 세 겹으로 미세하게 끊어진 안개처럼 보여야 한다. 이 역시 돌과 식물은 필요 없고 백사장만 필요하다."130

동아시아 정원에서 물이 지닌 의미는 물질성을 초월하는 심오한 정신성을 표현하는 데 있다. 동아시아 정원에서 사용된 물은 소리, 빛, 습기 등 다양한 감각적 체험을 가능하게 하는 매개체의 역할을 한다.

동아시아 정원의 특징은 사물의 시적 본성을 포착해 사물의 신비를 관통하려는 시도라 할 수 있다. 예컨대 도교 정신에 도취한 채 풍경을 눈앞에 둔 산수 화가의 심적 상태, 물의 풍화 작용으로 생긴 구멍으로 인해 경배의 대상이 된 기암을 앞에 두고 명상하는 사대부의 정신적 태도를 생각해 볼 수 있다. 동아시아 자연 철학의 근본 원리인 '도道'에 따르면, 인간의 삶은 자연 속 음양의 이치에 따라 움직이는 힘과 밀접하게 연결되어 있다. 특히 동아시아 정원의 시적 본질에 있어 물과 돌은 고차원의 은유를 함축하고 있다. 중국 고전『관자管子』에서 물은 다른 모든 형태를 수용하고 유연하며 수용적이고 여성적이다. 이와 대립된 요소인 양은 열, 빛을 상기시키며, 공간 속을 퍼져나가는 도약과 약동의 형태를 취한

129   위의 책, p.46.
130   같은 책, p.50.

다. 용의 눈 형태를 띤 텅 빈 구멍들이 난 기괴한 돌은 고대 중국인들에게 우주에 생명을 불어넣는 에너지를 운반하는 것으로 간주되었다. 산이 세계를 창조하는 힘을 표상하는 것과 마찬가지로 암석은 세계의 창조력을 표상한다. 따라서 동아시아의 정원은 우주의 이미지로 고려해야 할 것이다. 이 같은 돌과 산의 표상은 산책 공간, 행로, 명상을 위한 관점의 장소로 옮겨져 재현되었다.

중국 정원의 유람 방식에는 다양한 기법들이 있다. 먼저 풍경의 원근과 심도 확장을 위해 구격과 장로 기법을 활용한다. 구격이란 관람자의 시선이 미치는 풍경 공간을 여러 개의 풍경 구역들로 세분화하는 것을 말하며 장로란 숨김과 드러냄을 통해 풍경의 거리감과 심도를 제고하기 위해 사용되는 기법을 말한다. 요컨대 "이렇게 여러 개의 경관 구역으로 나누고 이 경관 구역을 하나로 엮음으로써 유한한 면적에서 최대한의 경관심도와 동선 길이를 확보할 수 있다. 여기에 경관을 동선에 따라 적절히 가리고 드러내어 관람자가 하나의 경관에 접근하여 갈 때 느끼는 경관의 심도를 더욱 풍부하게 한다."[131] 관람자가 동선에 따른 풍경의 변화를 실감할 수 있도록 만든 보이경이步移景异는 발걸음을 한 발자국 옮길 때마다 풍경이 달라진다는 의미를 갖는다. "보이경이의 핵심은 원림 안에 선형의 유람동선을 설계하면서 거리와 곡절의 변화를 이용해 원림의 각종 경관을 조합하고 배치하는 것이다."[132]

131 박경자, 위의 책, p.305.
132 같은 책, p.324.

3) 동아시아 정원의 공간 시학:
차경의 미학

풍경 시학의 관점에서 차경은 중국의 전통 원림을 비롯해 동아시아 정원과 조경에 녹아 있는 풍경 사상과 심미성을 파악하는 데 핵심적인 이론이자 개념이다. 동아시아 정원 구성에서 돌, 바위, 연못, 꽃과 나무, 회랑, 정자 등의 배치는 기하학과 광학에 기초한 서양 원근법의 배치 원칙과 상이하다. 동아시아에서 정원을 구성한다는 것은 곧 음양의 균형과 긴장을 조절하여 고유한 의미를 지닌 새로운 공간적 관계를 창조하는 작업이다.[133] 이를테면 물과 산, 인간의 질서와 자연의 도, 태양과 그늘, 바람과 적막의 고요 등의 균형이 중시되었다.[134]

　이 같은 맥락에서 17세기 중국 청나라 때 동양 정원학의 고전인 『원야園冶』를 쓴 계성은 정원의 성공은 두 개의 본질적 원칙에 달려 있다고 보았다. 첫째는 환경에 대한 적응, 둘째는 다른 풍경의 차용이다. 여기에 첨가해야 할 원칙은 세계의 축소 모형으로 정원을 창조하는 작업이다. "쌀 이삭 하나에 존재하는 세계"는 동아시아 정원관의 축소된 소우주를 반영하는 불교적 표현이다. 극미極微의 세계는 대상에 마술적이고 신비적인 아우라를 만들어낸다. 우주의 모든 정수와 모든 존재를 완벽하게 포함하고 있는 하나의 정원 공간을 구획한다는 것은 일종의 마술적 행위를 의미한다.

　여러 문헌을 통해 고대 중국 동진 왕조부터 차경 기술이 실천되었

133　차경의 원리에 대해서는 다음 논문 참조.
　　이유직, 「중국원림의 차경이론 연구」, 한국정원학회 지16(4), 1998.12., pp.35-45.
134　Moore, C. W. and Mitchell W. J., and Turnbull, W. Jr., 앞의 책, pp.13-47.

음을 알 수 있다. 차경의 핵심은 충실하게 자연을 모방하는 데 있는 것이
아니라 재현된 장면에서 조경가가 느끼는 감각을 보는 사람의 정신 속에
서 다시 창조하는 데 있다. 『원야』에서는 그 같은 시각적 체험을 정원의
공간 구성에서 가장 중요한 원리로 손꼽고 있으며, 이를 직접 차경과 간
접 차경으로 나누고 거리, 시각, 시점, 지점 등에 따라 상세한 기법을 논
하고 있다. 『원야』 차경편에서는 '원차遠借(먼 곳의 풍경을 차경함)' '인
차隣借(가까운 곳의 풍경을 차경함)' '앙차仰借(높은 곳의 풍경을 차경
함)' '부차俯借(낮은 곳의 풍경을 차경함)' '응시이차應時而借(때에 맞게
풍경을 차경함)' 등을 제시하면서 끝맺고 있다.

　　"산 위의 누樓에 기대어 먼 곳을 조망하면 사방의 풍경이 한눈에 가
득 차고, 대나무밭 사이로 그윽한 분위기를 찾아가면 그 풍경에 마음이
한껏 취한다. 난간과 기둥은 높아 훤하게 솟아 있고, 창과 문은 크고 많
이 있어 일천 이랑의 넘실대는 물빛을 받아들이게 하고, 사시사철 변화
하는 흐드러진 풍광風光을 거두어 들이게 만든다. (…) 둑을 따라서는 버
드나무를 심고, 집 둘레에는 매화를 심는다. 대나무밭 사이로 초가를 한
채 엮고 한 줄기 긴 시내를 흐르게 하며, 비단 같은 절벽이 병풍처럼 드
리워진 곳의 천 길이나 높은 곳에는 수풀이 놓이도록 한다. 이러한 풍경
은 비록 사람에 의해 만들어진 것이라 할지라도 완연히 하늘이 만들어
낸 것과 똑같다."[135]

　　그에 의하면 정원의 풍경은 시점 변화에 따라 새롭게 변하는 모습
을 어떻게 받아들이는지에 달려 있다. "고원을 조망하면 끝없는 대지가
펼쳐지고 먼 산봉우리들은 병풍처럼 주위를 둘러싸고 있다."[136] "호수

135　계성 지음, 김성우·안대회 옮김, 『원야』, 예경, 1993, p.47.
136　앞의 책, p.301.

위에는 아득하게 끝없는 물빛이 펼쳐져 있고 산은 먹고 싶을 정도의 빼어난 산 빛으로 빛나고 있다."[137] 계성은 정원의 시적 분위기를 고조시키기 위해 차경의 원리를 활용하여 계절과 자연환경의 흥에 따라 생겨나는 다양한 대상을 언급하고 있다. 또한 차경에서 가장 중요한 것은 사계절의 변화와 조화를 이루는 것이라 강조한다. "처한 지역에 의거하여 주변 경물을 차용함에는 일정한 법칙이 없고, 경물을 볼 때 감정이 일어나는 것이면 모두 선택할 만하다."[138]

　　차경에서는 정원 건축물의 위치, 형식, 규모도 세심하게 고려되어야 한다. 차경이 제대로 실현된 정원의 건축물은 감상자의 시선이 외부의 무한한 자연 경관으로 부드럽게 이어지게 하며 산, 호수, 달, 해, 비, 바람 등의 자연 현상이 감상자의 시선 앞쪽에 펼쳐지게 배치된다. 계성의 탁견에 의하면 적당한 곳에 위치한 정원 건축물에서는 차경을 통해 끌어온 외부의 자연 풍경이 관람자의 눈과 마음을 열게 만들어 우주의 위대함을 자각하도록 해준다. 이때 차경은 관람자로 하여금 시간의 유한함과 공간의 한계를 초월한 무한한 시간과 공간의 완전히 다른 우주로 진입하게 한다. 이 같은 맥락에서 동아시아 정원의 비교 풍경 미학을 시도한 박은영의 설명은 정곡을 찌르고 있다. "유현幽玄은 글자 그대로 '이치나 아취가 알기 어려울 정도로 깊고 그윽하고 미묘함'을 말하는 것이다. 깊고 그윽하기 때문에 당연히 어둡다. 유현은 곧 심원함이다. (…) 원림園林에서 이렇게 유현을 추구하는 것은 우리의 의식이 유한성을 뛰어넘어 무한으로 향하게 하려는 것이다. 원림은 유람하는 사람의 마음속에 무한

137　같은 책, p.302.
138　같은 책, p.305-307.

도13 · 강진 백운동 정원의 정선대에서 바라본 월출산 옥판봉의 차경

한 시간과 공간에 대한 궁극적인 깨달음을 불러일으킨다."[139]

또 하나 덧붙일 중요한 사실은 『원야』의 「흥조론」에서 강조된 것처럼 차경은 결코 서양 미술의 원근법과 같이 멀고 가까운 것, 내부와 외부의 구별에 한정되는 것이 아니며, 관람자로 하여금 새로운 감흥을 느끼게 한다는 점이다. "차借라고 하는 뜻은 원림이 비록 안과 밖의 구별이 있기는 하지만 좋은 풍경을 취할 수만 있다면 원근에 얽매임 없이 맑게 개인 산봉우리는 허공중에 빼어나게 솟도록 만들고, 옛스런 사찰은 반공중에 자주 있게 만드는 것을 말한다. 무릇 눈이 닿는 모든 곳에서 속된 것은 버리고 아름다운 것을 흡수하여 받아들인다."[140]

차경은 관람자의 주관성, 즉 정서와 감성과 상호작용을 통해 융합됨으로써 생동적 기운과 분위기를 표현하고, 그 결과 형태와 정신의 통

139   박은영, 『풍경으로 본 동아시아 정원의 미』, 서해문집, 2017, p.166-167.
140   계성, 앞의 책, p.43.

도14 · 교토의 원통사 정원에서 바라본 애마토 산의 차경

일에 이르게 한다. 이것을 일러 중국 미학에서는 '정경교융情景交融'이라 부르는데, 이는 곧 유한성에서 무한성을 보는 것과 일맥상통한다.

　　동아시아 정원의 가장 독창적인 발명이라 할 수 있는 차경 원리의 핵심은 정원 내부 공간과 외부 공간 사이에서 공간적 연속성을 발견할 수 있다는 사실에 있다.[141] 예컨대 필자가 2014년 1월, 2024년 2월 두 차례 직접 방문한 바 있는 일본 교토 근교에 있는 원통사圓通寺 정원의 생동감 있는 울타리는 공간을 봉인하는 것이 아니라 정원의 면적과 공간 구획을 알려주는 경계선을 긋는 기능을 한다. 그런데 그 공간은 차경을 통해 정원의 울타리를 넘어 방문자의 시선을 멀리 동떨어진 산까지 달려가게 만든다. 원통사에서 정원과 차경 기법을 통해 전경으로 끌어온 교

141　차경은 동아시아 정원의 보편적인 공간 조성 원리라고 할 수 있다. 한국, 중국, 일본의 정원에서 구현된 고유한 차경 문법의 기호학적 특수성에 대한 심화된 연구는 차후의 중요한 연구과제이다.

토 북동부에 위치한 히에이산比叡山까지 직접 자동차를 타고 실측한 결과 대략 5km가 떨어져 있었으나, 히에이산의 풍경은 바로 눈앞의 동산을 보고 있다는 인상을 줄 정도로 시야에 확연하게 들어온다. 즉 원통사의 정원은 정원의 경계를 넘어 히에이산 능선의 비대칭적 곡선미를 감상자의 시야로 끌어온다. 비록 정원 울타리의 측면에 활엽수 나무를 심어 능선 이외의 경관을 가리는 다소의 인공적 조경이기는 하나, 그 어떤 벽도 풍경의 파노라마를 차단하지 않는다. 그 공간에서 서양식 울타리 개념은 적용될 수 없으며 안쪽과 바깥쪽은 연속적 흐름을 형성한다. 종래의 정원은 관목 숲으로 구성되거나 대나무 울타리로 경계를 지은 닫힌 소우주였다. 그러나 동아시아의 일부 정원은 정원 근방에 있는 멋진 풍경의 한 자락을 감상자의 시야로 끌어들이기 위해 정원의 문을 개방했다. 그럼에도 일본 정원에서 정원이 주변 풍경에 완전히 흡수되거나 조화가 깨지는 상황은 없다.

차경과 관련한 한국 정원사의 독보적인 성취는 최고의 차경원림으로 평가받는 강진의 백운동 별서 정원이다. 그곳의 풍경 조망 지점은 남쪽 방향 작은 언덕 위에 위치한 정선대이다. 백운동 정원은 그것의 배산이라 할 수 있는 월출산의 남쪽 방면 기슭 백운계곡 동쪽에 위치하고 있으며 좌청룡과 우백호, 안산이 배치된 풍수지리적 관점에서 명당 터로 파악된다.[142] 이곳은 내원의 정면에 위치한 아담한 언덕으로서, 관람자가 월출산의 옥판봉을 정점으로 펼쳐지는 자연 풍경을 차경의 모든 차원 즉 원차, 인차, 앙차, 부차를 모두 체험할 수 있는 최고의 장소이다.

142 별서정원의 공간 구성에 대해서는 다음 논문 참조.
    김수진·정해준·심우경, 「강진 백운동白雲洞 별서정원에 관한 기초 연구」, 한국전통조경학회지, 24권, 2006. 12., p.51-61.

제3장

풍경의 세미오시스와
포에시스

1 풍경과 언어

1) 모국어로서의 풍경 언어

'풍경 인간학'에서 다루어야 할 주요 주제 가운데 하나는 풍경을 고유한 의미 체계와 언어로 간주할 수 있다는 기호학적 잠재력이다. 실제로 풍경을 하나의 언어라고 보는 학자들이 적지 않고, 이러한 학자들은 더 나아가 풍경 언어라는 표현을 주저 없이 사용한다.[143] 풍경은 태곳적 인류의 거주지였다는 점에서 풍경 언어가 인간의 모국어라고 말하는 주장은 꽤 설득력이 있다.[144] 인간은 초목과 동물 사이에서, 하늘 아래서, 대지 위에서, 수변에서 진화했기 때문에 자신의 삶의 태곳적 뿌리를 자연에 두고 있으며 몸과 마음에 야생적 본능을 지니고 있다. 인간은 만지고, 보고, 듣고, 냄새 맡고, 맛보고 살아왔으며, 그러한 경험을 기술하기 위한 추상적 언어를 발명하기 전에 먼저 풍경을 직접 구체적으로 체화했다. 풍경은 인간이 경험한 최초의 텍스트로서 돌과 종이 위에 쓰인 인공적 문자기호와 상징의 발명 이전에 읽히는 자연 공간의 표면 위에 새겨진 텍스트였다. 선사 시대의 인간에게는 구름, 바람, 태양이 날씨의 핵심 요소였으며, 그가 암석 위에 그린 잔물결, 회오리 바람, 물고기는 살아 있는 자연의 언어이며 문자였다. 이렇듯 자연과 생명을 묘사한 태초의 문

---

143   Sprin, A. W., *The language of landscape*, New Haven and London, Yale University Press, 1998.
144   위의 책, pp.15-26.

자는 한편의 풍경이었다. 다른 언어들, 예를 들어 구두 언어, 수학 언어, 그래픽 언어 등은 풍경 언어에서 파생한 것이다.[145]

이렇듯 인류에게 있어 풍경을 말하고 읽는 것은 문명의 도래 이전, 아득한 시절부터 인류가 자연 속에서 살기에 적합한 장소로 이동하고, 자손을 낳고, 식량을 얻는 것 등을 비롯한 삶과 생존 전략의 부산물이었다. 풍경 언어를 읽고 쓰는 것은 세계를 이해하고, 생각을 표현하고, 다른 사람들과 소통하기 위해 글을 배우고 쓰는 것과 같은 행위다.

풍경을 인간이 표현하는 언어로 옮기는 행위는 풍경에 대한 생각을 구체화하고 상상력을 자극한다. 풍경을 통해서 인간은 미래 세대와 경험을 공유한다. 이는 태곳적 조상들이 가치와 신념을 문화적 유산으로 풍경 속에 각인시켰던 것과 같은 이치이다. 풍경 언어는 다채로운 말의 흔적과 화석이 보관된 보물이며 문학의 풍요로운 광맥이다. 풍경 언어는 자연사와 문화사를 모두 아우른다. 산과 바다의 풍경, 시의 풍경, 권력의 풍경, 기도하는 사람의 풍경 등이 그 예이다.

풍경은 언어의 모든 특질을 갖고 있다. 풍경은 언어의 단어나 품사와 마찬가지로 형태와 규칙, 구조, 기능을 갖는다.[146] 모든 풍경은 이 같은 요소의 조합이다. 단어의 의미처럼 풍경 요소의 의미는 맥락을 형성하기 전까지는 잠재적이다. 풍경의 문법은 풍경이 어떻게 형성되는가를 지배하고 안내한다. 풍경은 화용론적이고, 시적이며, 수사학적이고, 논쟁적이다. 풍경은 삶의 장면이고 문화적 구성이며 반드시 의미를 수반한다. 궁극적으로 풍경은 언어다.

풍경이 물질적 보금자리라면 풍경 언어는 정신이 머무르는 거주지

145   Kepes, G. (ed.), *Sign, Image, Symbol*, New York, George Brasiller, 1966.
146   Barthes, R., *Elements of Semiology*, Farrar, Straus and Giroux, 1977.

이다.[147] 하이데거가 언어를 존재의 집이라 불렀다는 것은 널리 알려져 있는데, 사실 풍경 언어야말로 진정으로 존재의 집이다. 모든 인간은 풍경 언어 안에서 거주한다. 거주한다는 것은 장소를 만들고 보살피는 일이자 자기표현이다. 하이데거는 앞에서 언급한 그의 불후의 시론인 『건축함, 거주함, 사유함』에서 옛 독일어와 영어의 어원을 추적한 바 있다. 독일어 'Bauen'은 '집을 짓다' '거주하다' '존재하다'라는 의미가 있다. 어원의 의미를 풀면 '나는 거주한다. 왜냐하면 나는 집을 짓기 때문이다.'가 된다. 아울러 그 단어는 아끼고, 보호하고, 보존하고, 보살피고, 정신을 고양하는 것을 의미한다.[148]

20세기 중반기부터 영어권에서는 환경Environment과 장소Place 등의 단어가 풍경Landscape이란 단어를 대체했는데, '환경'과 '장소'는 의미가 중립적이거나 공간 속에 거주하는 사람을 누락시킨다는 점에서 한계가 있다. 부연 설명을 하자면 영어권에서는 독일어 'Landschaft', 즉 영어의 'Landscape'를 '피와 토양'이라는 이념을 통해 이 단어의 참뜻을 왜곡한 나치즘에 대한 피해 의식과 부정적 반응으로 피하게 된 배경이 있다.

2) 풍경 언어의 문학성과 서사성

문학과 풍경의 관계는 매우 밀접하고 특히 이 두 매체의 시원부터 상호 호혜성의 관계가 구축되었음을 주목해야 한다. 무엇보다 문학은 풍경의

---

147 Spirn, 앞의 책, p.16.
148 Heidegger, M., *Bauen Wohnen Denken: Vorträge und Aufsätze*, Klett‑Cotta Literatur, 2002. (영어 번역본) *Poetry, Language, Thought*, New York, Harper & Raw, 1971. (한국어 번역본) 이기상, 신상희, 박찬국 옮김, 『강연과 논문』, 이학사, 2008.

깊이와 미세함을 포착하기에 가장 적합한 언어 매체이다. 이 점에서 문학과 풍경의 관계를 수십 년간 천착해 온 콜로가 "문학은 아마도 모든 감각과 몸 전체를 참여시키는 풍경 속으로의 몰입 과정을 표현하기에 특별히 적합하다."[149]라고 말한 것은 적확하다. 이는 특히 자신의 정신적 활력을 완전히 쏟아붓고, 공간 체험에 대한 주관성의 자유로운 흐름에 자아를 맡기는 주체의 시련으로 풍경을 대했던 유럽의 낭만주의 시대의 화가와 작가 들에게서 두드러진다. 예컨대 프랑수아르네 드 샤토브리앙François-René de Chateaubriand은 현대 프랑스 작가인 쥘리앵 그라크Julien Gracq가 "샤토브리앙은 풍경 그 자체이다."라고 말했을 정도로 풍경 묘사의 연금술을 구현한 대문호라 할 수 있다. 샤토브리앙에게 있어 풍경 개념은 지리적 차원에 속하기보다는 정신적 차원에 속하고, 실재 세계의 요소들을 의식적으로 조직했다기보다는 실재에 투사된 개인 무의식의 발현이라고 할 수 있다.[150] 샤토브리앙은 그의 고향인 프랑스의 브루타뉴를 비롯해 아메리카, 그리스, 예루살렘 등을 여행하면서 섬세한 정서, 에덴동산과 루소의 자연주의, 호머의 고대 그리스 문화, 성서적 이상형 등의 문화적 전제들을 풍경 속에 투사했다. 그의 삶과 문학에서 결정적 역할을 맡았던 여행과 풍경은 그를 거듭 태어나게 했고, 다양한 풍경을 접하며 받은 충격은 그를 프랑스 문학사에서 가장 위대한 풍경 작가의 반열에 오르게 했다.[151]

샤토브리앙이 자연과 풍경 사이에 존재하는 내밀한 관계를 간파함에 있어 프랑스 북부의 부르타뉴는 그가 삶의 깨달음에 입문한 공간이

149   Collot, M., *La pensée-paysage: Philosophie, arts, littérature*, Arles, Actes Sud, 2011, p.203.
150   Richard, J. P., *Paysage de Chateaubriand*, Paris, Seuil, 1967.
151   Baudoin, S., *Poétique du paysage dans l'oeuvre de Chateaubriand*, Paris, Garnier, 2011.

도15 · 샤토브리앙의 고향, 생 말로

고 풍경 뮤즈의 탄생을 알리는 시발점이었으며, 어린 시절부터 동경했고, 세계 체험을 위해 장도에 올랐던 무한한 대양과 머나먼 바다의 모태이다. 특히 콩부르Combourg의 끝없이 펼쳐지는 황야와 흑림이 대표적 풍경 이미지이다. "몹시 지루한 사십리 길을 가는 동안 관목들이 줄지어 있고, 히스가 우거진 들판과 거의 개간되지 않은 황무지, 키가 작고 빈약한 검은 밀과 보잘 것 없는 귀리를 파종한 밭 말고는 아무것도 보지 못하였다. (…) 콩부르 땅은 전 지역에 황야와 몇몇 방앗간들, 그리고 부르구에Bourgouet와 타노에르Tanoër 두 숲 밖에 없었고, 그 숲의 목재는 쓸모가 없었다."[152] 샤토브리앙이 미지의 아메리카로 떠난 것은 단지 프랑스 혁명의 폭풍우를 피하기 위해서가 아니라, 자유를 향한 욕구, 대규모의 공간에 대한 갈망을 충족시키기 위해서였다. 그 욕망의 싹이 튼 곳이 브루

---

152 신용우, 『샤토브리앙: 생말로에서 생말로까지』, 책과나무, 2018, p.61, 67. François-René de Chateaubriand, *Mémoires d'outre-tombe*, éd. critique par Jean-Claude Berchet, 2e éd., Paris, Librairie générale française, 2003-2004, 2 vol.

타뉴다. 풍경의 연금술사이자 측량사였던 샤토브리앙에게 부르타뉴는 충분치 않았으며, 대양만이 그에게 충만한 거처를 제공할 수 있었고, 이제 막 독립을 선언한 신생 국가인 미국은 그 점에서 안성맞춤이었다. 샤토브리앙의 아메리카는 완전히 다른 세상이었으며, 아담의 실낙원의 재현이었다. 특히 그가 선보인 나이아가라 폭포의 묘사는 그에게 풍경 묘사의 대가라는 평판을 안겨준 대표적 사례다.

"히스와 수풀을 가로질러 나이아가라 강까지 왔다. (…) 강물은 화살의 속도로 빨리 지나갔다. 강물은 거품을 일으키지 않고 바위의 경사면 위로 한 덩어리로 미끄러져 갔으며, 낙하되기 전의 고요는 낙하 자체의 소음과 대조를 이루었다. 성서는 자주 군중들을 큰물에 비교했는데, 죽어가는 군중이 단말마와 고통에 목소리를 빼앗기고 영원의 심연으로 떨어지려고 가는 곳이 바로 그곳이었다. (…) 나는 그토록 숭고한 무질서의 광경에서 나를 흥분시킨 생각들을 전달할 수가 없다. 내 생애 초년의 황야에서 나는 그것을 장식할 인물을 만들어내야 했는데, 다른 곳에서는 찾아내지 못하고 내 안쪽에 지니고 있던 고유한 인물들을 끌어내었다. 그와 같이 나는 아탈라와 르네의 추억을 슬픔의 표시라도 되는 것처럼 나이아가라 폭포 옆에 놓아두었다. 만일 인간이 자신의 운명과 불행과 함께 그곳에 있지 않다면, 땅과 하늘의 무심한 경치에서 영원히 떨어지는 폭포는 그 무엇이란 말인가?"[153]

도시, 시골, 사막, 바다, 대하, 평원 한복판에 있는 나무 한 그루, 고대의 폐허 한복판에 서 있는 돌 기둥, 샤토브리앙의 묘사적 시선은 빼어난 솜씨를 보여주고 있다.

---

153   Chateaubriand, F-R., *Voyage en Amérique*, (ed.) critique par Richard Switzer, Paris, Marcel Didier, vol. 2., 1964. p.202.

『풍경의 언어』의 저자인 앤 휘스턴 스피른Anne Whiston Spirn은 한 걸음 더 나아가 풍경 그 자체가 모종의 문학 작품이라는 개념을 다음과 같이 심화한다. "풍경에서 각각의 바위, 강, 한 그루의 나무에는 개별적 역사가 있다. 강의 역사, 나무의 역사는 그것의 대화의 총합이며, 그 이상도 이하도 아니다. 그것들은 감정이나 도덕을 담고 있지 않다. 인간 문화는 정원, 건물, 마을에 있는 이러한 이야기들을 아름답게 꾸민다. 인간이 들려주는 이야기에는 시작, 중간, 끝이 있는 플롯에서 알 수 있듯 의도적인 서사가 있다. 그것은 생존, 정체성, 권력, 성공, 실패에 대한 이야기들이다. 신화나 법칙처럼 풍경 서사는 현실을 조직하고, 행동을 정당화하고, 사람들을 훈육하거나 설득하고, 심지어 사람들로 하여금 특정 방식으로 행동하도록 강요한다. 풍경은 가장 넓은 의미에서 문학이며, 다양한 수준에서 읽을 수 있는 텍스트이다."[154]

그렇다. 세상의 변화무쌍한 풍경은 문학의 보고이자 도서관이다. 일본 후지산 신화와 오스트레일리아 울루루 신화, 미국 요세미티의 대지, 물, 바람을 소재로 한 고전 문학 작품은 모두 풍경 언어를 사용한다. 그 도서관의 범위는 야생 풍경에서부터 토속 문화 풍경까지 다양하다. 경배, 기억, 유희, 운동, 모임, 교환, 권력, 생산, 집, 공동체는 도처에 스며있는 풍경 장르. 풍경 문학이 완전히 감지되고 인지되기 위해서는 현장에서 체험되어야 한다. 단어, 드로잉, 회화, 사진 등이 간접적인 경험을 강화할 수 있다고 해도 체험을 대체할 수는 없다.

풍경은 인간의 환경 지각과 태도를 형성하는 데 상당한 효과가 있는 매체이며, 풍경 언어는 강력한 도구이다. 풍경을 읽을 수 있는 사람은 풍경의 의미를 판독하거나 풍경의 과거와 미래의 모습을 가늠할 수 있는 반면 문맹인 사람은 아무것도 보지 못한다. 풍경을 제대로 파악하기 위해 감정(파토스)과 이성(로고스)에 호소할 수 있다는 사실은 풍경 수사학의 가능성을 열어준다. 풍경의 시학을 깨닫는 것은 복잡한 하모니로서 풍경을 보고, 냄새 맡고, 맛보고, 듣고, 느끼는 것을 말한다. 자연은 대지의 최초 형태에서 표현된 기본적 리듬을 수립한다. 문화는 새롭게 변화하는 자연의 주제와 더불어 반응하고, 예술을 통해서 복잡한 패턴의 실타래를 짠다. 풍경의 교향곡은 때로는 예측할 수 있는 방식으로, 때로는 예측할 수 없는 방식으로 시간 속에서 연속적으로 진화한다. 아울러 풍경의 심포니에서는 모든 거주자가 작곡가이면서 연주자이다.[155]

인간이 오래전부터 알고 있었으나 이제는 많은 것을 잊어버리고 단지 몇 개의 파편을 사용하게 된 것이 바로 풍경 언어다. 사람은 늘 경로를 읽거나 창조하고, 경계선의 정체를 파악하고, 영토를 정의하며, 꽃이 피는 나무를 사랑하는 연인에 비유한다. 하지만 대부분의 사람은 풍경을 얕고 좁게 읽고 아둔하거나 부적합하게 말한다. 이를테면 풍경의 대화와 스토리라인을 잊고 의미를 오독하거나 놓친다. 즉 내밀하게 연계된 현상 사이에 존재하는 심층적 관계를 간파하지 못하고, 시를 망각하고, 행동하는 데 실패한다. 부재하고, 그릇되며, 부분적인 독서는 분절되지 않은 표현에 이른다. 풍경 앞에서 드러나는 무기력, 풍경에 대한 졸렬한 묘사, 언어적 정서적 기능의 마비, 파편적이며 피상적인 대화는 풍경의 심오한 서사 구조와 의미를 파괴한다. 그런 무능에서 파생되는 풍경서사는 하찮거나 무미건조하다.

155   Spirn, 앞의 책, p.22.

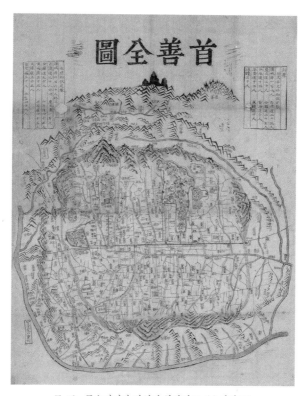

도 16 · 풍수지리가 반영된 한양전도, 〈수선전도〉

　　옛사람들이 갖고 있던 세밀한 풍경 언어의 상실은 구두 언어를 빈곤하게 만든다. 옛 뱃사람과 목수 들의 단어는 대부분 사람이 더 이상 지각하지 못하는 지형의 특질을 지시한다. 높은 파도가 일 것을 예측하는 단어나 집을 짓기에 적당치 않은 지형을 지시하는 단어가 대표적이다. 이 지점에서 풍경 기호학의 핵심은 동양의 풍수학이다. 손금을 보듯 땅의 형세를 읽었던 것은 지리 기호학의 중핵이다. 풍경이 하나의 언어라

the

는 것은 동양풍수학에서는 상식이다. 전통 풍수의 언어와 지식의 상실은 사람, 장소, 생명체 사이의 파트너십으로서의 풍경의 축성에 한계를 가져온다. 즉 비인간적 관계인 자연과 가능한 인간적 관계를 상상할 수 있는 능력을 축소시킨다.

풍경 언어는 전체적 풍경을 지각하고 축조할 수 있도록 한다. 풍경 언어를 유창하게 읽고 말하는 것은 한 장소에서 이루어지는 대화를 다시 정리하는 것이며, 다른 화자의 이야기를 경청하고, 일시적인 것과 지속적인 대화를 구별하는 것이다. 이는 단순히 관찰하는 것을 넘어 그 대화에 적극적으로 참여하는 행위이다. 풍경 언어는 인간으로 하여금 그 누구도 똑같은 것을 말하지 않는다는 것을 환기해 준다.

장소와 거주자를 연계시키는 스토리라인과 더불어 풍경은 대화로 가득 차 있다. 나무의 나이테는 나무와 서식지 사이의 대화를 기록한다. 인간 문화에서 생산된 토속적 풍경은 집을 짓는 사람과 장소 사이의 대화에서 창발한다. 그 대화는 눈이 내리는 것과 지붕의 높낮이 사이의 관계나 계절에 따라 변화하는 태양의 각도와 지붕의 기울기 사이의 관계를 알려준다. 생명은 지속적이거나 일시적인 대화에 의해서 직조된 직물이다. 인간은 풍경이라는 언어를 구사하는 유일한 존재는 아니다. 화산은 용암을 분출하며 대지를 다시 만들고 폭우는 계곡을 만들어낸다. 산, 정원, 도시, 화산, 초목, 동물의 서식처 등 모든 것은 인간의 손과 정신에 의해 형성된다. 나무는 생명을 위한 보다 호혜적인 장소를 생산한다. 비버는 나무를 자르고 댐의 지류를 막아 연못과 거주 장소를 만든다. 사람은 손, 도구와 기계, 법과 공공정책, 행동을 통하여 경관을 축조한다. 모든 생명체는 공간을 공유한다. 모든 것은 풍경을 만들어내며, 모든 풍경은 야생적이건 길들여진 것이건 자연과 문화 현상이다. 인간은 성찰하고, 경배하고, 예술을 만들며 풍경을 디자인한다.

풍경에는 심오한 의미와 빼어난 표현력이 스며 있다. 풍경 언어는 쉼없이 자연의 기호를 발신한다. 강은 빛을 반사하고, 구름의 형태와 그 변화는 기상과 미래에 당도할 사건에 대해 무엇인가를 알려준다. 황무지는 도전받지 않은 자연의 성스러운 상징이자 옛날에는 무시무시한 카오스의 상징이었다. 몇몇 의미는 인간적 발명이나 지각되는 상상력에만 달려 있지 않다. 의미는 발견되어야 할 무엇이며, 본능과 경험에 의해 읽어내는 것으로 축조된다. 감각이 있는 모든 유기체는 풍경을 읽고 이해할 수 있는 잠재력이 있다.

풍경은 정원처럼 작을 수도, 지구처럼 클 수도, 우주처럼 무한할 수도 있다. 어떤 사람에게는 정원이 곧 풍경이며, 특정 민족에게는 국가가 풍경이고, 인간 종에게는 지구가 풍경이다. 지리 시학geopoetics을 최초로 제안한 케네스 화이트Kenneth White에 의하면, 그가 1978년 지리 시학을 제안한 동기는 대지(생명계)가 갈수록 위협받는 현실이 너무나 자명했고, 심오한 성찰을 통해 그 같은 상황에 대한 개선책을 고민해야 했으며, 다른 한편으로 가장 풍요로운 시학은 대지와의 접촉에서 도래한다는 것이 분명하다는 확신 때문이다.[156] 그것은 세계의 행간을 읽기 위한 시도로서 생명계 공간의 깊은 곳으로 잠수하는 것으로부터 그 같은 시학은 실현된다는 믿음이었다. 그에 따르면 자신의 지리 시학이 실천하는 자유로운 소요逍遙에서 상기시키고 싶은 첫 번째 물리적 장소는 바로 지구 그

---

156 지리 시학의 존재론과 인식론 차원에 대해서는 다음 문헌 참조.
1. White, K., "An Outline of Geo poetics" at http://www.institut-geopoetique.org/en/articles-en/37-an-outline-of-geopoetics., Italiano, F., "Defining Geopoetics" in: *TRANS-: Écriture et chaos 6*, 2008, 2-10.
2. Malpas, J. (ed.), *The Intelligence of Place: Topographies and Poetics*, London, Bloomsbury, 2015.

자체이다. 지리 시학은 지구라는 대지에 충실하고자 한다. 인간 존재가
이 혹성에 생물학적으로 적응했으며, 다름 아닌 이 혹성에서 문화와 더
불어 생명 우주에 대한 최고의 시적 경험과 존재의 잠재력을 꽃 피웠기
때문이다.[157]

비버에게는 연못이, 새에게는 나무가, 나무에게는 숲이 풍경이다.
하나의 풍경 안에 그보다 작은 풍경이 있고, 그 풍경 안에 더 미세한 풍
경이 존재한다. 모든 풍경의 공통적 특질은 전체이면서 동시에 부분이
라는 점이다. 정원과 집, 집과 거리, 거리와 마을, 마을과 지역, 도시와 국
가가 풍경의 전체성과 부분성의 상보적 관계를 말해 주고 있다. 계곡은
고원이 없으면 있을 수 없다. 풍경 속에 토대를 둔 다양한 은유는 인간이
어떻게 생각하고 행동하는가에 대해서 안내한다. 모든 현상, 사물, 사건,
느낌은 맥락이 있다. 인간은 주변 세계에 신체와 정신을 투영시킨다. 나
무와 구름은 경계가 있는 것처럼 보이며, 강에는 입구가 있고, 산에는 언
저리와 앞, 뒤, 옆이 있는 것처럼 표현된다.

157　White, K., "L'expérience du lieu: perspectives géopoétiques", in: Bertrand Lévy & Alexandre
Gillet(dirigé par), *Marche et paysage: Les Chemins de la géopoétique*, Genève, Les éditions Metropolis,
2007, pp.13‑30.

2 텍스트로서의 풍경: 기호학과 문화적 의미의 구축

1) 풍경의 탈구조주의적 독해

풍경을 한 편의 문자 텍스트로 파악하는 것, 풍경을 한 권의 책과 같다고 말하는 것은 해석적 원근법의 가능성을 열어준다. 이 점은 특히 풍경을 창조한 저자의 위상에 대한 복잡한 물음을 제기한다. 글쓰기와 책 읽기 개념을 적용한다면 누가 풍경이라는 텍스트를 쓰는 것이며, 풍경의 주요 저자는 어떤 개인 또는 집단인가라는 물음이 이어진다. 더 나아가, 풍경이라는 텍스트의 서사적 플롯과 풍경이 들려주는 이야기는 무엇인가 하는 물음도 생겨난다. 풍경은 단일 서사가 아닌 교차되거나 경쟁적인 다수의 이야기로 구성되기도 한다. 이와 동일한 이치로 인해 풍경이라는 텍스트가 살아남기 위해서는 다양한 독자와 대중이 필요하다.[158]

    1990년 초반부터 프랑스의 구조주의와 탈구조주의에서 영감을 받은 일군의 문화지리학 연구자들은 문학 이론과 문화 이론의 해석 기술에 관심을 가지면서 풍경을 텍스트로 사유하는 독특한 방식을 발굴하기 시작했다. 즉 풍경 텍스트를 과거처럼 역사적 증언으로 간주하는 대신, 권력과 권위의 문제를 중심으로 유기적으로 연결되고 구성된 것으로 파

---

158   Wylie, J., *Landscape*, London and New York, Routledge, 2007, pp.70-82.

악했다. 여기서 말하는 풍경이라는 텍스트는 특정 이념과 가치관에 기초해 구축됨과 동시에 있는 그대로 존재하는 물질성을 구비하면서 다양한 매체, 즉 미술, 지도, 문학, 다른 시각 이미지로 재현될 수 있다. 따라서 비판적 안목을 갖춘 독자의 과제는 풍경 속에 녹아 있는 다양한 약호와 숨겨진 의미의 베일을 벗기는 작업에 모아진다. 이는 풍경 텍스트가 독해되는 방식을 축조하는 암묵적 가정의 이면을 비판적으로 해석하는 작업이다.

그렇다면 풍경 텍스트는 어떻게 독해되는가? 풍경 텍스트를 이해하기 위해서는 인간이 이해하는 모국어로 족한가, 아니면 고유한 언어를 학습해야 하는가? 풍경에 대한 깊이 있는 독법이 존재한다는 믿음, 풍경이 책과 비슷하다는 가정은 풍경을 현장에서 읽어내는 고고학, 경관사 등의 학술 분야에서는 상당히 오래 전부터 존재했다.[159] 이를테면 리처드 뮤어Richard Muir는 필드 연구의 실제 적용을 위한 책 제목을 『새로운 풍경 읽기 The New Reading the Landscape』라고 명명했는데 여기에서 읽기는 현장에서 관찰을 통해 접근할 수 있는 지식을 가리킨다. 이때의 풍경은 해당 장소에서 평범한 삶을 영위했고, 그곳에서 삶을 마감했던 사람의 이야기를 다룬 한 권의 책으로 나타난다.[160]

이 같은 구조주의적 개념이 가장 선명하게 적용된 것은 미국의 인문지리학자인 던컨 부부James & Nancy Duncan가 발표한 「풍경 (다시) 읽기 (Re)reading the landscape」라는 논문에서이다. 그 주장의 핵심은 이렇게 압축

159   Wylie, J., *Paysage*, Paris, Actes du Sud, 2015, pp.116-130.

160   Muir, R.,, *The New Reading the Landscape: Fieldwork in Landscape History*, Exeter, University of Exeter Presss, 2000(1981).

된다.[161] "만약 풍경이 시험을 거친 문화적 격자에 따라 읽히고 해석되는 텍스트라고 하더라도, 비성찰적인 수준에서 이루어지는 '안일한' 읽기의 대상이라면, 풍경은 독자에게 사회가 조직화되는 방식에 대한 특정 개념들을 주입시킬 수 있을 것이다. 독자는 전체적으로는 그 점을 의식하지 못할 수 있다."[162]

풍경 지리학자 데니스 코스그로브Denis Cosgrove와 스티븐 다니엘스 Stephen Daniels는 풍경을 '베일'로 기술하면서 풍경이 미술로 재현되는 과정은 엘리트 계층의 세계관을 영속화하고 축성하는 방식이라고 강조한 바 있다. 이와 마찬가지로 던칸 부부는 풍경을 텍스트로 기술하면서 풍경이 문화적 권력의 특정 표현을 출현시키는 방식에 강세를 두었다. 풍경이라는 텍스트는 사회의 조직화와 자연과 문화 사이에 존재하는 관계에 대한 이데올로기적 서사를 전달하고 승인한다. 따라서 풍경 읽기는 순진무구하게 어떤 속박도 없이 마음껏 상상력의 나래를 펼칠 수 있는 자유로운 활동이 아니다. 이런 연유에서 던칸 부부는 강력한 특정 독법을 지닌 문화 엘리트 계층에 의해 풍경 텍스트가 발송되고 재생산되는 방식에 주목했던 것이다.[163]

---

161   Guncan, James and Nancy., "(Re)reading the landscape", *Environment and Planning D: Society and Space*, n.6, 1988, pp.117-126.
162   위의 책, p.123.
163   Wylie, 앞의 책, p.119.

2) 풍경, 텍스트, 상호 텍스트:
바르트의 비판 기호학과
풍경의 이데올로기

미국의 인문지리학자들을 중심으로 구축된 풍경의 텍스트적 독법은 직
간접적으로 프랑스의 문학 비평가 롤랑 바르트Roland Barthes의 저술, 특
히 그의 기호학 이론으로부터 결정적인 영감을 받았다.[164] 여기서 주목
할 흥미로운 사실은 바르트의 지적 탐험은 1950년대와 60년대 동시기
영미 문화 이론과 문화지리학의 이론적 성과를 반영하고 있다는 점이다.
바르트의 문화 분석과 기호학 독법은 특히 영국의 존 버거John Berger와
레이먼드 윌리엄스Raymond Williams의 마르크스주의와 일맥상통한다. 기
호학은 기호를 통해 이루어지는 문화적 가치의 생산과 소통에 대한 연
구라 할 수 있다. 바르트가 구축한 문화적 기호에 대한 연구는 그 목적이
프티부르주아 문화를 보편적인 자연으로 둔갑시키는 신비화의 과정을
세밀하게 설명하는 데 있다. 이데올로기적 신비화의 이 같은 과정을 바
르트는 신화라 불렀다. 그가 말하는 신화는 역사적 의도를 마치 그것이
자연에 뿌리를 둔 것처럼 둔갑시키고 우발적 사건을 영원한 것으로 탈
바꿈하는 기능을 맡는다.

　　그러나 바르트의 저술은 이데올로기와 신화라는 편각을 통해 축조
되는 텍스트와 이미지의 해석으로부터 점증적으로 멀어져 탈구조주의
스타일로 이동한다. 그의 저명한 시론인『저자의 죽음La Mort de l'auteur』에
서는 전통적 문학 비평이 저자에게 부여한 우월한 위상을 문제시 삼는

164　　Barthes, R., *Mythologies*, Paris, Le Seuil, 1957. and *Œuvres complètes*, I., 1942-1965, Paris, Le Seuil, 1993.

다.[165] 전통적인 텍스트 해석은 그것을 생산하게 한 더욱 방대한 문화적 장들로부터 분리되고 고립된 텍스트를 중심으로 이루어졌다. 이와 달리 바르트는 모든 텍스트는 문화의 수많은 원천에서 비롯된 인용의 직물임을 보여주면서 상호텍스트성 개념을 제안한다.

바르트는 비록 풍경 기호학의 이론적 체계를 수립한 것은 아니었지만, 초기 저술부터 문화 비평에 이르기까지 그의 주된 관심사는 풍경이었다.[166] 이런 이유에서 그를 풍경 기호학의 선구자라고 말해도 과언이 아닐 것이다. 1954년부터 1956년까지 쓴 그의 초기 시론집인 『신화론*Mythologies*』에 수록된 글들 가운데 1950년대 프랑스 관광 안내서 '가이드 블루Guide Bleu'에 관한 글은 바르트의 풍경 해석에 대한 초기 사례에 해당된다. 그 시론에서 바르트는 여행과 관련된 신화적 차원을 비롯해, 여행 안내서가 풍경 감상의 일차적 도구이자 시각적 취향과 문화적 의식을 심어주기 위한 부르주아 계층의 핵심 보조 장치라는 예리한 분석을 내놓고 있다.[167] 프랑스 중산층의 신화화 달리 바르트는 여행 안내서가 여행자의 주의를 풍경의 한정된 범위에 초점을 맞추게 한다고, 즉 '맹목성의 한 동인'으로 작동한다고 주장한다. 그 결과 인간 삶과 역사의 실재적인 광경에 과도하게 힘을 부여하거나 가면을 쓰게 만든다는 점, 동시에 문화적 안정성과 연속성의 환상을 제공한다는 점을 설파했다. 바르트는 가이드 블루가 경치를 '그림 같은 풍경pittoresque'과 등식으

165 Barthes, R., *La Mort de l'auteur*, Paris, Le Seuil, 1968, *and Œuvres complètes*, II, 1966-1973, Paris, Le Seuil, 1994.

166 Duncan, James and Nancy., "Ideology and Bliss: Roland Barthes and the secret histories of landscape", in: Barnes, T. J., and Duncan, J. (eds.), *Writing Worlds: Discourse, text and metaphor in the representation of landscape*, London and New York, Routledge, 1992, pp.18-37.

167 Barthes, R., *Mythologies*, Paris, Seuil, 1957. (한국어 번역본) 이화여자대학교 기호학 연구소 옮김, 『현대의 신화』, 동문선, 2002.

로 만드는 역사적, 사회학적 배경을 분석한다. 그는 앞의 등식을 울퉁불퉁한 땅, 산, 협곡, 산속 골짜기 등의 미적 감상을 권면하는 19세기 스위스-프로테스탄트 도덕성에서 기원한 당대의 지배적인 부르주아 이데올로기로서 파악했다. 이 같은 이데올로기를 청정한 공기를 통한 새로운 생명의 생성과 산 정상을 바라볼 때의 도덕적 관념, 산 정상 등반을 시민의 미덕으로 삼는 다양한 시각을 결합시키는 자연 숭배와 청교도 순수주의Puritanism의 혼합적 합성물로서 묘사했다.

의미의 문화적 구성에 대한 이러한 생각은 곧바로 인문지리학에서 통용되었다. 풍경 텍스트라는 은유를 통해 이루어지는 풍경 연구물은 사실상 바르트와 같은 일부 구조주의 비평 이론가에 국한되었다는 점에서 극히 선별적이다. 그런데도 던칸 부부는 탈구조주의에 입각한 텍스트 분석의 원리와 접맥하여, 그 같은 분석이 데카르트적 주체의 독창적이고 통일된 창조물로 텍스트로 간주하는 환상과 신화를 해체했다는 점에서 열렬히 환영했다. 그들은 텍스트가 실재 세계의 재현 또는 재구성이라는 생각을 거부했다.

이 같은 구조주의와 포스트구조주의적 기술이 풍경에 적용될 수 있는 이유는 풍경에는 일반적으로 특정 저자가 결여되어 있기 때문이다. 풍경이 상징적일 수 있음에도 불구하고 그 지시체는 명시적이지 않으며 독자의 해석적 창조를 성립한다. 또한 텍스트가 무한하게 움직이는 의미 작용의 영속적인 놀이로서 복잡한 네크워크를 갖고 있다는 점에서 문학적 관점은 풍경과 많은 점에서 닮아 있다. 결국 바르트의 기호학 이론과 마르크스주의의 공통적 가정을 수용할 때 이데올로기와 풍경은 공생 관계로 볼 수 있다. 풍경은 인공적 형태와 이데올로기적 본성을 은폐하면서 사회적 구성물로서의 역사가 어떠한 비판적 독법에서도 벗어나 있기 때문이다. 던칸 부부는 탈구조주의적 접근법이 익명의 상호텍스트 영역을 가정하고, 역사적, 사회적, 정치적 과정과의 관련 없이 이루어지는 텍스트의 상호작용을 가정한다는 점에서, 그 같은 이론이 풍경 독법에서 적합하지 않다는 점을 강조한다. 다시 말해 텍스트적 의미 작용의 무한한 다중성이라는 개념은 비판적 해석의 기획과는 양립할 수 없다. 그들의 주장에 의하면 의미의 운동적 성격을 인식하는 것도 중요하나, 복수성은 유한하다는 점을 의식하는 것 역시 핵심이다.[168] 인문지리학자들에게 있어 모든 풍경은 사회적 관계가 각인되는 한 편의 텍스트가 될 수 있으며, 그 점을 통해 풍경 텍스트의 이데올로기적 양상은 가면이 벗겨질 수 있다.

168 Duncan, 앞의 책, p.29.

3 풍경의 기호학적 성격:
도상성, 가치론, 시간성

1) 자연 세계의 기호학:
풍경의 구상성과 도상성

기호학 관점에서 보면 풍경은 자연의 한 부분이라는 점에서 구조 기호학의 태두인 알기르다스 줄리앙 그레마스Algirdas Julius Greimas(1917-1992)가 1960년대 제안한 '자연 세계의 기호학'의 탁월한 연구 대상이다. 회화의 두 장르인 구상과 추상의 이분법을 적용한다면 산, 바다, 호수와 같은 자연 풍경은 구상적 공간이다. 그런데 풍경이라는 구상 공간의 가치는 풍경을 보는 이로 하여금 여러 감각과 지각을 촉발시킴으로써 발생한다. 이때 관찰자의 위치는 개별 풍경의 독특한 가치 형성에 결정적 요인으로 작용한다.[169] 예컨대 한라산을 볼 때 정상인 백록담에서 바라본 풍경과 서귀포 항구에서 바라본 풍경은 보는 이에게 전혀 다른 감각 반응과 감정을 불러일으킨다. 자연 세계의 특정한 부분인 풍경에 대한 초점은 모든 가능한 관점을 전제로 한다. 다시 말해 풍경을 지각하는 데 있어 특정 부분에 초점을 둔다는 것은 그 공간의 일부분을 활성화, 구체화하고 다른 부분을 잠재적 차원에 갖다 놓는 것이다. 한 사람이 수

---

169 Fontanille, J., "Paysages: le ciel, la terre et l'eau", in: *Etudes de lettres*, 1-2, 2013, pp.231-246.

직적 시선을 택해서 설악산 정상 대청봉에 초점을 둔다면 그는 설악산 산기슭에 있는 울창한 숲을 볼 수 없을 것이다.

구조 기호학 전문 용어에서 구상적 공간을 일러 표현 면Plan de l'expression이라 부르는데 이 면은 감각적 속성으로 이루어진다. 반면 표현 면에 상응하는 면을 내용 면Plan du contenu이라 명명하는데 이 면은 감각적 차원에 상응하는 지성적 차원으로 이루어진다. 기호학자가 탐구하는 대상은 바로 이 같은 두 개의 면에 존재하는 가치의 함수 관계를 파악하는 데 있다. 즉 풍경 기호학의 대상은 풍경의 감각적·감성적 차원과 개념적·지성적 차원 사이의 관계라 할 수 있다.

일정한 의미를 생산하는 집합체로서 간주되는 풍경은 두 개의 상보적 차원 속에서 포착된다. 그 같은 복합적 차원은 사뭇 역설적인데, 그 이유는 이들이 이질적이면서도 하나의 종합적 비전으로 수렴되기 때문이다. 풍경의 존재 차원에는 해당 풍경과 관련된 지질, 형태, 경제, 역사 등의 주제적 요소가 있다. 경험의 차원은 이질적 현상의 집합으로 구성되는데 다양한 감각적 속성이 여기에 속한다. 이질성은 마치 사람의 얼굴을 알아볼 수 있는 것처럼 풍경을 식별하고 인식할 수 있게 한다. 이 같은 알아보기를 기호학에서는 도상적 계기라고 부르는데, 이를 통해 풍경을 특정 자연 경관이나 문화 경관으로서 파악하는 것이 실현된다. 도상적 계기는 모든 경험과 존재 요소가 형태를 취하는 순간에 실현되어 풍경의 동질화, 안정성, 수미일관성을 제공함으로써 알아볼 수 있는 풍경의 관상을 만들어낸다. 우리가 몇 년 동안 외국에 체류하다 귀국해도 북한산의 풍경을 알아볼 수 있는 것은 그 풍경이 우리의 기억 속에 담긴 이미지와 닮아 있기 때문이다.

그런데 이 같은 정의는 풍경의 의미, 더 정확히 말해서 풍경의 내용

면에 대해서는 많은 것을 일러주지 않는다. 왜냐하면 풍경이라는 구상적 공간이 의미를 지닌다면 그것은 역사, 그것이 내포하는 암묵적 전언, 그것을 축조한 다양한 실천의 집합 때문인데, 풍경에는 이 같은 요소가 모두 스며 있기 때문이다. 예컨대 우리가 세종로와 광화문의 풍경 의미를 생각할 때 무엇보다 그 공간의 역사, 희로애락을 함께 나누며 그곳에서 실행되었던 모든 사회적 실천, 그리고 그 공간이 주는 희망의 메시지 같은 상징적 의미를 생각하게 되는 것과 같다.[170]

　　사람들이 풍경에서 추구하는 고유한 가치는 풍경이 초대하는 사용 관례와 실천에 속한다. 또한 감각적 환경과 조건으로서의 풍경은 상이한 형상과 결부된 지각의 독특한 가치를 생성한다. 이때 풍경은 특정 실천의 대상 또는 장소로서 간주된다. 그 같은 독특한 풍경의 형상은 우리로 하여금 명상하게 하거나, 종주하도록 유도하거나, 일정 기간 체류하도록 권유한다. 예컨대 우리는 산티아고 순례길 한곳에 머물면서 풍경을 명상할 수 있으며, 800km 긴 여정을 두 달 동안 도보로 여행하면서 시시각각 변화하는 다채로운 풍경을 음미할 수도 있고, 최종 목적지인 라 콤포스텔라 성당에 몇 주 동안 머무르면서 영성 생활을 실천할 수도 있을 것이다. 이렇듯 풍경의 가치와 의미 작용은 풍경이 우리에게 건네는 감각적 자극, 무언의 약속, 초대, 암시, 제안, 추억, 환상, 꿈으로 변환될 때 비로소 실현되는 것이다. 풍경의 진정한 가치는 다름 아닌 풍경의 잠재적이고 풍부한 서사에서 발견된다.

170　　위의 논문, pp.231-238.

2) 풍경의 시간성

풍경은 특정 관점을 통해 일정한 방향성을 띠고 있는 의미 공간으로서 파악되나 이 같은 관점은 결코 고정되지 않는다. 예컨대 파노라마의 관점은 시간적 주파로서 풍경 전체를 한 번 훑어보게 한다. 멀리 떨어져 있는 풍경을 향해 한 걸음씩 내디디며 신체를 움직이면 풍경의 동적인 발견이 가능하다.[171] 거실에 앉아 먼발치에 있는 북한산을 관조할 때와 직접 북한산을 등반하면서 풍경의 변화무쌍함을 볼 때를 생각하면 쉽게 이해될 것이다. 이 같은 풍경의 공간적 체험은 사실상 일정한 시간적 제약 아래서 실현된다. 그 이유는 이렇게 풀이될 수 있다. 앞서 서술한 것처럼 풍경을 관찰할 때 필수적인 일정한 관점을 조절하는 것은 그 자체가 시간적 차원을 포함하기 때문이다. 풍경을 파악하는 과정이 정태적 상태에서 이루어지든 이동하면서 실행되든, 그것은 특정 관점을 채택하는 순간일 뿐이다. 한 폭의 그림을 감상할 때와는 달리 풍경에서는 관찰자와 풍경 사이에 존재하는 거리를 주파해야 하며, 3차원의 깊이는 관통해야 할 대상이다. 풍경을 바라보는 주체의 시선은 특정 공간을 일정한 시간적 지속 속에서 주파한다. 예컨대 미국 그랜드 캐니언의 풍경을 회화 작품이나 사진으로 감상할 때와 달리, 실제 그곳을 여행하는 사람은 아주 멀리서, 또는 도보나 자동차로 가까이 이동하면서 풍경과의 거리를 조절할 수 있다. 필자가 1999년 겨울에 방문했던 기억을 되살려 보면, 그랜드 캐니언 계곡 아래쪽으로 걸어 내려가면서 계곡의 내부를 관통할 때의 감각은 멀리서 바라본 풍경 이미지와는 완전히 다른 차원이었다.

171   같은 논문, pp.231-238.

회화, 사진, 설치 미술 작품에도 작품 생산 과정의 기저에 존재하는 시간
성이 있으나, 조형 예술 작품 그 자체에 존재하는 시간성은 풍경의 시간
성에 비하면 미약하다. 풍경은 그 형태와 구조 자체가 시간에 종속되며,
풍경의 변화무쌍한 형태를 알아보는 작업은 시간적 과정에서 어떤 단절
도 없는 연속성을 띠고 있다. 자연 세계의 풍경은 시시각각 변화한다. 동
일한 풍경을 시간 간격을 두고 여러 번 바라볼 때 그것을 보는 사람의 나
이, 계절, 때, 풍경에 몰입하는 시간의 총량에 따라서도 감상이 달라진다.
풍경의 감상은 시간에 달려 있다.

　　풍경의 시간성을 설명하는 데 있어 차용된 개념 가운데 하나는 러
시아의 문예 비평가 미하일 바흐친Mikhail Bakhtin이 사용한 '크로노토프
Chronotope'라는 용어이다. 그가 제시하는 정의는 다음과 같다.

　　"시간적 관계와 공간적 관계의 본질적 연계성 (…). 여기서 공간적
지표와 시간적 지표는 세심하게 사유된 통일체로서 융합된다. 그것은
주제 전체이다. 시간은 두터워지고 살을 취한다. 마찬가지로 공간은 시
간의 운동, 플롯, 역사를 지니고 그것에 반응한다."[172]

　　공간과 시간을 물리적 차원이 아니라 인간 문화 차원에서 파악한 개
념어인 크로노토프는 기호학적 풍경 개념과 일맥상통한다. 풍경은 사람
이 지각하는 일정한 공간 면적이라는 점에서 기호학적·해석적 요소를 포
함한다. 이런 맥락에서 팀 잉골드Tim Ingold가 묘사한 풍경화는 통찰로 번
뜩인다.

　　"멀지 않은 곳, 언덕 꼭대기 근처의 아담한 숲에 석조 교회가 있다.
교회는 나무와 얼마나 다른가 하는 물음은 우리에게 중요한 의미를 시

172　　Bakhtin, M., *The Dialogical Imagination: Four Essays*, University of Texas Press, 1981, p.84.

사한다. 언덕과 교회에는 눈에 보이는 것보다 더 많은 공통점이 있을 것이다. 둘 모두는 바흐친의 크로노토프 속성을 갖는다. 즉 하나의 장소는 시간성으로 가득 차 있으며, 시간성은 촉지 가능한 형태라는 것이다. 나무와 마찬가지로 교회는 그 자체의 현존을 통해 특정 장소를 이루는데, 그 장소의 성격은 주변 풍경에서 그곳이 도출하는 독특한 방식에 신세지고 있다."[173]

실제로 시간의 흐름을 결빙시킨 채 현재 시점에 고착되는 부동의 풍경에 대해 사람은 과거에 대한 기억을 행사할 수 없을 뿐만 아니라, 그 어떤 미래를 예상할 능력을 쓸 수 없게 될 것이다. 한마디로 그곳의 풍경 공간은 일체의 시간적 차원이 결핍할 것이다. 시간의 의미론적 깊이와 상징적 진정성이 부재한 풍경은 진정한 풍경이라기보다는 일종의 '시뮬라크럼Simulacrum'이 될 것이며, 시간의 풍파를 경험하지 않았다는 점에서 진정한 풍경이 될 수 없을 것이다. 시간성이 결여돼 일체의 과거 기억과 미래의 투영이 불가능한 풍경은 참된 가치를 갖지 못한다. 즉, 과거 존재했던 방식과 앞으로 어떤 모습을 띨 것인가라는 시간의 축에서 진정한 의미를 지닐 수 있다.

173 Ingold, T., *The perception of the environment: Essays on Livelihood, Dwelling and Skill*, London & New York, Routledge, 2000, pp.205-206.

4 심미적 대상으로서의 풍경: 명상과 계시를 통한 심미적 대상의 탄생

풍경은 이론과 지식의 대상이기에 앞서 무엇보다 아름다움을 통해 감동을 주는 심미적 대상이다. 풍경을 마주한 주체의 문화적·언어적 형성 배경에 따라, 그가 속한 문명권에서 오랜 시간 동안 축조된 정신적 모델과 문화적 규약에 따라 그의 마음속에는 독특한 풍경 이미지가 형성된다. 물론 그 같은 문화적 범주의 틀을 뛰어넘어 풍경이 자아내는 독특한 형태의 아름다움을 완전히 자신만의 관점에서 찬탄하는 것도 얼마든지 가능하다. 동양과 서양 풍경화의 역사적 변천에서 확인할 수 있듯이 풍경 예술은 결코 고정불변하는 것이 아니라 대지가 겪은 물리적 변형의 법칙과 인간의 직관과 발명을 통해 이루어진 다양한 변화의 복잡성을 반영하여 제작되는 것이다. 따라서 풍경은 있는 그대로 존재하는 것이 아니라, 개인, 사회, 문화, 지리와 지형 등의 복잡한 요인들에 의해서 형성된 구성물이라는 점을 정확히 인식해야 한다.

풍경은 무엇보다 인간의 감각기관을 통한 지각의 과정을 거치며, 한 걸음 더 나아가 심미적 대상으로서 개인적 상상력의 차원을 아우른다. 이 점에 있어 풍경을 창조하는 작업은 궁극적으로는 특정 개인이 갖추고 있는 심미적 능력의 산물이라 말할 수 있다. 시인 보들레르는 다음과 같은 발언을 통해 그 점을 재차 확인시켜주고 있다. "그렇다, 상상력이 풍경을 만든다."[174] 산, 강, 호수, 바다 등의 자연 풍경은 무엇보다 우주의 조물주가 빚어낸 거대한 조각품이자 건축 작품으로서, 그 어떤 위대한 예술 작품도 모방할 수 없는 찬란한 표현력을 구사한다.

　풍경은 무엇보다 심미적 가치를 통해서 사람의 의식 속에 똬리를 틀고 특수한 감정을 불러일으키는 강력한 매체라 할 수 있다. 평범한 여행에서 의도적으로 심미적 명상을 수행하기 위해 자연 풍경을 감상하거나, 부동의 상태에서 눈을 감고 정신 속에서 상상력의 나래를 펼치며 눈에 보이지 않는 마음속 풍경을 명상하는 경우에 그 점을 확인할 수 있다. 이 같은 풍경을 순수하며 소박한 자연적 대상으로서 파악하는 태도를 비판하는 관점을 지적해야 할 터이다. 이 같은 시각에서 본다면 풍경의 심미성은 이미 인간 문화에서 다양한 여과 장치를 통해 만들어진 것이라는 점에서, 풍경에 내재한 아름다움의 그 어떤 절대적 순수함을 추구하는 태도 자체가 어불성설이라는 주장도 나름대로 일리가 있다. 앞서 지적한 것처럼 풍경의 심미성을 명상하는 주체는 자신도 모르게 이미 그가 속한 문화와 사회의 이상형을 참조 또는 준수하고 있고, 심지어 풍경에 대한 감수성과 상상력의 표현 역시 심미적 작품의 생산·수용과 관련된 이상적 모델을 따르고 있기 때문이다. 예컨대 조선 시대 사대부가 금강산 풍경의 아름다움을 예찬하면서 준거한 감수성과 심미성의 문화적·정신적 표준은, 알프스의 풍경을 발견하기 이전까지 산을 전율의 대상으로 느꼈던 동시대의 유럽 풍경 미학과는 전적으로 상이한 정신적 모델과 문화적 규약에 기초한다.

174　Baudelaire, C., "Salon de 1859", in: *Critique d'art*, édition établie par Claude Pichois, Paris, Folio Essais, 1992, p.325.

도17 · 겸재 정선, 〈금강전도〉(1734)

도18 · 알프스 산맥 빙하의 숭고미를 표현한 카스파르 볼프의 작품, 〈라우터라르 빙하〉(1776)

풍경의 심미성과 관련된 문화적 차이 외에도 개인의 명상과 심미적 혜안이 마련되어야 풍경 장소가 비로소 인간의 정신적 표상 속에서 생동할 수 있다는 점을 강조할 필요가 있다. 독일 사회학자 지멜은 그 점에서 풍경은 무엇보다 심미적으로 계시된 자연이라는 점을 꿰뚫어 보았다.[175] 소박하고 단순하며 자연적인 것들로 존재했던 사물을 심미적 대상으로 변형시키는 과정은 일종의 정신적 계시를 통해서 실현될 수 있다. 요컨대 풍경은 영성의 형식이고 감동과 예술의 우주이며 직관이 작용하는 세계로서, 심리적 분위기(톤)의 음역(레지스터)이다.

풍경 감정은 시대와 문화에 따라서 다양하게 발현되었다. 풍경 감정은 풍경화의 매우 중요한 사안이었으며, 피토레스크(훌륭한 경치와 그림의 소재가 될만한 아름다움)와 숭고미 등의 미학적 성질은 유럽의 18세기를 지배한 범주들이었다. 그 범주의 주도와 쇠락에 대한 이해는 고전주의와 낭만주의에 이르는 풍경화 장르에 대한 성찰을 총집결시켜야 하는 방대한 작업이다. 그런데 이보다 더 중요한 문제는 풍경화의 미적 범주에 대한 심오한 사유와 담론의 차원을 넘어 서구 근대인이 자연에 대해 품었던 새로운 감정, 즉 그들이 보여준 불꽃 같은 정념의 징후를 파악하는 일이다. 서구 근대에서 표출된 그 같은 정념은 자연이 빚어낸 다양한 형태의 세계와 인간의 상상력 사이에서 직조된 실타래의 효과다. 이 점에서 18세기 근대 유럽의 심미적 감수성, 특히 피토레스크와 결부된 감수성을 파악하는 것은 필수 불가결하다. 근대 유럽의 풍경에 대

---

175   Simmel, G., "The Philosophy of Landscape", *Theory, Culture & Society*, vol. 24, issue 7 - 8, 2007, pp.20 - 29. (독일어 원서) "Die Philosophie der Landschaft", in: *Die Gueldenkammer*, vol. 3, issue 2, Bremen, 1913; in: *Brückeund Tür: Essays des Philosophen zur Geschichte, Religion, Kunst und Gesellschaft*, Landmann, M., and Susman, M. (eds), Stuttgart, KoehlerVerlag, 1957, pp.141 - 52.

도19· 18세기 유럽에서 유행한 그랜드 투어의 모습

한 심미적 의식은 미학, 문학 작품, 시, 여행기 등에서 나타나는 풍경의 감식 주체Connoisseur가 소유했던 감수성을 통해서 발현되며, 이 점을 정확히 인식하는 것은 18세기에 크게 유행했던 '그랜드 투어'의 심미적 방식, 정원 미학 등을 모두 호출해야 하는 방대한 지적 작업이다.[176]

요컨대 풍경 미학에서 인간이 먼저 터득해야 할 사실은 사람이 자연을 하나의 풍경으로 바라보는 방식을 배우고 인식한다는 것이며, 특히 동시대의 풍경 화가가 명시적 또는 암묵적으로 주입한 풍경을 보통

---

176 윌리엄레너드 랭어 역음, 박상익 옮김, 「뉴턴에서 조지오웰까지–서양 근현대사 깊이 읽기」, 푸른역사, 2004, p.173–196. (영어 원서) *Perspectives in Western civilizations: Essays from Horizon*, American Heritage Publishings Company, 1972.

사람의 에 교육한 덕분에 그 같은 풍경 인식이 가능하다는 점이다. 서양 미술사의 거장 에른스트 곰브리치Ernst Gombrich는 1953년에 발표한 시론을 통해 그 점을 입증한 최초의 인물이라 할 수 있다.[177]

177 Gombrich, E., "Renaissance artistic theory and the development of landscape painting", in: *Gazette des Beaux-Arts*, 41, 1953, pp.335-360, Reprinted in *Norm and Form: Studies in the Art of the Renaissance*, I, London, 1966.

5 예술, 인공물,
자연으로서의 풍경

풍경 미학을 전개하는 방식에서 주요 난점은 철학자가 풍경을 하나의 미학적 대상으로서 주의를 기울인 바가 거의 없다는 사실이다. 이 같은 철학적 무관심의 이유는 풍경이 필연적으로 예술 형식의 반열에 오를 수 있는 것은 아니라는 가정에서 비롯한다. 더구나 현대 철학자들은 미학을 예술철학과 동일시하는 바람직하지 못한 경향을 노출했다. 그러나 일군의 현대 서양 미학 전공자는 미학은 예술철학이나 예술비평으로 환원될 수 없다고 보았다. 예컨대 제롬 스톨니츠Jerome Stolnitz는 예술 작품뿐만 아니라 자연에서 관찰되는 대상 역시 미학의 범위에 포함시킬 것을 제안한 바 있다.

그러나 여전히 예술에 대한 기존 미학자들의 고답적 인식으로 인해 풍경은 미학을 다룬 철학적 저술에서 주목받지 못했다. 풍경은 예술 작품으로 인정받는 경우가 드물다. 심지어 순수한 자연 상태와 거리가 먼 정원도 어느 정도는 자연현상과 디자이너의 설계가 혼합된 구성 공간이며, 황무지 풍경은 전적으로 자연적 요소로 구성된 것으로 인식된다. 더 나아가 일상의 풍경은 예술, 인공물, 자연의 조합이며 이들 세 개의 범주 사이의 관계는 복잡하다.

예술 작품, 인공물, 자연 사이의 구별이 흐릿해지는 원인은 처음에는 인공물이었거나 자연의 요소였던 예술 오브제에서 발생한다. 예컨대 원시 인공물은 오늘날 조형예술 작품으로서 전시된다. 그런데 그것은 본래 그 같은 방식으로 창조되거나 지각된 것이 아니었다. 특정 오브제의 미학적 위상은 그것이 자연에 속하느냐 예술에 속하느냐 하는 문화적 맥락에 달려 있다. 이 같은 단언은 중요한 논리적 추론을 발생시키는데, 이러한 논리는 예술과 자연의 이원적 구분을 더욱 복잡하게 만든다. 프랑스 시인 기욤 아폴리네르Guillaume Apollinaire는 1949년 "시인이 없으면, 예술가가 없으면, 인간이 자연에서 발견하는 질서는 오직 예술의 효과인데, 단번에 사라질 것이다."라고 했다.[179]

　　미학자 수전 랭어Susanne K. Langer는 이렇게 논증했다. "자연적 오브제는 오직, 그것의 형식을 발견하는 예술적 상상력에 대해서만 표현적이다."[180] 미국의 환경 철학자 폴 셰퍼드Paul Shepard는 17세기 여행과 풍경화가 근대 유럽에서 동시에 고유한 위상을 획득했다는 점을 주목하면서 경치의 역사는 회화의 역사이며 관광 여행의 역사라는 점을 목격한 바 있다.[181]

　　"경치와 그림의 관계는 여행과 분리될 수 없다. 회화는 시각적 상징과 더불어 그 둘 사이에 존재하는 관계를 분별하고 소통하려고 시도해 왔다. 근대에 시작된 유람 관광은 미술로부터 학습한 심미성을 풍경에 적용하려는 시도였다."[182]

178　　Bourassa, S. C., *The Aesthetics of Landscape*, London and New York, Belthaven Press, 1991.
179　　위의 책, pp.14-15.
180　　Langer, S. K., *Feeling and Form*, London, Routledge & Kegan Paul, 1953, pp.395-396.
181　　Shepard, p., "The Itinerant Eye", in: Man in the Landscape, University of Georgia Press, 2002(1967), pp.119-156.
182　　위의 책, p.127.

영국 출신의 조경 건축가이자 도시 계획가인 크리스토퍼 터너드 Christopher Tunnard 역시 예술과 풍경 지각 사이의 관계와 관련해 근대 서구인이 풍경에서 보는 것과 회화와 시(문학) 사이에 존재하는 밀접한 연계성을 주목했다.[183] 곰브리치는 사실주의적 화가조차도 풍경에서는 오직 그가 보는 것만을 그릴 수 있다고 주장했다. 달리 말해 화가가 풍경화 화폭에 옮겨놓는 것은 있는 바 그대로 존재하는 풍경만큼이나 중요한 것이다.[184] 예술과 풍경 지각 사이에 존재하는 관계 가운데 특히 첨예한 사례는 산 경치에 대한 근대적 태도에서 회화와 시가 맡았던 중추적 역할이다. 셰퍼드는 17세기의 풍경화가 18세기 산악 풍경 감상을 위해 설치된 구조물의 위치를 정하는 데 중요한 요소였다는 사실에 주목했다.

"역사학과 과학은 유의미한 것을 규정하는 데 일정 몫을 맡았으나, 그림은 물체와 장소를 경치로 만들었다. 예컨대 산은 여행가, 그 가운데서도 이탈리아와 그 외 유럽에서 활동한 여행가들이 발견하기 전까지는 시각적으로는 동화되지 않은 상태로 남아 있었다."[185]

셰퍼드가 주목한 영국의 작가이자 여행가 조지프 애디슨Joseph Addison(1672-1719)은 고대 그리스와 로마의 시인이 여행했던 순례길을 따라서 여행했다. 특히 "알프스 산맥에 대한 감수성은 그를 산악 경치를 추구하는 최초의 열광자로 만들었다. 부분적으로는 애디슨 저술의 파급 결과로 여행의 강조점이 경치로 이동되었다. 소설가 월폴과 시인 토마스 그레이Thomas Gray가 이탈리아 알프스를 넘으며 했던 그 유명

---

183   Tunnard, C., *A world with a view: an inquiry into the nature of scenic values*, Yale University Press, 1978, p.36.

184   Gombrich, Ernest., *Norm and Form*, London, Phaidon Press Ltd, 1966.

185   Shepard, 앞의 책, p.127.

한 여행은 경치와 역사를 연계시키는 전환점을 표시한다."[186] 동일한 시기에 시인들은 산에 대한 과거의 부정적 태도와 결별하면서 경멸보다는 찬양과 더불어 산을 묘사했다.[187]

　서양문화사를 중심으로 산에 대한 문학적·미술적·신학적 태도와 수용의 역사를 추적한 미국 영문학자 마저리 호프 니컬슨Marjorie Hope Nicolson의 역작 『산의 침울과 산의 영광』은 독보적인 성과이다. 이 저서에서 니컬슨은 시인과 문학 작가를 비롯해 철학자, 신학자, 과학자가 발화한 산과 관련된 담론과 사상의 궤적을 추적한다. 그녀는 산의 풍경이 베르길리우스에서 단테를 거쳐 셰익스피어와 밀튼에 이르기까지 서양 문화에서 아름답거나 매력적인 것으로 간주되지 않았다는 사실을 주목하면서 서론을 시작한다.

　"17세기 기독교 시대에 '산의 침울'은 인간의 눈을 너무나도 두려움과 우울함으로 어두워지게 만들어 시인은 단 한순간도, 오늘날 우리의 눈이 익숙해져 있는 광채 속에서 산을 바라보지 않았다. 한 세기가 경과해 모든 것이 변했다. '산의 영광'이 동트기 시작했고 그 화려함이 빛났다. 왜 그랬을까? 그것은 문학 언어에 그치는 것이 아니라 지금까지 일어난 가장 심오한 사상의 혁명 가운데 하나가 낳은 결과였다. (…) 산에 대한 인간 태도의 변화는 다른 기본 태도들의 역전을 가져왔다. 사람이 자연에서 보는 것은 그들이 그렇게 보도록 가르침 받아왔던 것의 결과물이다. (…) 사람은 무엇보다 '자연'이라는 단어를 통해 그들이 의미하려는 바에 제약을 받는다. 이 단어의 주변부에는 기원전 5세기부터 역

186　같은 책, p.129.
187　Nicolson, M. H., *Mountain Gloom and Mountain Glory: The Development of the Aesthetics of the Infinite*, University of Washington Press, 1997(1959).

설과 중의성이 축적되었다. 산에 대한 인간의 반응은 문학과 신학 등과 같은 유산으로 물려받은 규약들에 의해서 영향을 받아왔으며, 보다 심오하게는 거주하는 세계에 대한 인간의 개념화에 의해서 그 동기가 부여되어 왔다. 산의 영광이 빛나기 전까지 사람은 그들이 살았던 지구와 그보다 광대한 우주의 구조에 대한 생각을 급진적으로 바꾸지 않으면 안 되었다."[188]

    니콜슨은 서양미학사에서 산에 대한 심미적 태도의 변곡점은 18세기에서 발생했음을 분명히 한다. "비록 '산의 영광'이 18세기 초에 그 충만한 광채가 빛난 것은 아니더라도 그때 '산의 침울함'은 사라졌다. 우리는 (…) 계곡을 찬양하기 위해 산언덕을 비하하는 초기 기독교의 무리한 압박을 전혀 찾아볼 수 없다. 바야흐로 산은 흉물 덩어리가 되는 것을 멈추고 변화무쌍하고 다양화된 자연의 일부분으로 통합되었다."[189] 이 책은 18세기 미학의 학술적 차원을 훌쩍 뛰어 넘어 서구 문명에서 온축된 환경 의식에 대한 결정적인 지성사 토대를 파악하려는 담대한 시도라는 데 그 본질적 의의가 있다.

    알프스를 가로지르는 여행이 쉬워지자 화가와 시인에게서 탄생한 이 같은 통찰은 일반 대중이 산에 대해 갖고 있던 그들의 인식과 태도를 송두리째 바꾸는 데 기여했다. 알프스 풍경은 두려움 또는 역겨움과 숭고함의 최고결정체apotheosis가 되었다.[190] 산의 숭고한 풍경은 풍경화의 대중적 장르가 되어 수없이 많은 회화 작품이 숭고한 감상을 반영

188   위의 책, p.3.
189   같은 책, p.345.
190   Tuan, Y-F, *Topophilia: a Study of Environmental Perception, Attitudes, and Values*, Columbia University Press, 1974.

도20 · 레이크 디스트릭트

하고 동시에 그 같은 미적 취향의 문학적·예술적 영향력을 행사했다.[191]
19세기의 대표적인 사례로는 시인 윌리엄 워즈워스William Wordsworth의
잉글랜드 디스트릭트 호수 지역에 관한 심미적 감상이 미친 영향을 들
수 있다. '레이크 디스트릭트Lake District'라고 불리는 이 지방은 윈더미어
Windermere, 그라스미어Grassmere, 코커머스Cockermouth 등 잉글랜드 북서부
의 컴벌랜드Cumberland 일대를 포함하는 지명이다. 지명이 일러주듯 수
십 킬로미터에 걸쳐 크고 작은 호수가 흩어져 있고, 야트막한 언덕과 언
덕 사이로 아담한 마을이 어우러져 빼어난 절경을 자랑한다. 이 호수 지

191   Carse, J.H., *Wentworth Falls, Blue Mountains* (1876) 그림 참고.

방은 워즈워스에게 시적·예술적 영감을 불어넣은 원천이었다. 이곳은 그가 탄생한 곳이자 가장 사랑한 곳이고, 「무지개」 「수선화」 「초원의 빛」 등 그의 주옥 같은 시의 배경이 된 곳이다.

워즈워스의 시는 처음에는 홀대받았으나 시간이 지나면서 많은 사람의 사랑을 받게 된다. 그리고 마침내 그의 시작에 영감을 준 레이크 디스트릭트의 풍경으로 관광객을 끌어들였다. 관광객은 그가 노래한 자연 풍경의 아름다움을 감상하기 위해 시인이 묘사한 장소를 찾아 비탈과 호숫가를 산책했다. 워즈워스는 레이크 디스트릭트를 오늘날 우리가 '문화 관광 상품'이라고 부르는 것으로 만들었다. 그와 동생 도로시 워즈워스Dorothy Wordsworth 마음의 풍경을 창조하고 스스로 발견한 시적 경치를 찾아 나섰던 사람으로서, 화가처럼 그들이 바라본 풍경에 그림처럼 변형된 가치를 주입했다.[192] 예컨대 워즈워스는 1804년 레이크 디스트릭트 전원을 여동생과 함께 산책하던 중에 수선화 군락을 보고 「수선화」 시를 발표하게 된다. 이 시는 자연의 순수성과 영원성을 찬탄하는 전형적인 낭만주의에 속하는 명시이다.

골짜기와 언덕 위로 높이 떠다니는
한 조각 구름처럼 외로이 떠돌다가
문득 나는 보았네, 한 무리,
무수한 금빛 수선화들이
호숫가 나무 아래
산들바람에 한들한들 춤추는 것을.

192 Tunnard, 앞의 책, p.45.

은하수에서 빛나며
반짝거리는 별들처럼 이어져
수선화들은 만(灣) 가장자리를 따라
끝없이 줄지어 늘어서 있었네.
고개를 까딱이며 활기차게 춤추는
만 송이 수선화를 언뜻 나는 보았네.

곁에 있는 물결도 춤췄지만, 반짝이는 물결도
수선화의 환희를 당해내진 못했네.
이토록 명랑한 무리와 함께 있으니
시인이 어찌 흥겹지 않으랴.
지켜보고 또 지켜봤지만, 미처 몰랐네
이 광경이 내게 얼마나 값진 것을 안겨주었는지.

종종 멍하니 아니면 생각에 잠겨
침상에 누워 있노라면
고독의 축복인 그 마음의 눈에
수선화들 문득 번뜩이기에.
그럴때면 내 가슴 즐거움으로 가득 차
수선화들과 함께 춤추기에."[193]

예술이 문화적 태도에 미친 영향의 보다 최근의 사례는 「수선화」지

도21 · 모네, 〈수련〉

각에 미친 클로드 모네Claude Monet 회화 작품의 효과이다. 가스통 바슐라르Gaston Bachelard는 이에 대한 독보적인 시적 통찰을 제시한다.

"세계는 보이기를 원한다. 안목을 갖춘 사람의 눈이 존재하기 전까지 물의 눈, 고요한 물결이 큰 눈을 부릅뜨고 꽃들이 피어나는 것을 지켜보고 있었다. 그리고 마침내 물의 눈에 비친 그 모습에서 – 누가 그 반대의 경우를 말하겠는가! – 세계는 자신의 아름다움을 처음으로 선명하게 깨달았다. 마찬가지로 모네가 수련을 세심하게 바라본 이래로, 일드프랑스의 수련은 더 아름답고 위대한 것이 된다. 더 많은 잎을 드러내며 더 고요하게, 마치 연꽃 동자들Lotus-enfants의 형상처럼 온순한 모습으로 강물 위를 부유한다."[194]

미학이 생물학적 기초를 갖고 있다고 주장하는 사람은 기욤 아폴리네르Guillaume Apollinaire의 논증과 정반대의 주장을 펼친다. 이들은 예술 감상이 자연 감상에 의해서 조건 지어진다고 주장한다. 자연 미학과 예술 미학은 복잡한 방식으로 상호 연관되어 있다. 어떤 경우에도 예술, 인공물, 자연 사이의 상호 연관적 요인을 무시한 채 예술 작품들에 대한 철학자의 극단적 강조를 받아들일 수는 없다. 이렇듯 몇몇 소수의 철학자는 미학이 예술을 넘어설 것을 강조한 바 있다. 일부 학자들은 자연을 포용하기 위해 철학 미학을 확장시킬 필요가 있다고 표현한 바 있다.[195] 이들의 주장에 의하면 철학자가 자연에 대한 주의가 결여한 이유는 자연이 제기하는 비규정적 경계선 또는 자연의 프레임이 없는 성질 때문이다. 이와 대조적으로 이산적이고, 그 경계를 정의하기 쉽다. 이런 맥락에서 조지 산타야나George Santayana는 저서 『미의 감각』에서 풍경의 비규정적 형식을 주장했다.

"자연 풍경은 정확히 규정할 수 없는 대상이다. 자연 풍경은 인간의 눈이 자연의 요소를 선별하고, 강조하고, 무리 짓는 데 있어 커다란 자유를 허용할 만큼 충분한 다양성이 있다. 자연 풍경은 암시와 모호한 감정적 자극에 있어 풍부하다. 바라보는 풍경은 구성되어야 하고, 마음에 드는 풍경은 도덕적으로 설명되어야 한다. 투박하거나 통속적인 이들이 주변 자연 환경에 무관심한 것은 바로 그런 이유에서이다. 하루하루 일하는 세계의 미적 관조가 그들에게는 일어나지 않는다."[196]

194 Bachelard, G., *Le droit de rêver*, Paris, PUF, 1970, p.13.

195 Hepburn, R. W., *The Reach of the Aesthetic: Collected Essays on Art and Nature*, London, Routledge, 2001.

196 Santayana, G., *The Sense of Beauty: Being the Outlines of Aesthetic Theory*, New York, Charles Scribner's Sons, 1896, p.133.

우리의 상식과 달리 그는 숲, 들판, 황무지나 시골 경치에서 느끼는 아름다움은 몽상, 공상, 객체화된 감동에 의존하는 감상으로 보고 있다. 뿐만 아니라 이것저것 뒤섞인 자연 풍경은 다른 방식으로는 향유될 수 없으며 실재적 통일성을 결여하고 있다는 것이다. "사실 심리적으로 말해서 풍경이라는 것은 존재하지 않는다. 우리가 그렇게 부르는 것은 주어진 상이한 작은 부분scraps과 살짝 엿보기glimpses가 끝없이 펼쳐진 것일 뿐이다."[197]

한 걸음 더 나아가 그는 풍경화의 미적 가치에 대해서도 회의적 입장이다. "심지어 회화 풍경은 비록 그것이 몇몇을 선별하고 강조해 보여주고 있다 해도, 여러 시점을 함께 첨가함으로써 구성된다. 회화가 관찰될 때 마치 실재 풍경과 같은 것처럼 쳐다보나 그것은 파편적이다. 물론 풍경화는 살아 있는 원풍경에 비해 소재 면에서 훨씬 덜 풍부하기 때문에 상대적으로 열등하다."[198]

자연 미학을 주장한 앨런 칼슨Allen Carlson은 산타야나의 주장에 대해 자연 환경은 형태적 성질에 내포된 미의 차원에서 가치가 매겨질 수 없다고 반박한다. 자연 환경은 다른 미적 차원, 즉 다채로운 비형태적인 미적 성질 차원에서 감상되고 평가되어야 한다는 것이다. 특히 그가 강조하는 것은 자연 환경의 표현적·감정적 성질이다. 결론적으로 예술의 감상과 평가에서와 마찬가지로 형태적 성질은 자연 환경의 미적 감상과 평가에서 동일한 중요성을 가진다는 가정을 포기해야 하며, 산타야나의 주장에 맞서 주안점이 형태적 성질에서 자연 환경의 비형태적인 미적

---

197   위의 책, p.134.
198   같은 책, p.134.

성질로 초점을 이동해야 한다는 논지이다.[199]

　　자연 풍경의 비규정성indeterminacy에 대한 산타야나의 가정에 맞서 자연 미학을 옹호한 칼슨은 예술이 이산적이며 자기포함적인 대상인 것과 달리 자연 대상은 생성된 환경과 함께 유기적 통일성을 구비하고 있다는 점을 강조한다. 그러한 대상은 그들이 속한 환경 요소 중 하나이며, 그 요소로부터 발달해 온 것이다. 따라서 창조의 환경은 미학적으로 자연 대상과 밀접한 연관성을 갖고 있다.[200] 칼슨의 주장에 의하면 자연 미학은 프레임이 없는 인간화된 풍경에도 적용할 수 있다. 인간이 만든 인위적 풍경 역시 자연 또는 자연 풍경처럼 프레임이 없거나 비규정적일 수 있기 때문이다.

199　Carlson, A., *Aesthetics and the Environment: The Appreciation of Nature, Art and Architecture*, London, Routledge, 1999. p.38.

200　Carlson, 위의 책, 서론 pp.3-15, 3장 , pp.28-40, 4장, pp.41-53.

6 시적 정신:
동아시아 산수화 전통의
자연관과 시학

1) 산수화의 형식과 체험

중국 미술사의 석학 마이클 설리번Michael Sullivan은 중국 문명에서 산수화가 갖는 의의를 다음과 같이 설파한 바 있다. "중국인은 (…) 수세기 동안 산수화를 최상의 시각 예술 형식으로 간주했다. (…) 중국의 산수화는 강렬한 정서적·시적 감정과 심원한 철학적·형이상학적 관념을 아울러 구체화하는 예외적으로 풍부하고 폭넓은 언어이다."[201]

앞에서 강조한 바 있듯이 동아시아 한자 문화권에서 산수라는 표현은 '산'과 '물'의 의미 확장을 통해 풍경 일반을 뜻하며 풍경화라는 용어 대신 산수화라고 불렀다. 이 같은 표현은 부분을 통해 전체를 형상화하는 제유법이라 할 수 있다. 풍경의 전체성을 지칭하기 위해 산과 물이라는 자연의 핵심 요소를 선택하는 것이다. 산과 물은 동아시아인의 눈에 자연의 양극을 성립한다.[202] 그 두 개의 축에는 풍부한 의미가 담겨 있

---

201 마이클 설리반, 김기주 옮김, 『중국의 산수화』, 문예출판사, 1992. (영어 원서) Michael Sullivan, *Symbols of Eternity: the Art of Landscape Painting in China*, p.20.
202 Cheng, F., *Vide et plein: Le langage pictural chinois*, Editions du Seuil, 1991.

다. 『논어』 「옹야雍也」편의 명 구절인 '지자요수 인자요산知者樂水 仁者樂山'을 인용할 필요가 있다. "마음이 좋은 사람은 산에서 기쁨을 찾고 정신이 맑은 사람은 물을 즐긴다."[203] 따라서 우주의 양극에는 인간 감수성의 두 개의 극이 조응한다. 알다시피 중국인은 자연 사물의 미덕과 인간 덕성 사이에서 일정한 조응을 수립하기를 좋아했다. 예컨대 군자의 위상을 난, 대나무, 소나무, 매화나무에 비유하면서 각각에 은총, 엄밀성, 젊음, 고귀한 아름다움이라는 미덕을 부여했다. 그것은 단순한 자연주의적 상징성이 아니다.[204]

자연 현상과 인간의 마음에서 수립되는 정서적 감흥과 도덕적 일치로 이루어지는 이 같은 조응은 인간이 외부 세계를 내면화하면서 주체와 객체의 이분법을 넘어서는 완전한 합일이다. 외적 세계는 더 이상 앞에 마주하는 대상이 아니라 내면으로부터 보여지고 인간의 표현으로 나타나는 것이다. 거기서 태도, 몸짓, 쌍방적 관계에 부여되는 심오한 의미와 산, 나무 또는 바위의 무리를 그리는 행위의 중요성이 탄생한다. 산과 물을 그리는 것은 인간의 자화상을 그리는 행위로 간주될 수 있다. 이는 신체의 초상을 그리는 것이 아니라 정신의 초상화를 소묘하는 작업이다.[205] 여기서 말하는 정신의 초상화란 한 인간의 신체적·정신적 리듬, 삶의 방식, 고통, 갈등과 모순, 두려움, 평온한 기쁨, 은밀한 욕망, 동경하는 무한성에 대한 꿈과 갈망을 표현하는 것이다. 즉 산과 물은 단순한 비교 용어 또는 순수한 은유로 파악되어서는 안 될 것이다. 그것은 인간이라는 소우주와 유기체적 관계를 맺고 있는 대우주의 근본적 법칙을 구현한다.

203   『논어』, 상론, 「옹야편」 21장.
204   Cheng, 앞의 책, p.93.
205   위의 책, p.93.

이 같은 생명 중심의 개념으로부터 산수의 심오한 의미가 용솟음친다. 산과 물은 그 풍부한 내용과 대비, 그리고 상호 보완적인 관계를 통해 보편적 변형의 주요 형상이 된다.[206] 변형이라는 관념의 겉으로 보이는 대립에도 불구하고 두 개의 실재는 상호 생성 관계에 있다. 각각의 실재는 상보적인 다른 것에 의해 끊임없이 이끌려지는 상태로서 지각된다. 음을 포함하는 양과, 양을 포함하고 있는 음처럼 산은 양에 의해서 표시되고 잠재적으로는 물이며, 음으로 표시되면서도 도리어 잠재적으로는 산이다. 이 같은 상호적 생성 과정은 순환 운동을 자극하는데, 청나라의 화가인 석도石濤(1642-1707)는 이것을 일러 '보편적 흐름' '보편적 포용'이라고 불렀다.

한 폭의 그림에서 산과 물 사이의 순환적 운동이 작동하는 것을 자각하게 만들기 위해서는 어떻게 해야 할 것인가라는 물음을 제기할 수 있다. '텅 빔'을 도입해 자유로운 형식의 안개와 구름, 풀어지고 해방된 획과 옅은 농담의 먹물을 통해 가능하다. 텅 빔은 그것이 생성하는 숨결을 통해서 두 개의 실재 사이의 정태적 대립을 단절시키고 내재적 변형을 촉발한다.[207] 중국 산수화의 거목이었던 미불米芾(1051-1107)은 여러 구름은 풍경의 압축이라고 말한 바 있다. 파악될 수 없는 그것들의 텅 빔 속에서, 그곳에 감추어진 산들에서 그림의 획들과 수분의 상태를 볼 수 있기 때문이다.

텅 빔에 의해 활성화된 산과 물의 관계는 회화와 기하학을 동시에 지배하는 근본적 개념이다. 용맥龍脈, 즉 용의 동맥은 이원적 개념을 유도한다. 열림과 닫힘, 공간의 대조적 조직화, 기분氣分, 상승과 하강, 또는

206 같은 책, p.94.
207 같은 책, p.96.

도22 · 미불의 산수화

풍경의 리듬 시퀀스 등을 열거할 수 있을 것이다. 용의 동맥의 이미지는 역동적 풍경을 상기시킨다. 그것은 생명의 숨결에 의해서 움직이며, 리듬 파동은 발현된 것 이상으로 감추어진 것과 잠재적인 것을 계시한다. 한 폭의 그림은 오직 화가가 '기분'을 제어했을 때만 생동한다. 산과 물 사이의 관계에 대해서 참인 것은 자연의 다른 요소 사이에 존재하는 관계에 대해서도 참이다. 나무와 바위 사이에서, 동물과 초목 사이의 관계에 대해서 그러하다. 각각 텅 빔을 수단으로 해서 화가는 모든 사물이 잠기는 보이지 않는 것의 맥박을 느끼게 만든다.[208]

　　산과 물의 쌍을 통해 어떻게 텅 빔이 두 개의 축에 의해 재현된 풍경의 한복판에서 효과를 만들어 내는가를 보았다. 풍경화의 그림에 가득 찬 요소들의 집합과 그 요소들의 환경을 이루고, 그것들을 지탱하는 공간 사이에서 그 관계를 관찰할 수 있다. 가득 찬 것들(그려진 요소들)과 텅 빈 것들(환경을 이루는 공간) 사이에 존재하는 관계는 또 다른 본질적 관계를 함의하는데, 그것은 땅과 하늘 사이에 존재하는 관계다. 산과 물이 지상에 존재하는 두 개의 극을 표상한다면, 땅은 살아 있는 실재로서 하늘에 견주어 위치한다. 그 결과 여러 층위에서 음과 양의 놀이, 대비들의 놀이가 존재한다. 일반적으로 양의 본성을 산에, 음의 본성을 물에 부여한다. 이 같은 산과 물, 양과 음은 땅을 형성하고, 땅은 다시 보다 고차원의 음에 속해 양의 본질을 갖고 있는 하늘과 맞선다. 중요한 것은 층위들을 구별하는 일이다. 이 같은 층위들은 하나의 유기체적 망을 성립하는데, 프랑스의 작가이자 시인인 프랑수아 쳉François Cheng은 이를 나선형으로 형상화하여 다른 하위 층위들이 언제나 각각의 층위의 내부

208　같은 책, p.96.

에 함의되어 있다는 점을 암시한다.

　　땅과 하늘 사이의 놀이는 두 요소로 이루어진 것이 아니라 세 요소로 이루어진다. 이는 인간이 항상 이 층위에서 존재하기 때문이다. 인간은 땅과 맺는 특권적인 관계를 통해, 하늘의 차원을 포함한 그 존재를 통해, 그리고 풍경의 일부로서 화가나 감상자가 전체적인 풍경에 던지는 시선을 통해 언제나 현존한다.[209] 이 같은 삼원적 관계는 인간, 땅, 하늘, 그리고 공통적 요인으로서 텅 빔을 갖는 몇 개의 양상들을 언급하고 있다. 이때 텅 빔은 여러 양상의 통일성과 총체성을 형성한다.

2) 그림 속에서 요소들의 정신적 성향

5~6세기에 중국의 화론을 집대성한 사혁謝赫이 『고화품록古畵品錄』에서 제안한 회화의 6개의 원리(기운생동氣韻生動, 골법용필骨法用筆, 응물상형應物象形, 수류부채隨類賦彩, 경영위치經營位置, 전이모사轉移模寫)를 언급하면서, 쳉은 그 가운데 가장 유명한 원리를 인용한 바 있다. 그것은 첫 번째 원리인 '기운생동'으로서 "리듬이 있는 숨결을 생성하고 생명력을 불어넣어라."라는 말로 풀이할 수 있다. 그것 못지않게 중요한 원리는 그려야 할 요소가 더할 나위 없이 완전하게 갖춰져야 한다는 것이다. 그림의 내재적 조직화 문제와 관련된 이 같은 원리는 주관적 또는 추상적 배치를 장려하지 않는다. 화가는 사물들에 그의 지각 역량을 적용하면서 실재의 근본적 법칙을 고려해야 한다. 원리Canon라는 개념은 화가가 단순히 세계의 외적 모습을 복제하거나 재현하는 데 만족할 수 없다는 것을

209　같은 책, p.98.

의미한다. 회화는 화가의 근본적인 호흡과 정신으로부터 탄생한 새로운 우주를 재창조해야 한다.[210] 설리번은 중국 전통 회화에 견주어 서양 회화가 추구하는 재현성과의 차이를 언급할 때 다음과 같이 근본적인 물음을 던진다.

"그들의 앞뒤에 있는 자연에 관한 그렇게 많은 체험에도 불구하고 중국 화가들은 왜 그들이 본 것을 실제로 그리지 않았을까 하는 의문이 들 것이다. 이것은 매우 중요한 함축적 의미를 갖고 있다. 왜냐하면 그것은 중국의 예술 표현 전 영역에 적용되기 때문이다."[211]

이 같은 시각에서 인간은 다시 한번 '가득 참'과 '텅 빔'의 상보성 원리가 갖고 있는 중요성을 깨닫게 된다. 전통적 규칙에 의하면 한 폭의 그림에서 3분의 1은 가득 차고 3분의 2는 텅 비어 있다. 이 같은 규칙은 엄격한 것은 아니며 강조해야 할 점은 그 기저에 흐르는 철학적 사상이다. 3분의 1의 가득 참은 땅에 해당하고, 3분의 2의 텅 빔은 천상의 요소에 해당한다. 하늘과 땅 사이에 수립된 조화로운 비율은 하늘-땅의 덕을 부여받아 인간이 그 자신에게 수립하려는 비례를 암시한다. 그 결과 그림은 땅에 거주하면서도 텅 빔에 도달하기 위해 하늘로 향하는 인간의 욕망을 구체화한다. 이렇듯 텅 빔은 도가 생동하는 운동 속에서 전체를 이끌고 가는 동인이다.

210   같은 책, p.98.
211   마이클 설리반, 앞의 책, p.31.

풍경의 에토스와
공동체성

1 풍경의 윤리적 차원

1) 풍경 윤리의 부상

오늘날 풍경은 현대 사회를 압박하는 윤리적 전회에 놓여 있다. 정치 담론, 미디어, 광고, 과학 저서 등을 비롯해 풍경을 다루는 거의 모든 분야에서 풍경의 윤리 차원에 대한 관심을 표명하고 있다. 풍경의 위기와 불확실성의 맥락 속에서 상이한 이해당사자들은 풍경의 도덕화와 집단적 가치를 전면에 배치하면서 공익 및 이해관계를 내세우거나 근본적인 윤리적 원칙 등에 호소한다. 프랑스의 철학자 프랑수아 다고네François Dagognet는 1982년 「풍경의 죽음과 부활」이라는 의미심장한 제목의 글에서 풍경 주제에 함의된 도덕과 가치의 문제를 날카롭게 지적한 바 있다. 그는 바야흐로 풍경의 본질적인 가치의 문제가 부상하고 있다는 발언으로 결론을 맺고 있다.[212]

풍경 인문학의 중요한 전환점이 된 『풍경의 죽음인가?』가 출간된지 43년이 지난 2025년 초 현재, 서구 학계에서는 풍경과 관련된 다양한 가치에 대한 논의가 더욱 확산·증폭되고 있다. 풍경의 가치론에 대한 관심은 정치적 기획으로서의 풍경에 대한 논의를 촉발한 '유럽경관협약'(2000)의 수립과 관련이 있다. 이 협약은 공동체 구성원이 긍정하고

---

212 Dagognet, F., Mort du paysage?: Actes du colloque de Lyon Philosophie etesthétique du paysage, Seyssel (ed.), Champ Vallon, 1982.

공유하는 풍경의 가치에 대한 구체적 행동의 기초를 마련해야 할 필요성을 역설하고 있다. '유럽경관협약'의의 서문에는 협약의 목적을 "유럽 공통 문화유산의 이상과 원칙을 보존하고 발전시키는 데 있다."라고 천명한다. 이어서 "경관(풍경)은 문화적, 생태학적, 환경적, 사회적 차원에서 공적 관심사에 중요한 방식으로 참여한다."는 점을 언급한다. 일차적으로 이 협약문은 풍경의 사회적 유용성에 특권을 부여하면서 경관(풍경) 문제에 접근하고 있다. 이를테면 유럽인이 누려야 할 생활 환경의 질이 협약문의 핵심이라는 점을 분명히 하고 있다. 그 이유는 풍경이 생활 환경 여건을 비롯한 삶의 질과 관련해 중요한 요소로 작용하기 때문이다. 또한 도시 환경과 촌락, 삶의 질이 우수한 거주 지역과 쇠락한 구역, 주목할 만한 공간과 일상 공간 모두에서 풍경은 행복의 본질적 요소를 성립한다는 점을 부연설명하고 있다.[213]

그렇다면 도대체 왜 풍경에 도덕이 필요한 것인가? 왜 풍경에 윤리가 필요한가? 생태학적 위기로 인해 인류가 감수해야 할 고통과 재앙 속에서 (수많은 경험을 통해 알 수 있듯이) 풍경과 윤리라는 두 환경적 차원은 어느 하나도 무시할 수 없다. 하지만 그 둘을 어떻게 통합할 것인지는 까다로운 문제다. 왜냐하면 근대성은 이 둘을 분리시킨 장본인이기 때문이다. 복잡한 인간 현실을 형성하는 두 개의 차원의 균열은 과학, 예술, 도덕의 세 영역에서 세계의 분열과 해체를 동반했다. 도덕은 과학

---

213 『유럽경관협약 *La Convention européenne du paysage du Conseil de l'Europe*』은 2000년 10월 20일 피렌치아에서 EU의 29개 회원국이 비준한 공식 유럽 평의회의 공식 협약이다. 이 문서에 대한 상세한 내용 분석은 다음 문헌 참조.
  1. Facettes du paysage. *Réflexions et propositions pour la mise en oeuvre de la Convention européenne du paysage*, Strasbourg, Les Editions du Conseil de l' Europe, 2012, p.309.
  2. Prieur, M., La Convention européenne du paysage, *Environmental policy and law*, vol 31, no 3/2001, IOS Press. p.168‐170.

과 예술의 유기적 결합을 유지해야 하나 아쉽게도 만족스러운 방식으로
그 숙제를 풀 수 없었다. 이 같은 해체와 급격한 분리는 바로 근대적 세
계를 미몽에서 깨어나게 만들었던 요인이다.[214]

　위에서 서술한 바는 이미 알려져 있다. 그런데 근대적 인간은 근대
성의 역사적 과정에서 풍경에 대한 전통사회의 관점과 자연에 대한 과
학적 관점이 상관관계를 맺게 된 연유를 알지 못한다. 뿐만 아니라 그
는 양자를 역설적으로 서로에게 독립적으로 진화하게 만들었던 이유도
설명할 수 없다. 마지막으로 현대 회화에서 풍경화 장르가 소멸한 것만
큼이나 환경의 물리적 속성에 주안점을 두며 풍경의 역사적 유산과 전
통적 가치관이 해체된 과정도 깨닫지 못했다. 16세기 회화 장르로서 탄
생한 풍경(화)은 실제로 20세기 초 아방가르드 작품에서 사라진다. 아
울러 20세기 서양 문명의 진보는 먼 과거부터 인간이 단절없이 아름다
운 풍경이라고 인식하고 감상해 왔던 풍경미의 영역을 축소했다. 다양
한 실천과 감수성 사이의 이러한 격차에 대한 개념적 수수께끼는 바로
이 질문으로 이어진다. 왜 근대성은 무엇보다 먼저 풍경을 창조하고, 이
어서 그 풍경을 파괴했는가? 사실과 의미, 환경과 풍경, 생태주의와 상
징계가 서로 호응하는 것을 멈춘 이 같은 관계의 해체 속에서 서구 근대
문명은 고유한 자연과 환경을 주체로부터 소외시켰다.

　더구나 풍경은 빼어난 풍경이건, 평범한 풍경이건, 행정 또는 과학
차원의 분류 절차로 고정될 수 없고 보호 정책에 의해 고착화될 수 없다.
또한 박물관화와 시각화, 즉 박제할 수 없다. 풍경은 그것의 물질성과 그
것을 바라보는 관객의 시선에서 진화하며 역동적으로 변화한다. 다시

214　위의 책, p.348.

말해 풍경의 독서 격자, 가치 체계, 모델과 준거는 영속적으로 변화한다. 예컨대 다음 세기 후손이 20세기 근대 건축을 비난하며 새로 만들어낼 풍경을 현 시대의 인간은 예측할 수 없다. 관건은 더 이상 풍경을 정적 상태로 보존하는 것이 아니라 풍경 사용자의 욕망과 그 풍경의 역동적 생성을 제어하는 것이다. 풍경 개념의 이 같은 진화는 인간이 던질 결정적인 질문을 제기한다. 풍경은 이제부터 정치적 대상으로서 도처에 편재하며, 모든 사람의 관심사에 속한다. 각자에게는 시선의 권리가 있고, 구체적 상황과 맥락에서 특정 행위를 통해 통해 풍경의 물질성에 개입한다.

2) 풍경 윤리의 희망과 필요성

풍경 윤리를 정립하기 위해 취할 수 있는 노선을 소묘하기 전에 먼저 풍경이라는 개념에 대해 윤리적 성찰을 하는 것이 필요한지 논의가 필요하다. 한국에서는 경관 보호법이 발효된 이후부터 경관의 조건에 대한 환경 영향 평가가 모든 행정 단위에 적용되고 있으며, 모든 도시 계획 자료에 명시되어 있다. 그렇다면 풍경은 행정과 정책에서 어떤 용도로 사용되는가? 문제는 풍경의 물질성에 대한 개입이 어떤 의미를 갖는지가 아니라, 이 같은 다양한 기획 속에서 풍경 주제가 집결되는 방식을 탐구하는 작업이다. (이때 법적 용어는 풍경이 아닌 경관이다.) 이를테면 한국의 촌락 및 지방 경관에서 기존 경관의 변화를 거부하는 담론의 근거 중 풍경(경관)과 관련된 논거는 무엇인가? 문화유산으로 보존되는 풍경이나 고정된 풍경에 대한 호소 아니면, 님비NIMBY 징후로 알려진 단순한 이해관계에 의한 맹목적 풍경 보호 등을 손꼽을 수 있다. 그 같은 풍경(경관)에 대한 논거는 공간적·사회적 분리의 논리를 정당화시키는

도23 · 남프랑스 해안가의 주택

태도에서 도래한다. 아름다운 풍경은 상대적으로 부유층에게 부여되고, 그들은 그 같은 풍경(경관)을 독점하려는 이기적 논리, 즉 자기 문을 닫아놓는 논리를 고수한다.

공간과 사회의 분리 노선은 부유층에 한정되지 않고 고정된 지역 정체성에 대한 폐쇄적 논리에서도 찾아볼 수 있다. 이 같은 논리에서는 풍경에 대한 접근권과 우선권을 원주민에게 배타적으로 부여하는 경향을 보여준다. 예컨대 산악 지역의 주민은 근처 대도시의 무분별한 팽창과 관광 수요의 증가에 따른 주거 환경 훼손의 방어책으로서 특정 경관에 대한 외부인의 접근을 제한하고 지역 주민에게 접근권을 독점적으로 할당한다. 이 같은 정책을 정당화하는 데 사용되는 반복적인 논거는 경관(풍경) 보존이다. 과연 이 주장은 수용 가능한 것인가? 답은 쉽지 않다. 그런데 여기서 주목해야 할 사실은 지역 층위에서 그 답은 기술공학적인 사안도, 재정적인 사안도 아니고, 윤리적 차원에 속한다는 점이다.

물론 윤리 외에도 다른 층위와 중요한 쟁점이 존재한다. 이를테면 민족의 통일과 정체성에 대한 담론을 형성하는 과정에서 풍경이 어떻게 도구화되는지를 분석한 연구가 있다. 이러한 연구는 19세기 유럽이 국가의 정체성을 구축하고 표현하기 위해 당시의 권력층이 특정 영토에 대해 고유한 상징적 의미를 부여하는 풍경에 어떻게 의탁했는가를 설득력 있게 보여준다. 특히 전제주의 국가 체제가 어떻게 이 논지를 사용했는지를 밝히는 탁월한 연구도 있다. 이 분야의 대표적 연구자로 손꼽히는 사이먼 샤마Simon Schama는 기존 연구와는 차별화된 방법을 통해 나치 체제동안 독일에서 이루어진 삼림 개발과 발굴을 강조한 바 있다.[215] 이 두 사례에서 부각된 점은 풍경(경관)이 국가 차원에서 영토 정체성의 확고한 구성 요소로 반복적으로 활용된다는 것이다.

앞서 언급한 유럽경관협약 역시 경관 정체성의 존재와 유럽의 상징을 구성하는 다양한 경관의 영향력에 대한 논쟁을 다시 불러일으켰다. 이처럼 방대하고도 미묘한 문제라 할 수 있는 국가와 지역 사회를 포함한 특정 공동체의 정체성에 대한 물음 속에서 윤리적 질문은 이중적인 차원을 지닌다. 한편은 풍경 형상의 도구화이며 다른 한편은 '인간'(특정 공동체의 구성원들)이라는 보통명사 또는 대명사로서의 한계를 설정하는 것이다. 만약 풍경이 정체성을 정당화하고 '인간'의 한계를 설정하는 데 사용된다면 과연 이 같은 풍경은 무엇을 통일하고 표상하는 것인가? 이때 '인간'의 외부에 있는 타자는 누구인가? 그 타자에게는 어떤 운명을 맡길 것인가? 이러한 동일성과 이타성의 변증법은 풍경의 윤리적 사안과 관련된 논쟁을 집결시키는 풍경 담론의 배경으로 작동한다.

---

215   Schama, S., *Landscape and Memory*, New York, Alfred A. Knopf, 1995.

2 미국 환경 윤리의 계보

대부분 미국인에게 인간과 자연의 관계는 자명하게 도덕적인 것이다. 그 관계는 개인뿐만 아니라 집단, 그리고 집단이 관여된 가치를 포함하고 있다. 이것은 미국의 국가 정체성 형성 과정에서 자연이 맡았던 역할에 기인한다. 아마도 17세기에 미국 대륙에 착륙했던 식민자들에게 자연은 정복하고 변형해야 할 적대적이고 위험한 환경이었을 것이다. 당시는 야생의 자연을 경이로운 마음으로 축성할 무렵이 아니었다. 그런데 최근의 연구에서는 미국이라는 신흥 식민지 국가의 청교도적 정신성이 어떻게 이 같은 야생 자연에 대한 증오에 종교적 차원을 부여했는지를 설득력 있게 보여준 바 있다. 개척 초기의 야생 자연은 악의 힘이자 무정부, 이교도의 상징으로서 가능한 한 축소하고 길들여야 할 대상으로 인식되었다. 황무지라는 것은 오직 그것이 더 이상 공포의 대상이 아닐 때 비로소 찬탄할만한 것으로 나타난다.

  야생 자연에 대한 이 같은 인간 중심적 가치 평가는 유럽으로부터 수입된 감정이며, 미국 개척시대 초기의 귀족 엘리트 또는 지식인 층에서 발전되었다. 이들은 서부 개발에 나선 개척자가 처했던 최전선에서의 삶의 고단함 속에서도 이 같은 유럽식 자연관으로 무장되거나 보호받고 있었다. 그렇지만 곧이어 쟁취한 미국 독립 이후 미국인은 유럽인이 몰랐던 그들의 고유한 자연 환경을 직시했다. 그것은 인간을 흡수하는 방대한 아메리카 대륙 국토이다. 서부 탐험가는 캘리포니아 숲에 이르면서 거대한 세쿼이아(높이가 80미터가 넘고, 둘레가 30미터에 이르는 상록 교목의 일종)를 경배했고, 이 나무를 벌채하지 않았다. 처음에 나무는 호기심의 대상에 머물렀지만 희귀한 나무는 곧이어 경배의 대상이 되었고, 화가와 사진가는 그것을 화폭과 카메라에 담았다. 수천 년 된 나무들, 가장 오래된 성서에 견주어서도 거의 동일한 시기부터 존재한 이 나무들 속에서, 미국인은 자신을 유럽과 동등한 위치에 놓을 수 있는 과거를 발견했다. 더 나아가 그들은 자신들을 유럽인들보다 우월한 위치에 놓았다. 왜냐하면 유럽의 과거는 고대 시대 노예제와 봉건 예속화로 점철된 치욕의 과거인 반면, 자연은 그들에게 자유, 인간의 악의로 인해 오염되지 않은 신의 창조물의 반영으로서 나타났기 때문이다. 1864년 에이브러햄 링컨Abraham Lincoln은 요세미티와 그곳 거목의 소유권을 캘리포니아 주에 부여했다. 그는 미국 민족의 선과 그것의 재창조를 위해 미국의 보존된 자연을 공화국의 국가 상징으로 삼았다.

1854년 헨리 데이비드 소로Henry David Thoreau는 저서 『월든』에서 그가 직접 지은 오두막에서 2년 동안 생활한 경험을 생생하게 들려주었다.[216] 그는 미국 철학자이자 시인인 랠프 월도 에머슨Ralph Waldo Emerson과 함께 자연의 종교적 비전을 제시한 미국 철학 사조인 초월주의를 신봉했다. 이 사조는 영적 진리를 추구하면서 이르고자 하는 고차원적 영역과 물질적 세계에 속하는 구체적 대상과 물체 사이에 존재하는 상호 연관성을 상정하고 있다. 숲속에서의 간소한 생활을 소개하는 그의 이야기는 자연 상태를 예찬했던 18세기 루소의 서사와 절묘하게 공명한다. 자연과 교감하며 그가 느낀 심오한 고독과 우호적 감정을 엿볼 수 있

216   헨리 데이비드 소로, 강승영 옮김, 『월든』, 은행나무, 2011.

도24 · 요세미티 국립공원

는 두 개의 구절을 살펴보자.

"나는 내 인생에 넓은 여백이 있기를 원한다. 어느 여름날 아침, 이 제는 습관이 된 멱 감기를 한 다음, 해가 잘 드는 문지방에 앉아서 새벽부터 정오까지 한없이 공상에 잠기곤 했다. 그런 나의 주위에는 소나무, 호두나무와 옻나무가 무성하게 자라고 있었으며 그 누구도 방해하지 않는 고독과 정적이 사방에 펼쳐져 있었다."[217]

"조용히 비가 내리는 가운데 (…) 나는 갑자기 대자연 속에, 후드득 후드득 떨어지는 빗속에, 또 집 주위의 모든 소리와 모든 경치 속에 너무나도 감미롭고 자애로운 우정이 존재하고 있음을 느꼈다. 그것은 나를 지탱해주는 공기 그 자체처럼 무한하고도 설명할 수 없이 우호적인 감정이었다. (…) 솔잎 하나하나가 친화감으로 부풀어올라 나를 친구처럼 대해 주었다."[218]

　　그는 고독의 미덕, 육체 노동을 찬양함과 동시에 문명의 이기와 편리함이 인간을 지나치게 의존적으로 만든다는 점을 비판한다. 이러한 방식으로 야생 자연에서의 삶과 그 도덕적 미덕을 상찬함으로써 미국 문명의 공리주의적 물질주의에 대해 통렬하게 비판한다. 에머슨이 증언했던 황무지와 야생 자연에 대한 찬양은 자연의 가치를 전환시킨다. 그 결과 자연의 위상은 증오스러운 것에서 찬탄과 경외의 대상으로 변신했다. 그렇지만 그들의 자연 사상은 청교도주의에서 벗어나지 않았다. 뉴잉글랜드의 식민지 사람들은 구세계를 몰아내고 신세계에 새로운 정신적 공동체를 세우기 위해 옛 세계를 축출했던 것이다. 그러나 그들의 노력은 단순히 개인적·물질적 편리를 위한 것이 아니었다.

　　한편, 제임스 페니모어 쿠퍼James Fenimore Cooper는 초원 문학을 발전시키며 야생 자연을 파괴해야 할 장애물이 아닌 도덕적 영향력을 지닌 존재로 묘사했다. 그는 자연을 아름다움의 근원이자 인간의 영혼을 고양시키는 모험의 장소로 그렸다. 요컨대 쿠퍼는 야생 자연이 개척자를 형성한 중요한 요소임을 발견하게 한다.[219] 제임스 페니모어 쿠퍼의 『모히칸족의 최후The Last of the Mohicans; A Narrative of 1757』는 1826년에 처음 출판되었으며, 미국 문학사의 초기에 성취된 최고의 인상적인 풍경 묘사를 제공한다. 쿠퍼는 청정무구한 것과 숭고한 것의 전통을 바탕으로 새로 독립한 미국의 독특한 국가 문학을 창조하려는 노력에 참여하면서 미

218　같은 책, p.189.
219　제임스 페니모어 쿠퍼, 이나경 옮김, 『모히칸 족의 최후』, 열린책들, 2012.

국 자연의 기억에 남을 만한 이미지를 확립하는 데 일조했다. 실제로 미국의 자연과 풍경은 당시 미국의 작가들과 예술가들의 관심을 끌었는데, 이들은 미국의 원시적 자연의 아름다움이 미국의 진정한 국보라는 점을 확신하고 서양 문학과 회화에 영원한 흔적을 남긴 유럽의 풍경에 비해서 결코 뒤지지 않는다는 사실을 증명하고자 했다. 쿠퍼가 재현하는 자연은 아마도 그의 작품 중 가장 유명한 '가죽스타킹 이야기Leather-stocking Tales' 시리즈에서 야생적이고 길들여지지 않은 모습으로 등장하며, 같은 작품에서 그가 묘사하는 인디언들과 조화를 이룬다. 『모히칸족의 최후』에는 야생에 대한 묘사가 다수 있다. 6장에 있는 여러 구절에서, 일행이 피신하는 동굴에 대한 묘사가 나온다. 그리고 같은 장에서 호크아이Hawk-eye는 폭포 자체에 대한 상징적인 찬사를 길게 읊는다. 이 찬사에는 무엇보다도 야생에서 하나님의 손길을 볼 수 있다는 내용이 담겨 있다.

"폭포 물은 아무런 규칙도 따르지 않고 떨어지는데, 튀어 오르기도 하고, 다시 떨어지기도 하고, 건너뛰기도 하고, 퍼붓기도 하고, 어떤 곳에서는 물이 눈처럼 희고, 어떤 곳에서는 풀처럼 푸르고, 여기저기서 깊은 구멍으로 빠졌다가, 우르릉거리며 땅을 흔들기도 하고, 그러다가 개울처럼 잔잔하게 좋은 소리를 내며 흐르다가 갑자기 소용돌이를 일으키고, 오래된 바위에 흠을 내기도 하고 말이오. (…) 그곳에서 강물은 질서를 떨치고 나와 온갖 것을 다 만들어 보겠다는 듯 오만 가지 형상을 다 지어 놓았으니 말이오. (…) 고집 센 사람처럼 한동안 자기 멋대로 굴던 강물이 그것을 지은 분의 손길에 다시 모여, 몇 야드 아래를 보면 꾸준히 바다로 흘러가고 있는 것이 보이니까 말이오. 세상을 처음 짓던 날 정해진 대로!"[220]

1893년 아메리카 대륙의 식민화가 완수되고 경계선이 사라졌을 때,

미국의 역사학자이며 작가인 프레드릭 잭슨 터너Frederic Jackson Turner는 야생 자연이 식민지의 개척자를 길들였고 미국인의 정신세계를 형성했다고 주장했다. 미국인은 황무지와의 만남 속에서 자치 정부를 가능케 한 그 자신에 대한 신뢰를 얻었다. 그는 최전선과 국경선Fronitier의 정신과 미국 민주주의의 근본적 가치를 결합시켰다. 평등과 자유가 그것이다.[221]

1893년 7월 12일, 시카고에서 열린 콜럼비아 박람회에서 발표된 터너의 논문은 「미국 역사에서 개척지의 중요성」이라는 제목으로 발표되었다. 그의 통찰에 의하면 미국인들이 개인주의, 혁신, 평등의 고유한 민족적 특성을 발굴한 곳은 "야만성"과 "문명"이 만나는 교차점이다. 터너는 "미국 사회 발전은 개척지에서 계속해서 다시 시작되었다"고 설파했다. 미국인은 유럽인도 인도인도 아니었으며, 둘 중 어느 쪽도 아닌 완전히 다른 존재, 둘을 합친 것 이상의 존재였다. 터너는 미국 개척 시기의 특징은 "끊임없는 재탄생, 미국 생활의 유목성, 새로운 기회를 찾아 쉼 없이 서쪽으로 확장하기, 원시 사회의 단순함과 끊임없이 접촉하는 것"이라고 파악했다. 그는 이 모든 요소들이 미국인의 성격을 지배하는 힘을 제공했다고 보았다. 그가 남긴 다음과 같은 명 구절에서 이 젊은 역사가는 다음과 같이 일갈했다. "개척지는 가장 빠르고 효과적인 미국화의 경계선이다. 야생은 식민지 개척자를 지배한다. 그것은 그에게 유럽인의 복장, 산업, 도구, 여행 방식, 사고방식을 강요한다. 그것은 그를 철도 차량에서 내려놓고 자작나무 카누에 태운다. 그것은 문명의 옷을 벗겨내고 사냥용 셔츠와 모카신을 입힌다. 그것은 그를 체로키와 이로쿼

220   위의 책, p.83.
221   Turner, F. J., *The Frontier in American History*, New York, Holt, 1920. (한국어 번역본) 장은명 옮김, 『개척자들』, 문학과지성사, 2017.

이의 통나무 오두막에 넣고 그 주위에 인디언의 방어벽을 세우도록 만든다. 얼마 지나지 않아 그는 인디언 옥수수를 심고 날카로운 막대기로 쟁기질을 하고, 전쟁의 함성을 지르며 정통 인디언 방식으로 인디언의 가죽을 벗겨 버린다."[222]

쿠퍼의 가죽스타킹 이야기에서 표현된 개척지에 대한 묘사는 인종과 성별을 초월한다. 개척지는 누구든 고귀하고, 자유를 사랑하며 덕이 있는 진정한 미국인으로 만들 수 있는 공간으로 표상된다. 궁극적으로 '미국인'은 개인적이고 문화적이며, 미덕과 업적에 기반을 둔다. 『개척자들』에서 그가 묘사한 '내티 범포Natty Bumppo'라는 인물은 미국 개척시대를 상징한다. 유전적으로 유럽계 혈통이지만, 그의 부모는 그가 아주 어렸을 때 작고했으며 기독교화된 델라웨어 인디언 가족이 그를 키웠다. 쿠퍼에 따르면 내티는 두 세계의 장점을 모두 구현할 수 있었다. 뛰어난 사냥꾼이자 전사였던 내티는 마을이나 도시의 '문명화된' 계층 사람들과는 달리 인디언, 백인 목수, 개척지 군인들과 어울리는 것을 선호했다. 내티는 기독교를 교리로 받아들이지는 않았지만, 덕을 중시했고, 평생 동안 도움이 필요한 사람들을 돕는 데 대부분의 시간을 보냈다. 쿠퍼에게 내티 범포는 자유롭고 혁신적이며 덕이 있는 진정한 미국인을 상징한다.

쿠퍼는 터너의 저 유명한 역사적 논증을 예견하는 사상적 선구자라고 말할 수 있다. 국경에 대한 터너의 설명은 본질적으로 정확하지만, 단순한 2차원 이론을 제시한다. 터너의 주장에는 유럽계 이외의 사람들을 위한 여지가 거의 또는 전혀 없으며, 특히 미국 원주민에 대한 국경의 영

222 Turner, F. J., "The Significance of the Frontier in American History" in: *Rereading Frederick Jackson Turner: The Significance of the Frontier in American History and Other Essays*, (ed.) Faragher, J. M., New York, 1994, pp.32-33.

향을 무시하는 한계를 드러낸다. 원주민은 그저 유럽인이 미국인이 되는 촉매제 역할을 할 뿐이다. 일단 변화가 완료되면 인디언은 더 이상 필요하지 않은 존재가 되고 터너의 서사에서 사라진다.

이에 반해 쿠퍼는 터너의 이론보다 훨씬 더 미묘하고 현실적인 관점을 제시했다. 터너가 유럽계 미국인이 개척지에 미친 영향에 대해 묘사한 것과 놀라울 정도로 유사하게 쿠퍼는 델라웨어 인디언인 '칭가치국Chingachgook' 옆에 서 있는 내티에 대해 다음과 같이 묘사하고 있다. "그 늙은 사냥꾼 내티의 오두막집에서 그는 특히 환영받고 있는 듯이 보였다. 또 "가죽스타킹"의 습관은 미개인의 습관과 너무나 비슷하게 동화되어 있었으므로 그들의 이해관계가 일치했다는 사실은 사람들의 놀라움을 불러일으키지 못했다. 그들은 같은 오두막집에서 살고 같은 음식을 먹으며 주로 같은 일에 종사하고 있었다. (…) 그가 델라웨어족의 내티와 대화를 할 때는 자신을 칭가치국이라고 일관되게 부르는 것을 들을 수가 있었다. 그 이름을 해석하면 '위대한 뱀'이라는 뜻이 된다."[223]

또한 칭가치국은 단순히 내티를 진정한 미국인으로 만드는 촉매제 역할을 하는 것에서 그치지 않고, 다섯 편의 가죽스타킹 이야기에서 중요한 역할을 맡는다. "백인들과 오랫동안 교류해왔기 때문에 모히칸의 습관은 문명 상태와 미개한 상태가 혼합되어 있었다. 물론 그 습관을 보면 분명히 미개한 상태가 훨씬 더 우세하긴 했다."[224]라고 쿠퍼는 칭가치국에 대해 적고 있다. "영국계 미국인들의 영향 아래 살고 있는 그의 민족 모두와 마찬가지로 그에게도 새롭게 필요로 하는 것들이 생겨났고 그의 의복도 원주민 양식과 유럽 양식이 혼합된 것이었다. 바깥의 혹한

---

223   제임스 페니모어 쿠퍼, 장은명 옮김, 『개척자들』, 문학과지성사, 2017, pp.131-132.
224   같은 책, pp.132-133.

에도 불구하고 그는 머리에 아무것도 쓰고 있지 않았고 길고 검고 거칠고 풍성한 머리칼이 그의 이마와 정수리를 숨겨주고 있었는데 그 머리칼은 그의 두 뺨 부근까지 내려와 있었다. 그래서 그 모습은, 그의 현재와 예전의 상황을 알고 있는 사람에게는 예전에 널리 알려져 있었던 그 영화로운 상태를 슬퍼하는 한 고귀한 영혼이 수치스러운 마음을 감추려고 기꺼이 베일을 쓰기 위해 자기 머리칼을 풍성하게 만들었다는 인상을 주는 듯했다."[225]라고 쿠퍼는 묘사를 이어간다.

국경은 인디언인 그에게도 영향을 미쳤다. 쿠퍼는 터너의 비교적 단순한 이론을 문학 작품을 통해 구체화하는 데 성공했다. 실제로, 칭가치국은 거의 모든 면에서 내티와 동등한 존재다. 기독교의 관점에서 보면 그는 두 사람 중 더 나은 사람일 수 있다. 내티는 기독교의 논거를 매우 존중하지만, 기독교인 자체에 대해서는 별다른 사유를 하지 않는다. 그는 기독교가 정의보다는 자비를 지나치게 강조하는 철학이라고 생각한다.[226] 칭가치국은 이 점에서 내티의 의견에 동의하지만, 기독교의 신과 그 신의 사제들을 매우 존중한다. 목사들은 칭가치국을 올바른 길로 인도하는 사람으로 여기며 그를 높이 평가한다.[227]

쿠퍼에게 인디언은 훌륭한 공화주의자로 인식된다. 그들은 공화주의를 극단적으로 받아들이고 거의 모든 정부를 폐지할 뻔했지만, 공화주의적 신념은 그들에게 자유를 주었고, 따라서 덕을 발견할 수 있게 했다. 물론 그들의 자유는 방종으로 이어질 수도 있다. 위에서 인용한 구절에서 쿠퍼가 사용한 언어에도 불구하고, 많은 학자들이 주장하는 것처

---

225   같은 책, p.133.
226   Cooper, J. F., The Last of the Mohicans, New York, 1926(1989), p.290.
227   Cooper, J. F., *The Pioneers*, chapter 12.

럼 칭가치국이 루소가 언급했던 '고상한 야만인'을 대표한다고 결론을
내리면 곤란할 것이다. 쿠퍼의 작품에는 고상한 야만인의 요소가 존재
하지만, 쿠퍼는 인디언에 대한 그의 묘사를 미묘하게 다룬다. 모든 인간
과 마찬가지로 쿠퍼의 인디언은 도덕적, 비도덕적, 그리고 종종 그 중간
어딘가에 있는 것처럼 보인다.

　　터너와 달리 쿠퍼의 서사는 인종과 성별을 초월한다. 이 문제는 쿠
퍼의 소설뿐만 아니라 그의 모든 글에서 본질적이다. 미국인은 인디언
의 특성을 가진 백인이 아니다. 대신 개척지에서는 배경이나 성별에 관
계없이 누구나 진정한 미국인, 고귀하고 자유를 사랑하며 덕이 있는 사
람이 될 수 있다. 결국 '미국인'이라는 개념은 인종이나 민족적 배경이
나 용어에 근거할 수 없으며, 그 대신 개인적이고 문화적이며 덕과 장점
을 기반으로 한다.

　　쿠퍼의 개척지에 대한 생각은 『최후의 모히칸』에 등장하는 코라
먼로Cora Munro라는 인물을 통해 가장 잘 드러난다. 독자가 코라를 처음
접하는 순간부터, 그녀가 아름답고, 능숙하고, 똑똑하고, 덕이 있다는 것
을 알아 차릴 수 있다. 그녀는 또한 검은색의 피부색을 가지고 있다. 그녀
의 언니인 앨리스도 똑같이 아름답지만, 그녀는 소심해서 코라의 미덕에
는 미치지 못한다. 그녀는 옳은 일을 하고 싶을지 모르지만, 그녀의 소심
함이 그녀를 방해한다. 코라와는 달리 앨리스는 금발에 피부가 하얗다.

　　개척자를 의미하는 프랑스어 'Pionnier'에서 유래한 영어 'Pioneer'
는 원래는 멸시받는 존재였으며, 제임스 페니모어 쿠퍼가 없었다면 오
늘날에도 존경받지 못했을 것이다. 오늘날 우리가 '개척자'라고 부르
는 사람들은 쿠퍼 이전에는 '산림 관리인'으로도 불렸다. '개척자'로 묘
사되었을 때는 그 의미가 프랑스어 어원인 'les pionniers'에 더 가까웠

다. 그 용어는 1520년경 군대의 선봉대를 가리키는 군사 용어였다. 그들은 분쟁의 초기 충격을 흡수하기 위해 파견된 최초의 보병대였다. 즉 카미카제(자살 특공대) 임무를 수행하기 위해 파견된 가난한 촌뜨기들이었다. 이 불운한 사람들은 그들의 희생으로 존경을 받았지만, 결코 부러워할 만한 존재는 아니었다. 그들은 운명이 정해져 있었다. 이러한 허무주의적 악취는 어휘 'le pionnier'가 1600년경에 민간 언어로 전환된 이후에도 남아 있었고, 그 단어가 영어로 들어올 때도 그랬다. 1782년 프랑스 태생으로 미국으로 귀화한 헥터 세인트 존 드 크레브쾨르J. Hector St. John de Crèvecœur는 그의 저서 『미국 농부의 편지』에서 다음과 같이 썼다. "개척자는 일종의 절망적인 희망으로, 그들을 뒤따르는 가장 존경할 만한 베테랑 군대보다 10년에서 12년 정도 앞서 있다. (…) 모든 사회에는 추방자가 있다. 이 불순한 부분은 우리의 선구자 또는 개척자 역할을 한다."

1821년에 발표된 미국 독립 전쟁 배경의 소설 『스파이The Spy』로 떠오르는 문학 스타가 된 쿠퍼의 최신작은 뉴욕 북부 지방의 작은 마을 템플턴을 배경으로, 보잘 것 없는 오두막 몇 채가 모여 있던 작은 마을이 존경받는 도시로 발전해 나가는 이야기를 담고 있다. 『개척자들』은 쿠퍼가 아버지가 세운 마을에서 보낸 어린 시절을 바탕으로 한 작품으로, 그는 서문에 "독자들은 이 책의 내용이 얼마나 사실에 근거한 것인지 알게 되면 기뻐할 것이다."라고 썼다. 이 책은 황무지에서 완전히 새로운 미국 마을을 건설하는 부지런하고 끈질긴 영웅들의 이야기로 가득 차 있다. 이곳은 보스턴이나 뉴욕처럼 식민지 영향과 제국주의의 흔적이 남은 곳이 아니었다. 그것과는 달리 완전히 새로운 미국적인 공간이었다. 그리고 템플턴은 미국 전역의 수많은 도시들의 모델이 되었다. 쿠퍼는 이 전초 기지들이 중심지로 변모한 것은 "18세기 초 미국 생활의 독특한 특징"이라고 썼고, 이 도시들이 최고 수준의 개척자들에 의해 만들어진 확장하는 미국 제국의 원동력이 될 운명이라고 믿었다.

『개척자들』은 어원적으로나 문화적으로나 판도를 바꾸는 책이었다. 언어학적으로 쿠퍼가 영어 'Pioneer'의 의미론을 새롭게 재해석함으로써 이 단어에 지금까지 없었던 명예가 부여되었다. 그들은 여전히 '문명'의 최전선에 있었지만, 이제는 정말 존경할 만한 위치에 있었다. 다른 식민지 출신 시민권자, 즉 노아 웹스터Noah Webster 마찬가지로, 쿠퍼도 언어라는 매체를 활용해 뚜렷한 미국 정체성을 정의하려고 노력했고, '개척자'를 차용하는 것은 이 목표를 달성하기 위한 완벽한 경로였으며, 대중의 반응도 좋았다. 제임스 D. 월리스James D. Wallace가『초기 쿠퍼와 그의 독자Early Cooper and His Audience』에서 언급했듯이, "독자들은 쿠퍼의 허구적 영웅들의 '실제' 원형에 대해 초기부터 지속적인 관심을 보였다."(월리스는 또한 '후방' 문인들이 쿠퍼의 대중 소설을 신랄하게 비판했다고 언급했다.) 비판하는 사람들을 제쳐두고, 몇 년 안에 '개척자'라는 단어는 존경의 의미로 사용되기 시작했다. 미국의 발명가이자 작가였던 자카리아 앨런Zachariah Allen은 1832년 작품『실천적 여행객The Practical Tourist』에서 개척자를 '인내하는 사람'이라고 칭찬했다. "혼자서 황야에 들어가 새로운 땅을 개척하는 힘든 일을 하는 데는 굳건한 마음이 필요하다."

그리고 바로 이 인기가 개척자들에게 더 넓은 문화적 차원에서 막강한 힘을 부여했다. 낭만주의를 미국 상상력의 최전선으로 밀어붙인 것이다. 미적 사조와 자연에 대한 숭배가 이성 기반의 계몽주의를 거의 20년 동안 미묘하게 가려왔지만, 쿠퍼의 인간주의적 묘사는 "배후지"의

도25 · 토머스 콜, 〈그레이트 오세이지 호수의 오두막 문 앞에 앉 아 있는 다니엘 분〉

삶을 그려냄으로써 이 운동과 개척자들을 주류로 이끌었다. 한때는 금단의 영역이자 불길한 것으로 묘사되었던 숲과 거친 풍경은 이제 신성하게 여겨졌고, 그 안에 자리 잡은 개척자들은 그곳에서 존경을 받았다.

이러한 진화의 가장 주목할 만한 즉각적인 예는 토머스 콜Thomas Cole의 1826년 작품인 〈그레이트 오세이지 호수의 오두막 문 앞에 앉 아 있는 다니엘 분Daniel Boone Sitting at the Door of His Cabin on the Great Osage Lake〉이다. 물론 쿠퍼의 작품에서 영감을 받은 작품이지만, 콜의 작품은 존경할 만한, 거의 신사적인 방식으로 초기 미국 개척시대의 전설적 영웅이었던 다니엘 분을 묘사한 최초의 주요 작품이다. 이 상징적인 시골 사람은 1784년 존 필슨John Filson의 「켄터키의 발견, 정착 및 현재 상태」라는 보고서가 발표된 이후로 이미 수십 년 동안 민중의 영웅이었다. 그러나 필슨이 개척지 생활의 거칠고 진실한 부분을 강조한 반면, 콜은 전범적 개척자로서 다니엘 분이 보여준 위엄과 위대함을 강조했다. 악명 높은 이가 득실거리는 통나무 오두막은 현실적으로 "특별히 좋은 집은 아니다."라고 묘사되었지만, 콜의 표현은 의도적으로 장밋빛이었다. 천상의 빛이 다니엘 분과 그의 개, 튼튼하고 매력적인 오두막에 비추고 있다. 이 그림은 미국 낭만주의의 서막을 알려주고 있다.

몇 년 만에 문학 및 예술 시장은 개척자 쿠퍼가 재창조하는 데 기여한 산문, 시, 그림, 석판화 등으로 가득 찼다. 동시대에 활동했던 미국 화가 애셔 브라운 듀랜드Asher Brown Durand와 재스퍼 프랜시스 크롭시Jasper Francis Cropsey는 콜을 모방한 초기 미국 예술가 중 일부로, 숲에 자리 잡은 잘생기고 늠름한 개척자 가족을 묘사했다. 그 중 가장 유명한 작품은 『최후의 모히칸족』이다. 초기 미국인들은 자신들을 더 "문명화된" 영국 사촌들과 비교하는 것을 부끄러워했지만, 그들은 이제 자랑스럽게 자신들을 타의 추종을 불허하는 국가 건설자들로 여겼고 숲과 개척자들은 이러한 자기 인식에 필수적인 요소였다. 그들은 미국식 모세와도 같았다. 숲을 개간하여 마을을 만들고, 그 마을을 개간하여 도시를 만들고, 그 도시를 개간하여 주를 만들었다. 그들은 미국 국민을 약속의 땅으로 이끌었다. 그들은 미국을 서쪽으로 밀어붙였다.

미국 민주주의가 청정무구한 광활한 숲이 낳은 생산물이라는 명제는 결코 과도한 주장이 아니다. 미국의 자연 보호 운동은 반문화 속에 뿌리를 내리고 있으나, 그만큼 미국 건국 신화와 깊이 연관되어 있다. 자연 보호 운동은 미국이라는 국가의 종교적인 동시에 정치적인 신화인 것이다.

이 점에서 황무지의 소멸은 미국 정체성의 회복될 수 없는 상실이다. 야생 자연의 찬양은 그것을 보존하려는 의지와 함께 확산되었다. 1834년 알칸소 주의 핫스프링스Hot Springs를 국립 보호지역으로 만들고, 1872년 옐로우스톤을 미국 최초의 국립공원으로 지정했으며, 1890년 9월, 세쿼이아 국립공원 지정에 이어 같은 해 10월 요세미티 계곡이 세 번째 국립공원이 되었다. 특히 우드로 윌슨Woodrow Wilson 대통령은 1916년 8월 25일, 당시 35개의 국립공원을 보호하기 위해 미합중국 내무부 산하에 국립공원관리청National Park Service을 개청하고 국립공원법 법안에 서명했다.[228]

---

228   Butcher, D., *Exploring Our National Parks and Monuments*, 6th ed. rev., Boston, Houghton Mufflin, 1969.

3 공공재로서의 풍경

1) 풍경은 공공재가 될 수 있는가?

로마법에서 국가 또는 도시에 속하는 공적인 것Res publica은 공통적인 것 Res communis과 구별되었다. 공적인 것은 그것을 사용하는 사람 또는 특 정인에게 배타적으로 속하지 않았던 것으로서, 특정인이 독점할 수 없 고 각자가 무한하게 사용할 수 있는 것Res nullius(새들, 공기, 바다)과 구 별되었다.

오늘날 서양어에서 공공재의 개념은 두 개의 의미가 있다. 법학과 경제학에서는 물질적, 능동적, 또는 비물질적 서비스로서 그 사용과 재 산권이 도덕적, 신체적 조건을 구비한 다수의 사람에 의해 공유될 수 있 는 것을 의미한다. 공공재는 배타적이지 않으며 경쟁이 없는 공적 재산 과는 구별된다. 반면 공적 재산은 그 소유권과 사용이 공권력에 의해 배 타적으로 또는 공유된 형태로 관리되고 통제된다. 국가, 지역, 도시 공동 체가 그러한 공적 재산의 대표적인 사례이다.

이 정의에 따르면 공통의 물질적 또는 비물질적 재화는 공공재가 될 수 있으며 동시에 다수의 사람에게 개방되어 사용된다. 예컨대 공동 주차 시설은 주차 공간이 부족하면 경쟁을 촉발할 수 있다. 반면 누구도 특정 지역의 공기를 마시는 데 있어 배제되지 않는다. 동일한 원칙에 따 라 해변에서 바다를 조망하는 시야의 확보는 그 해변을 방문하는 사람에게 허용된 공통의 서비스이다. 해변이 사유화·유료화되지 않는 한 조망은 누구에 의해서도 독점적으로 전유될 수 없다.

풍경은 공간의 시각적 사용, 보다 광범위하게는 다감각적 사용을 지칭할 때 법과 시장으로부터 독립된 공공재 범주에 들어간다. 실제로 풍경은 거주 지역의 한 부분으로서, 유럽경관협약 1조에 의하면 주민에게 부여된, 공리적, 정서적, 미학적, 윤리적 가치 등에 따라 다양한 사용이 가능한 지각가능한 물질적 재화이다. 풍경은 그것을 공유하는 모든 사람의 재화와 서비스인 것이다. 공적 풍경은 원칙적으로 모든 사람에게 공통적으로 제공되지만 접근에 요금을 부과하는 순간부터는 그 이용이 모두가 아닌 일부 사람으로 제한된다. 예를 들어 속초 해변에서 설악산 풍경을 감상하는 것은 모든 사람이 누릴 수 있지만 설악산 국립공원을 방문해 더 가까이에서 풍경을 감상하는 것은 요금을 지불한 사람으로 한정된다. 규정상 특정 물질적 공공재는 언제나 사유화 또는 공유화의 위협에 놓인다. 두 경우 모두 해당 장소에 대한 접근 방식을 결정하는 소유권자의 이해관계에 따라 결정된다.

2) 공공선

풍경의 두 번째 공적 차원은 관계자의 개별 이해관계를 넘어서는 보편적이고 인간적인 목적의 집단적 가치 또는 원칙으로서의 공공선公共善, 이다. 이런 맥락에서 정치적 행동의 원칙은 불공정, 불평등, 인종 증오, 폭력, 차별 등의 공공의 악과 대립한다. 제2차 세계대전 이후의 공공선은 북유럽국가와 미국이 수립하려 한 복지국가에서 국가가 맡아야 할 공적 사안이 될 수 있다. 그것은 모두가 노동할 권리, 노동자에 대한 최

저 임금, 사회 보장 제도, 참여 민주주의 등과 같은 사회적 혁신과 관련
된다. 그 같은 공공선을 주창하는 배경에는 20세기 말 신자유주의가 맹
신한 상품 이데올로기와 소비 이데올로기에 의해 (풍경이) 점증적으로
파괴되었다는 문제 의식이 깔려 있다.[229]

대안 경제학자인 리카르도 페트렐라Ricardo Petrella에 의하면, 공공재
와 공공선은 타자와의 연대성과 인정에 토대를 둔다. 예컨대 프랑스 법
에서 풍경은 국가 유산으로 지칭되는데, 공공재와 공공선의 가치를 모
두 가지고 있다. 여기서 말하는 가치는 다소 모호한데, 그 가치는 민간
영역의 행위자에 의해서도 생산될 수 있기 때문이다. 예컨대 환경 영역
에서 활발하게 활동하는 단체인 '세계자연기금World Wildlife Fund'과 '그
린피스Greenpeace'가 그에 속한다.

공공선이라는 개념은 도시의 암울한 운명이 시민의 공익이 아닌 사
적 이해관계와 결부되었던 고대 아테네 도시에서 출현했다. 이어서 도미
니코회 수사였던 토마스 아퀴나스Thomas Aquinas(1224-1274)가 다시 사
용했는데, 그는 공공선(공공재)을 공적 재산과 공적 이득으로 구별했다.
예수회 소속 철학자인 가스통 페사르Gaston Fessard(1897-1978)은 저서
『권위와 공공의 선Autorité et bien commun』에서 공공선을 권위의 생산물이자
각자에 대한 무엇을 다른 사람에게 소통하는 상호적 행동으로부터 비롯
된다고 정의했다. 그는 공공선을 세 가지의 하위 집합으로 분해한다. '공
동체 재화'(예컨대 국가에 의해 공유되고 관리되는 공적 재화)와 '선의 공
동체'(공공재의 보편적 가치는 그 사회로부터 도래하는 것), 이 두 가지
개념이 상호작용하여 상호 수혜를 가져오는 '합일의 공동체'가 그것이다.

---

229   Donadieu, P., *Sciences du paysage, entre théories et pratiques*, Paris, Lavoisier, 2012, pp.3-21.

　　법학과 경제학의 관점에서 풍경은 구체적 재화이며 동시에 비물질적 재화이다. 그것은 주어진 순간에 공적인 것, 사적인 것, 공공의 것이 될 수 있을 것이다. 공공재로서의 풍경은 그 풍경을 지각하고 판단하는 공동체의 자산에 기여한다. 공공선, 즉 그것의 물질적 요소를 넘어서는 미학적, 윤리적 기획으로서의 풍경은 앞서 페사르가 '선의 공동체'라고 부른 것에 속할 것이다. 공공재의 이 같은 이중적 상태, 즉 다양한 미학적 윤리적 가치와 잠재적 또는 실재적인 전유는 근본적으로 불안정할 것이다. 왜냐하면 공적 이해관계에서의 물질성은 공권력의 규범적, 더나아가 권위적 관리 아래 놓이게 될 것이기 때문이다. 또한 개인적, 상품적 이해 관계에서 풍경의 물질성은 그 영토를 경제적 목적을 추구하는 사기업의 사용과 관리에 양보할 수 있다. 그때 풍경이라는 공동선의 공동체는 문제가 될 것이다.

　　상품 성격을 띠고 있는 풍경 공공재와 사회적 규제에 기초한 공적인 풍경 공공재는 획득할 수 있었던 것, 즉 풍경이라는 공공재를 파괴하면서 수렴하는 경향을 보여준다. 바로 그런 이유에서 공동체 재화(그것이 풍경과 관련된 것이건 또는 다른 공공재이건)의 능동적 방어는 도달해야 할 이상적인 공동체라는 이름 아래 민주 사회가 추구하는 우선 과제가 된다.

3) 공통의 틀:
지속 가능한 발전과 정의 실현의 요건

윤리와 풍경의 관계에 대한 성찰은 다양한 사유 속에서 수렴점을 찾을 수 있다. 풍경은 횡단적 투사이며 정치적 요소와 환경적 요소의 경계에 놓여 있다. 특히 풍경은 지속 가능한 발전에 대한 강령에 의해 중요한 역할을 부여받는다. 환경 문제에 대한 논의의 틀은 대부분 미래 세대, 책임, 정의 등과 같은 윤리적 고려를 핵심으로 삼는다. 많은 학자가 지속 가능한 발전의 수순에 내재적으로 존재하는 윤리적인 차원을 전면에 내세운다. 그것은 1992년부터 협상과 행동에 기초한 새로운 틀의 확산과 전유이기도 하다. 이들은 자연으로부터의 진화를 윤리적 필연성 차원에서 해석하고, 책임의 문제를 제기한다. 아울러 지속가능한 발전의 한복판에 윤리적 요소를 배치하고 있다. 이들 분석의 공통적인 준거는 독일의 철학자 한스 요나스Hans Jonas의 '책임의 원칙'이다.[230]

그러나 지속 가능한 발전에서 지속 가능한 풍경이라는 개념으로 넘어가는 일은 쉽지 않다. 설령 그런 개념이 존재하더라도 그 의미는 모호하다. 경관 생태학이라는 자연주의적 접근에 따르면 생물 다양성, 자원 관리, 그리고 시스템 내에서의 흐름(플럭스)을 보존하는 측면에서 특정 풍경의 환경적 특성을 생태계로서 객관적으로 평가할 수 있을 것이다. 하지만 이러한 논리에서 다루는 풍경은 윤리적 측면을 간과하고 있다. 한 장소에 결부된 감각, 감동과, 상징, 미학, 문화유산, 정체성의 가치가

230   1. 한스 요나스, 이유택 옮김, 『기술의학 윤리: 책임 원칙의 실천』, 솔출판사, 2005.
2. 양해림, 『한스 요나스의 생태학적 사유 읽기: 책임의 원칙 독해』, 충남대학교 출판문화연구원, 2017.

이에 해당한다. 경관 생태학과 윤리는 서로 대화할 수 있으나 동일한 논리를 따라 진행하지 않는다. 하나는 과학적 측정, 학문적 개념, 정책 절차 기초하고, 다른 하나는 공공재의 가치 형성 대해 자문하고 있다. '지속가능한 풍경'이라는 표현은 잘못 이해하면 반생산적인 것이 될 수 있다. 이를테면 그 같은 표현은 미래 세대를 위해 특정 구역을 인위적으로 보존하거나 박물관화하는 것으로 오해될 수 있다. 풍경 인간학에서 말하는 지속가능성은 단순히 풍경의 물질적 조건을 성격 짓기 위한 것이 아니라 평등, 책임, 세대 간 정의 차원에서 사회적 가치를 환기하기위한 것이다.

4 풍경 윤리의 다차원성

1) 의무로서의 풍경Dutiful Landscape

동서양 문화를 막론하고 세계 대부분 문화에 있어 사람들이 가장 매료
된 풍경에는 조상 또는 과거와 관련된 장소들이 있다. 풍경의 유형과 범
위는 매우 다양할 수 있다. 그 대표적인 예가 죽은 자를 매장하고 기억하
는 공동묘지다. 조상의 무덤을 보살피고 인간 종의 기억을 유지하려는
일은 칸트가 말한 의무의 윤리를 상기시킨다. 칸트는 인간이 올바른 것
이라고 알고 있는 것을 실천해야 한다고 주장했다. 또한 그는 윤리와 미
학 사이의 연계성을 간파했는데, 그것은 인간이 자신의 과거를 상기시
키는 풍경을 어떻게 바라보아야 하는가에 대한 문제와 연결된다.

　　칸트는 인간이 비이기적인 방식으로 올바른 것을 행동에 옮기는 것
처럼, 인간이 소유하고 있는 것이 아니라 다른 존재와 공유하는 그 무엇
으로서 아름답거나 숭고한 장소를 감상한다고 보았다. 예컨대 인간은 아
프리카 사바나의 풍경을 감상하며 이를 다른 이들과 공유한다. 아프리카
는 인류가 진화해 온 대륙이며, 인류 역사 대부분 시간이 진행되었던 곳
이다. 이러한 이유로 인간은 의무감을 가지고 그곳을 보호해야 한다. 이
때 관건은 이러한 의무감을 특정한 풍경에만 국한하지 않고, 지구 전체
에 적용해야 한다는 점이다. 그런데 인간은 그렇게 하는 데 실패했다. 이
는 윤리 의식의 결여와 풍경에 대한 접근법이 잘못되었기 때문이다.

2) 자연과 사회와의 새로운 계약으로서의 풍경

인간이 매일 살고 있는 풍경에 대한 책임을 지는 방식은 풍경을 크게 공적 소유와 사적 소유로서 구분하는 것을 포함한다. 이것은 주로 법률적·규제적 차원에서 이루어진다. 풍경을 사유재산과 결부시키는 시도는 근대 사회에서 작동될 수 있었지만, 그 같은 인식은 다른 종과 전체로서의 생태계를 고려하는 데까지는 나아가지 못했다. 예컨대 인간 점유지를 위한 풍경 개발의 대부분은 다른 종의 서식지를 파괴하는 부정적 효과를 미칠 수 있다. 마치 인간은 그곳에 살고 있는 다른 종을 축출하지 않고서는 대지의 한 부분도 거주할 수 없는 것처럼 무자비하게 자연 환경을 훼손하는 것을 서슴지 않는다. 인간은 다른 종의 자생 서식지 거점을 제거한 후에 미학적으로 쾌적한 조합과 구성으로 식물들을 심는다. 조경 건축은 용어와 학술 분야로서 이 같은 관념을 완벽하게 반영한다. 인간은 지배하는 종이 되었다. 자연은 종언에 도달했는데, 지구의 어떤 부분도 인간 행동에 의해 영향을 받지 않은 곳은 없다. 이 같은 시각에서 지구는 디자인의 문제가 되었으며, 인간이 제어하고 책임지는 공간으로서 건축을 하는 것처럼 세심하게 관리해야 한다.

　　자연에 대한 책임을 어떻게 다룰 것인가 하는 문제는 인간이 계약 윤리에서 정의된 자연 상태를 어떻게 이해하는지에 달려 있다. 토머스 홉스Thomas Hobbes(1588-1679)에 따르면 초기 계약 윤리 중 하나는 자연 상태에서는 인간 삶이 투박하고 고통스럽고 짧을 수밖에 없다는 것이었다. 따라서 인간은 지속적인 갈등에서 벗어나기 위해 사회적 계약을 수립할 수밖에 없었다. 루소는 홉스와 완전히 정반대의 입장을 개진했는데 그는 자연 상태에서의 삶을 평화롭고 아름다운 것으로 보았으며, 오직 자연 환경을 사유재산으로 분할시켜 사회를 타락시키는 영향을 경험한 후에야 비로소 갈등이 발생했다고 했다.

3) 미래에 미칠 파급 효과로서의 풍경

자연 세계는 완만하게 지속되고 서서히 변화기도 하지만 기후변화와 자연 재앙에서 보이는 것처럼 몇몇 조건이 일정한 임계점에 도달하면 갑작스럽게 파국적으로 변화한다. 기후변화는 단지 인간이 점유하고 있는 풍경을 극적인 방식으로 변질시킬 뿐만 아니라, 인간이 자연 이외의 세계와 맺는 관계와 그것에 대한 책임을 인식하는 방식을 변화시키도록 요구한다. 인간은 더이상 자연 지역을 논외로 함으로써 스스로를 만족시켜서는 안 될 것이며, 소유자가 사유재산에 대해 사회 규약 차원의 권리를 갖는다고 무비판적으로 받아들여서도 안 된다. 100년 안에 지구는 상당수 종의 절멸에 봉착할 터인데, 이는 인간 종에게도 심각한 위협이 될 것이다. 인간은 자신의 욕구와 필요를 만족시키기 위해 다른 종에 의존하고 있기 때문이다.

그러나 인류가 기존 행동 양식을 신속하고 극적으로 변화시킨다면, 이러한 상황을 반전시킬 수도 있을 것이다. 달리 말해 현재의 행동은 미래의 파급 효과를 고려하여 이루어져야 한다. 여기서 찰스 샌더스 퍼스Charles Sanders Peirce의 화용적 또는 공리적 윤리학에 의탁할 수 있다. 퍼스의 실용주의 사상에 따르면 파급 효과의 총합이 하나의 관념 또는 행동의 의미 전체를 구성한다. 즉 관념이 초래한 효과를 판단할 수 있는 상황에 이르러서야 비로소 우리는 그 관념을 충분히 이해할 수 있다는 것이다. 자연 환경 차원에서의 실용주의는 인간이 환경에 미칠 효과를 고려하면서 행동해야 하는 것을 의미한다. 퍼스가 주장한 실용주의의 진정한 의미는 사람과 사물에 행하는 바에 대한 장기적 효과를 고려할 때 비로소 실재성과 실용성이 생산된다는 점에 있다. 즉 다른 사람, 미래의 세대, 다양한 종에 대해 인간이 행하는 모든 행동의 장기적 효과를 고려하는 것이 핵심 관건이다.

4) 자연에 대한 배려와 덕으로서의 풍경

그런데 앞서 제시한 세 개의 윤리적 접근법에는 한계가 있다. 의무 윤리는 공동 묘지로부터 황무지까지 관념화된 풍경에 적합해 보인다. 이는 인간이 매일 거주하는 풍경을 다룰 때는 거의 도움을 주지 못한다. 계약 윤리는 인간이 풍경을 공적 재산과 사적 재산으로 분할할 때의 방식에 적합하다. 하지만 그것은 미래 풍경을 현저하게 변질시킬 기후 변화에 역행한다. 실용주의와 공리적 윤리는 인간 행동이 풍경과 자연 세계의 건강에 미칠 효과를 가늠하는 방식을 제공하지만, 그 같은 윤리적 입장은 미래 세대에게 미칠 영향을 완전히 예측할 수 없다는 없다는 현실적 한계를 노정한다.

　이러한 한계를 극복하기 위한 또 다른 접근법은 풍경과 윤리에 대한 네 번째 접근법에 있다. 덕의 윤리는 서양에서는 인간이 타자에 대한 책임을 사유하는 가장 오래된 방식으로 남아 있다. 이것은 인간이 자신의 주변 세계를 변화시키는 것에 선행하여 인간 자신을 변화시킬 필요가 있다는 생각에 기초한다. 고대의 관념에서는 인간을 하나의 종으로서 보았고, 인간은 자신의 주변 풍경을 변화시킬 수 있는 수단을 가지지 못했다. 정의, 용기, 신중 등과 같은 덕에 초점을 두면서 인간의 본성을 지혜롭게 길들이는 것은 인간 이외의 자연을 통제하는 것보다 우선되어야 한다. 몇몇 철학자들이 좋은 삶을 살기 위한 기초로서 덕의 행동 양식을 다시 획득한 것처럼 인간은 자연 세계에 대해서 같은 태도를 가질 필요가 있다. 아울러 인간 주변의 풍경에 대한 책임을 져야 한다. 자연을 인간의 사용에 맞게 변화시켜야 할 대상으로 보기보다는, 인간이 자연에 어떻게 적응할 것인지 다시 배워야 하며, 자연에 대한 인간의 기대 또한 새롭게 조정해야 한다.

5 풍경 권리

풍경 윤리의 관점에서 다루어야 할 또 다른 중요한 주제는 풍경 권리의 개념이다. 그 개념과 관련하여 다양한 물음들이 제기될 수 있다. 과연 누가 풍경에 대한 권리를 갖는가? 그 같은 권리는 존재할 수 있는 것인가? 서구의 풍경 권리 관념은 몇 년 전부터 다양한 문화와 제도, 시민 사회의 맥락에서 모습을 드러내기 시작했다. 풍경 권리는 1968년 프랑스 철학자 앙리 르페브르Henri Lefebvre가 주창한 '도시 권리droit à la ville' 관념을 연상시킨다.[231] 그는 핵심적인 공적 장소의 사용 권리와 다소 유토피아적인 영감을 주창하면서 프랑스 5공화국 여명기 도시 공간의 기술관료적 생산 방식에 이의를 제기했다. '호소와 요청'으로서 발화된 그 같은 도시 공간의 사용 권리는 무엇보다 모든 도시 시민의 사용 가치의 우선권과 참여적 활동을 옹호했다. 르페브르는 "성공한 공간들, 즉 행복에 우호적인 공간들에 거주하는 데 필요한 조건"을 간파했다. 그 개념은 전 세계의 도시 활동가에게 영감을 주었을 뿐만 아니라, 새로운 도시 정책 방향을 제시하면서 다양한 제도기관과 법률 텍스트 작성에도 영향을 미쳤다.

그런데 대부분 사람은 르페브르의 이 같은 야심만만한 '도시 생활에 대한 권리'가 '자연에 대한 권리'의 신랄하고 비판적인 반응이었다는 사실을 망각한다. 일상생활과 농촌 세계에 대한 주의를 기울인 에리

---

231   Lefebvre, H., *Le Droit à la ville*, Paris, Anthropos/Seuil, 1974(1968), p.100, 120-121, 140.

한 관찰자였던 르페브르는 환상적으로 포장되고 여가에 적합한 전원 풍
경을 추구하며, 쇠락한 대도시에서 벗어나고자 하는 도시 시민을 위한
'촌락에 대한 권리Droit à la campagne'[232]라는 안일한 이상주의(관념주의)
를 비판하고 있었다. 이 같은 관점에서 보자면 그 같은 상황이 과거 반세
기 동안 근본적으로 변화했다고 단정하기는 어렵다. 도시화와 상품화된
관광의 무분별한 팽창에 직면하여 '도시에 대한 권리' 그 자체가 문제가
되는 그 순간에 '자연에 대한 권리와 촌락에 대한 권리는 스스로를 파괴
시키는 것이 아닌가'라는 비관적 견해가 대두될 수 있다.[233]

그러나 풍경에 대한 권리라는 가설은 일개 비판적 개념이나 정치적
구호로 환원될 수 없다. 그것의 액면적 의미가 유도하는 것은 법률적 영
역이다. 풍경 권리는 환경보호법이나 자연유산 법률에 속하는 특정 구역
의 보호 조치와 구별될 뿐만 아니라 훌륭한 경치를 감상할 권리와도 구
별된다. 풍경 권리의 출발점은 주민의 필요와 욕구, 그들의 특이하고 불
안정한 삶의 장소에 소속되어 있다는 점에서 출발해 인간으로서 누려야
할 권리의 존중이라는 결정적인 핵심 쟁점과 맞닿아 있다.[234] 그 결과 몇
몇 성찰은 풍경을 '공간적 정의'의 장으로서, 특히 전쟁 또는 식민화의
맥락으로 초대한다.[235] 미래 세대 권리에 대한 우려는 산업화 과잉을 비
판하고 현재 진행 중인 생태학적 재앙에 맞서 싸우려는 보충적인 동기
부여이다.

---

232   Landy, F. et Moreau, S., "Le droit au village", in: *Justice spatiale*, n.7, 2015, http://jssj.org/article/
        le-droit-au-village/
233   Lefebvre, 위의 책, p.120.
234   Gaudin, O., "Le droit au paysage", pp.4-9.
235   이 점에 대해서는 다음 책 참조.
        Egoz S. and Makhzoumi, J. and Pungetti, G. (ed.), *The Right to Landscape. Contesting Landscape
        and Human Rights*, Routledge, 2011.

점점 더 많은 조직이 자신의 권리 영역을 인간 사회뿐만 아니라 다른 분야로까지 확장하기 위한 투쟁을 벌이고 있다. 예컨대 '동물의 명분 Cause animale'은 이제까지 없었던 철학적·윤리적·법률적 접근을 동원하여 강력하게 주장되고 있다.[236] 절멸 위기에 처한 종을 보호하는 것만으로는 충분치 않다. 그 종들을 감싸고 있는 생태학적 관계를 거기에 포함해야 한다. 많은 법률가는 '자연을 위한 권리' 또는 '지구를 위한 권리'를 주문하고 있다.[237] 소규모 하천, 큰 강, 연못, 해안 구역, 산과 늪지대와 같이 생명체가 서식하는 몇몇 자연 환경은 위임받은 인간을 통해 권리의 주체가 되며, 이 권리는 원주민의 권리와 풍경의 불가분성이 인정될 때만 비로소 정당성을 갖는다.[238] 그런데 다양한 모순이 첨예화된다. 예외 조치들, 탈규제화, 긴급상태가 늘어나는 반면 대형 기반 시설 공사 사업, 천연자원 채굴 또는 쓰레기 매립 활동과 대립하여 크고 작은 갈등이 끊이지 않는다. 풍경의 상실만이 문제가 되는 것은 아니다. 그러나 풍경의 훼손과 소멸은 사람들의 의식을 일깨우고 풍경 파괴를 막기 위한 참여를 촉진하고 결집하도록 기여한다. 불, 폭풍 또는 관리를 벗어난 무분별한 도시 외곽의 팽창에 의해 가속화되는 파괴에 대해 기존의 인식과는 다른 관점과 새로운 방향의 논의가 이러한 파괴에 대응하고 있다.

정의의 요구도 여전히 뜨거운 감자다. 여러 제도, 예컨대 행정법은 무한 성장의 이데올로기에 기초한 생산 시스템의 명령에 맞선다. 압력

236 Pelluchon, C., *Réparons le monde. Humains, animaux, nature*, Paris, Payot, 2020.
237 1. Hermitte, Marie-Angèle., "La nature, sujet de droit?", in: *Annales,* 2011, n.1, pp.173-212.
       2. Cabanes, V., *Un nouveau droit pour la Terre. Pour en finir avec l'écocide*, Paris, Seuil, 2016.
238 Taylan, F., "Droits des peuples autochtones et communs environmentaux: le cas du flevue Whanganui en Nouvelle-Zélande", in: *Responsabilité en Environnement. Annales des Mines*, n.92, 2018/4, pp.21-25.

단체와 경제 전문가 들은 금융시장과 산업계의 회사의 이윤을 위해 이 같은 총체적 이해 관계가 걸린 중대한 사안을 희석시키는 데 이른다.[239] 다양한 조약을 비롯해 법적 차원에서의 조정과 규제 완화를 통해 일련의 권리가 강력한 소수 집단의 이해관계로 수렴되면서 사용된다.[240] 농식품, 에너지, 또는 건설 부문의 제반 조율 현상은 명백한 사례를 제공한다. 이 같은 민주주의의 후퇴는 사회구성원이 의존하고 있는 생태학적 균형과 그들의 노동 조건을 무너뜨린다. 그러나 출구가 없는 것은 아니다. 권리 개념의 확대라는 전망을 제시할 수 있는 법의 영역이 출구의 하나라 할 수 있다.

환경 투쟁은 실제로 사유재산 권리 또는 기업의 자유에 대해서 과거의 투쟁과는 뚜렷한 차이를 보인다. 현재의 환경 투쟁은 제도의 의미를 다시 검토하고 헌법을 수정할 것을 요구한다. 대상 가운데 하나로서 '보호해야 할' 것은 더 이상 '환경'이 아니라 반드시 수호해야 할 삶의 터전과 환경인 것이다. 이제부터의 핵심 쟁점은 기후와 생물도 아니고, 인구학적이거나 경제적인 것도 아니다. 그것은 총체적인 시스템과 관련된 것이고 횡단적인 사안이다. 그런 이유에서 "21세기는 생태적일 것이며 아니면 인간은 더 이상 존재하지 않을 것이다.'라는 주장이 설득력을 얻고 있다."[241] 현 21세기 초반부는 영토 지도와 법률 지도의 심오한 재분배의 세기가 될 것이 틀림없다. 생명체 환경과 인간의 기본 권리는 상호 관계로서 재사유되어야 할 것이다. 이 관계는 부분적으로는 갈등을

239   Pottier, A., *Comment les économistes réchauffent le climat*, Seuil, 2016.
240   이 점에 대해서는 다음 책 참조.
       1. Giraud, G., *Illusion financière*, L'Atelier, 2014.
       2. Bourg, D., *Le Marché contre l' humanité*, Paris, PUF, 2019.
241   Fonbaustier, L., *Environnment*, Anamosa, 2021, p.93.

일으키기 때문에 '동맹'과 환원될 수 없는 긴장으로 이루어진 외교와 창조적 상상력을 필요로 한다.[242] 시선의 변화와 여러 환경 위협이 증가하는 무게 속에서 상호 의존성, 공조, 대안으로 이루어진 새로운 풍경이 창발하고, 그 결과 세계가 점진적으로 재구성된다.

---

242   Morizot, B., *Raviver les braises le du vivant. Un front commun*, Actes Wildproject, 2020.

6 풍경과 권력:
정의, 노동, 이데올로기

1) 풍경과 사회정의

풍경의 정치적 차원에서 분명하게 깨달아야 할 사실은 풍경과 사회정의는 결코 특별한 사회적 문제나 학술적 주제가 아니라 한 사람의 일상 환경에서조차 얼마든지 사유 가능한 대상이라는 점이다. 풍경과 정의는 근본적으로 불가분의 관계에 놓여 있다. 어떤 사회에서든 멋지고 값비싼 풍경을 소유하려는 욕망은 원초적이라는 점에서 풍경은 첨예한 이해관계와 갈등에 놓일 수 있다. 풍경은 쟁취해야 할 대상이며 심지어 투쟁의 수단이기도 하다. 풍경과 사회정의 사이의 관계를 입증하기 위해 풍경의 정치성을 개념화할 필요가 있다. 첨예한 갈등 구조 속에서의 사회투쟁은 풍경을 축조할 뿐만 아니라 결정적으로 특정 풍경을 자연스럽고 필연적인 것으로 만들려 시도한다.

　　프랑스의 비평가 바르트가 현대 부르주아 계층의 신화를 '일체의 문화적인 것, 역사적인 것, 우발적인 것을 자연스러운 것으로 둔갑시키는 과정'으로 파악한 것처럼, 특정 지배 계층은 현재의 풍경을 불가피한 것, 평범한 것, 자연스러운 것, 필연적인 것으로 만든다. 다른 각도에서 말하자면 사회적 투쟁은 풍경의 역사적, 사회적 복잡성을 자연적인 것으로 당연시하는 묵시적 억압에 대한 저항의 시도이다. 사회에서 생산하고, 인정하고, 부과하고 심지어 강요하는 풍경은 일련의 복합적인 문화적, 사회적, 정치적 정체성을 재생산하고 공동체 구성원의 삶의 방식을 영구 고착하기 위한 것이며, 이런 의미에서 풍경은 개별 주체의 합법성과 도덕적 권위를 함축하는 공간적 형상화의 과정이다.[243] 풍경은 기존 권위와 가치 체제에 대해 이의를 제기하고 억압과 저항의 과정을 통하여 명시적으로 사회정의와 관계를 맺는다. 사회정의는 현실 세계의 의제이고 생활 세계의 쟁점이며, 결코 관념적 보편적 진리와 결부된 사변적이거나 목가적인 현상이 아니다. 예컨대 한 사람이 거주하는 동네에 들어서는 혐오 시설이 만들어낼 끔찍한 풍경은 그의 생활 세계와 직결된 긴급한 사안이다.

풍경과 사회정의의 관계는 지난 수십 년 동안 다양한 관점에서 연구되었다. 여기서 중요한 것은 공적 참여라는 개념인데, 이것은 형식적 결정 과정 외부에 있는 개인과 사회적 집단을 포함한다. 이 대목에서 주목할 문헌은 '유럽경관협약'이다.[244] 이 법은 유럽의 모든 시민이 자신이 거주하는 지역 경관의 수준 높은 질을 평가하고 감상하는 데 적극적으로 참여하고 상황을 개선하려는 노력을 기울일 것을 천명하고 있다. 참여에 기반을 둔 접근법은 다양한 공동체와 결합된 풍경의 가치와 의미가 경쟁적 이해관계 당사자 사이에서 협상될 필요가 있다는 점을 지적했다. 유럽경관협약은 참여의 의도를 다음과 같이 정의하고 있다.

---

243 Setten, G. and Brown, K. M., "Landscape and social justice", in: *The Routeledge Companion to Landscape Studies*, pp.243-252.

244 다음의 문헌을 참조.
   1. Facettes du paysage. *Réflexions et propositions pour la mise en œuvre de la Convention européenne du paysage*, Strasbourg, Les Editions du Conseil de l'Europe, 29, 2012, p.309.
   2. Prieur, M., *La Convention européenne du paysage: Environmental policy and law*, vol 31, no 3/2001, p.168-170.

"담론과 대화의 과정을 통하여 결정에 도달함으로써 경관의 쟁점을 공적 영역에서 논의할 수 있도록 한다. 경관의 핵심적 특징을 특정 의도를 지닌 객관적인 기술관료주의적 접근법에 맡기기보다는 담론과 대화를 통한 결정 과정에 주안점을 두어야 한다."

경관 참여에 대한 정당화는 사회정의의 개념이며 합법성, 공조, 신뢰, 정보 교환, 갈등의 해결을 포괄하는 개념이다. 공적 참여는 기본적으로 사회정의 도구로서의 이질성의 수용을 뜻한다. 공적 참여를 연구하면서 학자들은 정량적·정성적 방법론에 의존한다. 공적 참여는 과학적으로도 정치적으로도 경관과 사회정의에 대한 가장 광범위한 시각이다. 참여는 경관 계획, 정책 결정, 관리 차원에서 성공의 결정적 요소 가운데 하나라고 의견 일치가 이루어진 상태다.

경관과 사회정의와의 연구에서 중요한 성과는 경관 지리학 학자인 케네스 올위그Kenneth Olwig의 작업을 손꼽을 수 있다. 그의 통찰은 다음과 같이 압축할 수 있다. "풍경은 단순히 일개 지역과 경치로서 이해되지 않아야 한다. 그것은 공동체, 정의, 자연, 환경 평등의 중핵으로서 파악될 수 있으며 갈등과 경쟁의 영토로서 이해될 수 있다."[245] 비판적 지리학Critical Geography과 정치 지리학 분야에서 중요한 학자인 돈 미첼Don Mitchell에 의하면 풍경(경관)은 물질적 현실, 체험하는 장소, 생산되고 변형된 장소, 투쟁이 이루어지는 자연과 사회의 혼합으로 파악된다. 이같은 투쟁에서 생산과 생활, 법은 비판적이며, 결정적이며, 규범적이다.

---

245   1. Olwig, K. R., "Recovering the substantive nature of landscape", in: *Annals of the Association of American Geographers* 86, 1996, p.630-653.
2. Olwig, K. R., *Landscape, Nature and the Body Politic: From Britain's Renaissance to America's New World*, Madison, University of Wisconsin Press. 2002.

따라서 사회정의는 경관 속에서 전개된다. 그 점에서 풍경은 정치적이며 장소, 공간, 정치적 신체의 교차점으로 간주될 수 있다. 이 같은 경관 개념화는 독일어 단어 'Landschaft'의 의미장에서 파생되었다. Landschaft의 일차적 의미는 법률적으로 정의된 정치적 공동체polity이며, 공간적으로 정해진 물리적 지역area의 의미로 해석하는 것은 적절하지 않다. 실제로 북유럽 영역권에서 사용하는 풍경 개념은 빈번하게 관습, 법, 공동체의 관념으로부터 파생한다. 예컨대 중세 스칸디나비아에서 풍경은 하나의 정치 공동체였으며 전통, 관습, 제도가 어우러진 실체적 풍경substantive landscape의 부분이었다. 실체적 풍경은 정치적 공동체의 이상과 법, 정의의 실천을 통해 분절된다. 풍경은 항상 특정 계층의 주장을 표현하는 거점이다. 다시 말해 권력의 물리적, 상징적 분할을 생산하고 재생산하는 것이 풍경의 본질이다.

2) 노동, 계층, 생산

돈 미첼은 '사회적으로 공정한 풍경 생산 없이 사회정의는 불가능하다.'라는 전제에서 출발하여 풍경이 공정 사회를 위한 핵심 열쇠라고 주장한 바 있다.[246] 이때 그는 풍경의 실체적 이해에 의존하고 있다고 볼 수 있다. 비록 풍경이 다원적 차원을 함축하고 있다 해도 풍경에 대한 그 같은 실체적 이해는 텍스트와 담론을 통한 재현 또는 상징적 재현으로 단순히 환원될 수 없다. 미첼은 풍경 연구를 사회정의 실현을 염두에 둔, 보다 큰 관심사로 향하기 위한 발판으로 삼으면서 풍경이 노동, 착취, 투

---

246 Mitchell, D., "Geography in the age of extremes: a blueprint for a geography of justice", in: *Annals of the Association of American geographers* 94, 2004, pp.764-770.

도26 · 포르투갈 포르투 지역의 두로 계곡. 300년 동안의 노동으로 일군
유럽 최대의 산간 포도밭으로서 총면적이 25만 헥타르에 이른다.

쟁을 통해서 어떻게 형성되고 변형되었는지 설득력 있게 증명한다. 그
는 풍경에 스며 있는 이데올로기와, 그와 결부된 물질적 불공정성을 비
가시적으로 만드는 작업에 착안해 풍경이 특정 작업에 의해 어떻게 자
연적인 것으로 둔갑되었는지를 입증한 바 있다.

　　따라서 풍경의 형태론을 이해하기 위해서는 풍경에 대해서 이루어
지는 투쟁에 대해서 면밀한 주의를 기울여야 한다. 풍경은 순진한 것도
아니고 자명한 것은 더더욱 아니다. 인간은 풍경이 어떻게 권력의 부당
한 개입 과정을 흐릿하게 만드는지 정확히 인식해야 한다. 풍경이 내포
하는 애매모호성과 중의성은 한 사회의 생산, 유통, 소비 과정을 비롯한

자본의 순환과 궁극적으로는 권력의 과정에 놓여 있다. 따라서 풍경이 노동, 생활, 생산을 통하여 지역적으로 만들어지더라도 그것은 결정적으로 지역성을 훨씬 뛰어넘는다. 하나의 풍경, 예컨대 캘리포니아의 딸기밭은 이주 노동자들을 통해서 늘 다른 풍경, 예컨대 멕시코와 인도의 풍경과 관련될 수 있다.[247] 이 같은 네트워크화된 풍경의 부산물이 풍경의 생산만큼이나 중요하며, 그 부산물은 노동과 사회적 관계를 은닉하면서 애매모호한 현상이 된다.

또 다른 부산물의 예로는 사람과 자원, 행동 양식을 특정 방식으로 조종하고 통제함으로써 기득권의 이익에 부합하는 풍경을 만들어내는 것을 들 수 있다. 풍경의 물질적 발현과 사회적 관계의 구체적 발현이라는 역할은 곧 그것의 다양한 형태, 의미, 표상에 대한 투쟁이 실제 사람들의 신체와 삶에 달려 있다는 점을 의미한다. 아울러 풍경은 다양한 삶의 구조와 조건에 달려 있다. 따라서 풍경은 늘 정의에 관한 것이다. 특정 풍경이 사회적 관계와 노동관계를 애매모호하게 만드는 것은 사회적 관계의 단절을 간과하게 만들고, 풍경의 심미적 또는 생산적 가치에 대한 지나친 몰두는 그 풍경이 착취, 전유, 초토화를 통해서 성취되었다는 데 대한 비판적 인식을 잊게 만든다.[248]

247 Mitchell, D., *The Life of the Land: Migrant Workers and the California Landscape*, Minneapolis and London, University of Minnesota Press, 1996.

248 Mitchell, D., "Cultural landscapes: just landscapes or landscapes of justice?", in: Progress in Human Geography 27, pp.787-796.

3) 풍경, 권력, 이데올로기:
풍경 미학을 넘어

풍경의 의미 형성과 구조에 대한 핵심 열쇠로서 권력이라는 요인은 새삼 강조할 필요가 없다. 하지만 특히 인식해야 할 사실은 풍경과 관련된 권력이 군대, 경찰, 정부, 대기업 등의 권력에 비해 상대적으로 약하다는 점이다.[249] "풍경은 미묘한 권력을 행사하며, 특정하기 어려운 광범위한 범위의 감정과 의미를 선별한다. 이 같은 정서의 비결정성은 사실상 풍경의 결정적 특질로 보인다."[250] 풍경은 특정 형상, 형태, 서사가 창발하는 배경이라는 점에서 여건, 장치, 경관, 시야 등의 수동적 힘을 행사한다. 풍경은 일반적으로 주의 깊게 쳐다보는 대상이 아니라 지나쳐 버리는 것으로 빈번하게 간과된다.[251] 풍경의 권력을 인식한다는 것은 풍경을 평온하고 정적인 것이 아니라 역동적 움직임, 즉 과정으로서 인식하는 것과 일맥상통한다. 풍경은 바라보아야 할 대상이나 읽어야 할 닫힌 텍스트가 아니라, 사회적 정체성과 주체의 정체성이 형성되는 역동적 과정으로서 인식되어야 한다.

풍경은 엄밀한 의미에서 문화 권력의 도구로서 때로는 권력의 동작 주체이며 인간적 의도와 독립해 작동할 수 있다. 풍경은 문화적 매체로서 이데올로기에 견주어 이중적 역할을 갖는다. 문화적·사회적 구성물을 자연적인 것으로 만들고 인공적 세계를 마치 그저 자연스럽게 주어

---

249 Mitchell, W.J.T., (ed.) *Landscape and power*, Chicago and London, The University of Chicago Press, 1994(2002).
250 위의 책, p.vii.
251 공간 생산, 소비, 전유와 관련된 대표적 이론가를 참조할 것. 세르토, 르페브르, 하비.

도27 · 토머스 게인즈버러, 〈앤드류 부부〉

도28 · 토머스 게인즈버러, 〈추수 마차〉

진 것, 불가피한 것으로 재현한다. 아울러 그것은 시각과 거점 등 주어진 조건과 관계의 결정에 대해서 보는 주체를 호출함으로써 재현을 작동시킨다. 따라서 풍경은 시골 풍경이건 도시 풍경이건, 인공적이건 자연적이건, 공간과 환경의 내부에서 자신의 정체성을 발견하는 역동적 과정으로서 주체를 추동한다.

풍경은 역동적 매체이며 인간은 정주하고 움직이며 존재가 가능하다. 뿐만 아니라 풍경 자체가 하나의 장소에서 다른 장소로, 특정 시간에서 다른 시간으로 이동하는 매체이다. 이런 맥락에서 풍경이 교환의 매체로서 순환하는 방식을 탐구할 수 있을 것이다. 이를테면 풍경은 시각적 전유의 거점, 정체성 형성의 초점으로서 계속해서 순환하는 장소로서 파악될 수 있을 것이다. 따라서 풍경 미학의 전통적 소재조차 이러한 역동적인 시각에서 재해석될 필요가 있다. 앤 애덤스Ann Adams는 17세기의 네덜란드 회화를 역동적, 전이적, 과도기적 형성 과정으로 분석한 바 있다. 그것은 생태학적 혁명에 참여하는 전환기적 형성을 보여주면서 정치적, 사회적, 문화적 정체성의.복잡한 네트워크를 형성한다. 그의 설명에 의하면 네덜란드 풍경은 단지 역사적 맥락에서 해석되어야 할 회화의 집합이 아니라 실재적, 재현적 환경 모두에 있어 역사를 만드는 문화적, 경제적 실천의 골격체이다.

이 같은 맥락에서 토머스 게인즈버러Thomas Gainsborough의 초상화 작품에 대한 시각문화비평가 존 버거John Berger의 예리한 분석을 참조할 수 있을 것이다. 그는 이 그림을 18세기 영국 풍경의 정수를 재현한 명상의 대상으로 바라보기 전에 철저한 계급사회에서의 소유 재산에 대한 천명이라는 점을 설파하면서 당시 사회의 권력 관계를 시각적으로 노출한 것이라고 주장한 바 있다.[252]

4) 풍경화의 발생과 제국의 등장

풍경화가 자연을 무대 위에 재현할 때 그 역사는 누구의 역사이며, 그 자연은 누구의 것인가? 영국의 학자 존 배럴John Barrell은 1730-1840년 영국 회화사에서 재현된 농촌 생활의 이미지를 세 명의 화가, 게인즈버러, 헨리 로버트 몰랜드Henry Robert Morland, 존 컨스터블John Constable의 작품을 중심으로 치밀하게 분석하는 시도를 통해 영국 풍경의 어두운 면을 보여준다. 특히 그는 농촌의 가난한 이들이 18세기의 풍경화와 장르화에서 어떻게 재현되고 있는지에 천착하고 있으며, 그 같은 회화 작품 속에서 사회적 관계가 묘사되는 양상과 영국 사회에서 빈곤층이 차지하는 자리는 무엇인가라는 핵심적 물음을 던지고 있다.[253] 그의 핵심 논증은 "농촌의 가난한 사람들을 재현하는 것이 가능했는지, 재현할 수 없게 하는 제약들―표면적으로는 미학적이나 사실상 도덕적이고 사회적인 제약들―은 무엇이었는지를 회화 작품을 통해 이해할 수 있다"[254]는 것으로 압축된다.

  그 같은 어두운 면은 신비적 차원에 국한되지 않는다. 비인간적 본질과 결부된 퇴행적이고 본능적인 충동의 특질일 뿐만 아니라, 도덕적, 이데올로기적, 정치적 어두움과도 연관이 있다. 따라서 배럴은 우리가 게인즈버러와 컨스터블 작품에 찬탄한다면 18세기 회화 작품 고객의 이해관계와 우리의 시각을 동일시하고, 그들이 묘사한 가난한 사람들에

252   John Berger, *Ways of Seeing*, London, Pelican, 1972. (한국어 번역본) 하태진 옮김, 『어떻게 볼 것인가』, 현대미학사, 1995.

253   Barrell, J., *The dark side of the landscape: The rural poor in English painting 1730-1840*, Cambridge University Press, 1980.

254   위의 책, pp.1-2.

맞서는 입장에 동의하는 것이 아닌지에 대해서 자문해보야 한다고 한
다.[255] 풍경에 대한 현대의 논의는 논쟁적이며 풍경의 미학적 이상화를
범속한 경제적·물질적 고려사항과 나란히 위치시킨다. 돈 미첼은 풍경
미학의 이 같은 어둡고 회의적인 독법에 대해 동감을 표한다. 자연의 상
이한 구조가 토지로부터의 소외 증상으로 읽힐 때, 풍경에 대한 반성적·
상상적 투영을 이데올로기의 꿈작업으로 해독하는 통찰을 얻을 수 있다.
풍경의 부상과 발전은 자본주의의 부상과 발전 증상으로서 읽을 수 있
으며, 풍경에서 추구하는 조화는 풍경에 영속적으로 스며든 실제적 폭
력의 보상이자 그것의 화면 *끄기*screening off로서 읽힐 때 부각된다.

대기 풍경:
숨결과 영성

1 인간 숨결의 풍경

풍경 경험은 무엇보다 자유롭게 공기를 만끽하는 것이다. 사람들은 탁 트인 야외로 나가 신선한 공기를 들이마시고 내뱉을 때 자신이 살아 있다는 원초적 기쁨을 향유한다. 이렇듯 호흡은 가장 자연스럽고 내밀한 경험이다. 물론 대부분의 사람은 그 점에 대해 별다른 생각 없이 숨을 쉰다. 하지만 어떤 면에서 인간의 숨결은 풍경의 숨결과 소통하는 것이다.[256] 우리는 이렇듯 두 개의 숨결 사이에서 살아가고 있고, 공기는 마치 밀물과 썰물이 끊임없이 이어지는 파도처럼 우리 몸속으로 들어왔다 나가기를 반복한다. 호흡한다는 것은 인간이라는 생명체가 다른 생명체에 의존하여 살아가고 있음을 깨닫게 하는 소중한 경험이다. 인간은 외부 세계의 공기를 호흡하고, 외부 세계는 인간에게 산소를 공급한다. 인간을 포함해 다양한 생명체가 쉬는 숨으로 거대한 신진대사가 작동해 상호 의존하며 살아가는 것이다.

괴테는 이 같은 '삶의 경이로운 혼합'을 억압과 해방의 리듬 속에 녹아 있는 신성한 것으로 형상화하고, 호흡 속에는 두 개의 은총이 있다고 표현했다. 하나는 공기를 들이마시는 것이고, 다른 하나는 마신 공기를 내뱉음으로써 공기로부터 해방되는 것이다. 앞의 것은 생명 유지를 위한 재촉이고, 뒤의 것은 인간을 안도하게 만든다.

---

256 Besse, J-M, "Le paysage espace aérien", in: *Les carnets paysage*, 2022, pp.7-9.

숨 쉬는 가운데 두 가지 은총이 있으니
들숨과 날숨이 그것.
들숨은 옥죄이고, 날숨은 후련하다
생명이란 그리 놀랍게 뒤섞여 있는 것
신에게 감사하라, 그가 너를 짓누를 때
신에게 또 감사하라, 그가 너를 되놓아줄 때

— 괴테, 「탈리스만」 일부[257]

시인 릴케 역시 호흡을 '순수한 교환'으로 정의한 바 있다. 그의 시
에서 비가시적인 풍경은 늘 생명체 내부에 존재한다.

숨결이여, 그대 보이지 않는 시여
우리의 존재와 순수하게 바뀌어가며
끊임없이 다가서는 세계 공간, 평형이여
그 속에서 나의 가락이 울려 퍼지노라
(…)
공간들 가운데 얼마나 많은 부분이
내 안에 이미 자리하고 있었던가
수많은 바람은 내 자식 같아라
내가 있던 자리에 가득한 대기여, 그대는 나를 알겠는가?
그대는, 언제가 내가 했던 말들의

257   요한 볼프강 폰 괴테, 전영애 옮김, 『서·동시집』, 서울대학교 출판문화연구원, 2012, p.7.

매끄러운 껍질, 나무기둥, 그리고 잎새였노라[258]

— 릴케, 「오르페우스에게 바치는 소네트」

호흡은 내면의 자아와 외부의 자연 사이에서 이루어지는 일종의 교환이자 관문이며, 더 나아가 상호 생성의 과정이다. 왜냐하면 자연은 인간에게 숨결을 불어넣어 생명을 탄생시킴과 동시에 인간을 통해 자신의 생명력을 구현하기 때문이다. 인간은 호흡을 통해 창공에 존재하는 한 모금의 공기를 마셨다가 다시 그것을 내뱉음으로써 세계의 일부분을 취하고 그것을 세계의 품 안에 되돌려준다.

이 모든 과정은 일종의 숨결의 생태학을 축으로 삼아 맴돈다. 그것은 세상의 큰 숨결 또는 우주 숨결의 생태를 말한다. 우주의 숨결을 통해 모든 생명은 여물고 다른 생명 속에서 스스로를 드러낸다. 왜냐하면 공기는 단지 지질적, 광물적 물질이 아니라 다른 생명체의 숨결이기 때문이다. 생명의 역사에서 세계를 숨 쉴 수 있는 곳으로 바꾼 것은 초목이다. 지구가 생명에 적합한 대기와 기후를 마련할 수 있었던 것 역시 초목 덕분이다. "인간이 삶을 영위할 수 있게 게 된 것, 그리고 대기가 대량의 산소로 이루어지게 된 것은 광합성을 통해서이다."[259] 모든 동물은 식물의 광합성을 통해 생성된 산소와 탄소를 교환하며 생명을 유지한다.

생명의 본질적인 질료인 공기는 자아의 확장을 가능하게 하고, 자아가 세계와 맺는 관계에서 샘솟는 기쁨과 폐와 관련된 특별한 감정을 선사한다. 그러나 공기는 때로는 건강에 대한 불안감 또는 위험을 의미하

258   라이너 마리아 릴케, 조두환 옮김, 『오르페우스에게 바치는 소네트』, 건국대학교 출판부, 2008, p.118-119.

259   Coccia, E., *La Vie des plantes*, Pris, Payot, 2016.

도29 · 광활한 아마존 숲

기도 한다. 한다. 실제로 인간 사회의 역사는 대기를 통해 전파된 전염병
과 질병으로 가득하다. 독감, 흑사병, 결핵, 코비드-19 등의 호흡기 질환,
공기 감염병과 전염병으로 인한 감금, 격리, 봉쇄 조치는 결코 최근에 나
타난 현상이 아니다. 의학은 히포크라테스 시대부터 전염병 문제를 다뤄
왔다. 사람들이 산과 바다를 동경하는 이유는 그곳이 청정한 공기를 제
공하는 환경에 해당하기 때문이다. 그와 반대로 장기나 장독과 관련된
질병 이론이 발전한 곳은 늪지 주변에서다. 예컨대 말라리아malaria는 이
탈리아어로 악취가 나는 탁한 공기를 뜻한다. 고대 로마의 건축가인 비
트루비우스Marcus Vitruvius Pollio는 이렇게 말한 바 있다. "해가 뜰 무렵 산
들바람이 도시를 향해 숨결을 내뱉을 때 늪지의 안개를 동반한다면, 바

다 안개와 섞여 늪지 생물이 내뿜는 해로운 숨결을 사람들에게 전달한다면, 그 안개는 도시를 건강에 해로운 곳으로 만들 것이다."[260]

대기오염은 비록 총체적으로 비가시적이고 감각될 수 없는 경우에서조차 우리가 체험하는 모든 풍경은 건강과 직결되어 있다는 점을 기억하고 있어야 한다. 따라서 풍경의 질과 거주 가능성은 사람이 맞닿고 호흡할 대기의 질과 관련이 있다.

대기는 풍경을 담고 따라서 풍경은 대기로부터 탄생한다. 앞서 살펴본 내용을 통해 우리는 공기가 지구 생명체를 유지하는 자연 조건일 뿐만 아니라, 인간 실존에 깊이 연관된 생물학적 조건이자 삶의 환경이라는 사실을 알 수 있다. 존재와 직결된 이 같은 환경은 눈에 보이지 않지만 다양한 성질을 담고 있는 일정한 질료로서 대면하고 체험하게 된다. 이를테면 공기는 특정 냄새, 온도, 소리, 색깔, 불투명성(안개), 운동, 힘(바람)을 갖고 있다. 즉 공기에는 인간이 묘사하고 측정할 수 있는 독특한 풍경 속성이 있다. 공기는 사람이 호흡하는 물질이지만, 동시에 다양한 장소에 독특한 모습을 부여하는 감각적 요소의 집합체이기도 하다.[261] 독일의 대문호 괴테는 이탈리아를 여행하는 동안 기슭에서 위로 솟아나는 수증기와 공기의 부드러운 청명함, 곧 풍경의 탄생을 직접 목격하기를 바랐다. 실제로 그가 시칠리아 팔레르모Palermo 지역의 해안선을 여행하면서 느낀 분위기를 묘사한 문학적 언어는 그 풍경만큼이나 아름답다. "무척 아름다운 오후에 팔레르모 방면으로 갔을 때 해안선에 아롱거리던 증기로 자욱한 광채는 어떤 말로도 표현할 수가 없다. 윤곽의 순수함, 전체적인 부드러움, 색조의 교차, 하늘의 조화, 바다와 땅

---

260   Vitruvius, *De l' architecture I, I.* chap.4. §1.

261   Besse, 앞의 책, p.8.

도30 · 시칠리아 팔레르모 서쪽에 위치한 에리체 마을에서 바라본 티레니아해 해안선

의 어울림이 말로는 표현할 수 없을 정도였다. 이런 광경을 본 사람은 아마 평생토록 잊지 못할 것이다. 이제야 클로드 로랭의 그림이 이해가 된다."[262] 이 대목에서 괴테가 공기의 본질적 역할을 특별히 강조했다는 사실을 주목할 필요가 있다. 시칠리아에 대한 괴테의 흠모와 찬탄은 그의 책 『이탈리아 기행』에 적힌 다음과 같은 표현으로 엿볼 수 있다. "시칠리아가 없는 이탈리아는 마음속에 아무런 영상을 남기지 못한다. 여기에 모든 것에 대한 열쇠가 있다."[263]

공기는 다른 어떤 원소 이상으로 풍경의 변화, 곧 그것의 외관, 변신 속에서 이루어지는 끊임없는 변형을 예고하고 실어나른다. 대기는 다양

---

262   요한 볼프강 폰 괴테, 홍성광 옮김, 『이탈리아 기행』, 펭귄클래식코리아, 2008, p.314.
263   위의 책, p.341.

한 모습을 지닌 장소이자 공간이다. 풍선과 열기구, 항공기, 행글라이더 등은 하늘에 항적을 남기면서 대기를 삶의 환경으로, 풍경의 탐험 환경으로 변형시켜 놓았다. 물론 여기에 각종 통신망까지 더해져 대기 풍경은 계속해서 변화하고 있다. 대기는 온갖 충돌과 죽음의 공간이기도 하다. 모든 국가의 상공에는 침범할 수 없는 비행 금지 구역이 존재하며, 이러한 정치적, 군사적, 법률적 측면은 대기 풍경과 관련된 핵심 쟁점 중 하나이다.

2 대기의 인문학적 상상력: 대기와 기상학

대기, 공기, 분위기를 의미하는 영어이자 프랑스어 'Atmosphere'는 기상학자와 미학자, 그리고 미술학자가 자주 사용하는 단어다. 그런데 그들은 동일한 단어를 완전히 다른 의미로 사용하고 있는 것으로 보인다. 이 단어의 의미를 해명하려는 노력이 필요한 이유는 그것이 인간과 생명체가 자신들을 감싸고 있는 세계를 포용하는 방식을 설명하는 열쇠이기 때문이다. 풍경 인간학의 관점에서 이 단어는 하늘의 경험과 의미에 대한 연구라는 맥락에서 중요한 주제다. 하늘을 보기 위해서는, 더 정확히 말해 하늘의 실체 또는 빛 속을 경험하기 위해서는 대지에 발을 디뎌야 한다. 하늘은 대지 위에서 삶을 영위하는 사람들의 현상 세계 반경 안에서 펼쳐진다. 이러한 일상적, 경험적 의미와는 달리 과학에서는 대기를 지구를 둘러싼 기체층으로 정의한다. 여기서 지구는 생명체의 터전이라기보다는 우주에 존재하는 무수한 별 가운데 하나다. 대기는 오직 우주에서 바라볼 때만 그 전체적인 모습이 드러난다. 이 점은 인공위성에서 촬영된 지구의 첫 번째 이미지에서 확인된 바 있다.[264]

인류학자 팀 잉골드는 현상적 경험의 '대지-하늘'과 과학이 기술

---

264   Ingold, T., *Being Alive: Essays on Movement, Knowledge and Description*, London, Routledge, 2011, pp.88-114.

하는 '혹성 - 지구'의 구별을 제안한다.[265] 첫 번째 개념은 거주자 관점에서 지상과 천상이라는 두 개의 반구를 포함하는 한계가 없는 천구sphere로서 기술할 수 있다. 이 두 개의 반구는 지평의 큰 원을 따라 만난다.[266] 두 번째 개념은 고체인 지구로서 표면이 딱딱한 외피로 되어 있고, (지구의 입장에서) 외부 거주자exhabitants로 간주되는 생명체가 삶을 영위하는 곳으로 간주된다. 대체로 생명체는 지구 표면과 매우 가까운 곳에서 살아가기 때문에 지구 전체를 조망할 수 없다. 학교 교육을 통해 익숙한 대륙과 대양, 경도와 위도가 그려져 있는 지구본의 이미지는 현실적으로는 그 누구도 볼 수 없는 모습이다. 예외는 지구본을 보면서 세계 지리를 학습할 때나 우주선을 타고 비행하면서 지구를 보는 우주인 정도가 될 것이다. 이때 세계는 직접 경험과 분리된 관찰의 대상이 된다.[267] 요컨대 "하나의 지구본으로서 이미지화된 세계는 생명 과정의 내부로 들어오고 통과하는 것과는 거리가 멀다. (⋯) 그 같은 지구 환경은 생활 세계가 아니며 생명과 분리된 세계이다."[268]

잉골드는 지구본과 대립되는 천구의 이미지를 함축적 차원에서 풀이하고 있다. "'지구본'은 딱딱하고 자음적인 반면 '천구'는 부드럽고 모음적이다. 지구는 고체이고 불투명한 반면 천구는 속이 비어 있고 투명하다. (⋯) 지구적 관점은 이를테면 구심력을 갖고, 천구의 관점은 원심력을 갖는다. 천구가 보는 것보다 듣기 차원에서 이미지화된 것은 우연이 아니다. 시지각은 사물 표면의 빛 반사에 의존하기 때문에 보이는 대

265   Ingold, T., "L'atmosphere", in: Les cahiers, pp.89 - 103.
266   Gibson, J. J., The Ecological Approach to Visual Percpetion, Boston, Houghton Mifflin, 1979, p.66.
267   Ingold, T., The Perception of the Environment: Essays on Livelihood, Dwelling and Skill, London, Routeledge, 2000, pp.209 - 210.
268   위의 책, p.210.

상의 불투명성과 부동성intertia, 지각 주체의 외재성을 함의한다."[269] 요컨대 체험의 중심으로부터 이미지화된 생활 세계가 천구의 모양을 띠고 있다면 생명과 분리된 세계는 지구본의 형태로서 이미지화된다.[270] 땅과 하늘에 대한 경험적 차원과 과학적 설명의 이 같은 구별에 기초하여, 그는 기상학적 시간(날씨)과 기후 사이의 대립을 구축한다. 기상학적 시간은 땅과 하늘로 이루어진 세계의 현상이라면 기후는 지구적 현상이다. 하나는 천상에 속하고 다른 하나는 대기권에 속한다. 하나는 체험된 경험이고 다른 하나는 객관적 데이터에 기초해 측정되고 기록된다. 이 두 개의 사용 관례를 보면 일견 과학적 사용과 인문학적 사용이 물과 기름처럼 상호 배타적인 것으로 보일 수 있다. 그런데 자세히 들여다보면 이러한 대립은 공통적인 가정에 기초함을 알 수 있다.

기상학적 사건은 그리스 로마 신화 속 '카이로스Kairos'의 시간과 같으며, 인간의 기질을 생성한다. 기상학적 시간은 역사와 방향도 없고, 전진과 퇴행도 없는 특이한 시간이다. 그것은 순수한 파동fluctuation pure일 뿐이다.[271] 그렇다고 그 시간이 아무런 동기가 없다고 말할 수는 없다. 분명히 모종의 기상학적 동기가 존재하며, 그것은 자연 환경에서 발생하는 다중적 리듬을 따르는 순환과 교체 속에서 연속적으로 축조된다. 낮과 밤, 해와 달, 바람과 파도, 식물의 생장과 쇠약, 철새를 비롯한 동물의 이동 등이 그러한 리듬의 예이다.[272] 땅과 바다로부터 자신의 먹거리를

---

269   같은 책, p.210.
270   같은 책, p.211.
271   Connor, S., *The Matter of Air Science and the Art of the Ethereal*, Reaktion, London, 2010, p.176.
272   1. Ingold, T., *The Perception of the Environment: Essays on Livelihood, Dwelling and Skill*, Routeledge, London, 2000, p.200.
       2. Lefebvre, H., *Éléments de rythmanalyse : Introduction à la connaissance des rythmes*, Syllepses, Paris, 1992.

추출하는 인구는 전통적으로 그 같은 자연 현상의 교체에 대한 필수적
지식을 구비하고 있어야 했고 변화하는 현상의 우호적인 국면과 상황에
자신의 활동을 일치시켜야 했다. 바로 이런 이유에서 기상학적 시간은
객관적 측정에 중심을 둔 연대기적인 방식이 아닌, 카이로스적인 질적
시간으로 지각될 수 있는 경험이다. 달리 말해 기상학적 시간은 단순히
사건이 수량적으로 연속되는 것이 아니라, 리듬을 가진 관계에 대한 주
의와 반응 속에서 경험되는 것이다.[273]

　　땅 위에서 삶을 영위하는 생명은 또한 필연적으로 대기 속에 거주
해야 한다. 그런데 대기는 인간 거주 환경 중 지상 토대에만 주의를 기울
였던 현대 사상가들[274]에 의해서 철저히 경시되었다. 대기를 인간과 상
호 작용하는 단순한 환경 요소로 취급해서는 곤란하다. 대기는 상호 작
용을 가능케 하는 총체적 환경 그 자체다. 대기 환경이 없으면 새들은 하
늘에서 추락하고 초목은 쇠약해질 것이다. 따라서 이런 철학적 물음을
던져볼 수 있다. "인간은 공기가 아닌 다른 곳에서 살 수 있을까?" 인간
이 숨을 들이마시고 내뱉을 때 공기는 폐를 가득 채우고 혈액에 산소를
공급하면서 인체의 세포 조직 속에서 용해된다. 이 같은 신진 대사의 교
환은 인간을 그 완급과 기분이 조절되는 존재로서 성립시킨다. 요컨대
기상학적 시간은 인간 존재 기질 그 자체이다.[275] 인간의 몸과 마찬가지
로 기상학적 시간은 변화무쌍하고, 통제불능이고, 불규칙적이다. 생명과
마찬가지로 시간과 기후는 견제되거나 억제될 수 없다.

273　Szerszynski, B. , "Reading and writing the weather: Climate technics and the moment of responsi-
　　bility", in: *Theory, Culture & Society*, n.27(2-3), 2010, pp.9-30.

274　Heidegger, M., *Poetry, Language, Thought*, (trad.) Hofstadter, A., New York, Harper and Row, 1971,
　　p.42.

275　Ingold, 위의 책, p.115.

전근대 사회에서 기상 예측은 "신의 뜻을 알려주는 징조로 여겨졌던 하늘의 기이한 현상과 초자연적인 일"에 대한 매혹과 공존했다.[276] 그러나 산업 혁명과 더불어 농부와 선원 들의 전통적 지혜는 경시되었고, 기상학은 실험실의 과학으로 변형되었으며, 표준화된 척도의 도구와 단위를 수단으로 작동되었다. 아울러 '대기'가 기상학의 핵심 개념으로 자리 잡았다.[277] 과학자들은 대기를 대규모의 실험실의 관측 대상으로 파악하기 시작했다. 즉 기상 변화들을 척도와 계산의 과학적 대상으로 삼고, 자연법칙에 따라 작용하는 물리적 힘의 차원에서 설명할 수 있는 공간으로 변형시킨 것이다. 기상학적 차원과 정동적 차원의 대립을 극복하고 그 둘을 결합시키기 위해서는 대기와 분위기를 공기의 물질성으로 다시 채워야 할 것이다. 그것은 환경을 가로지르는 바람과 조류로부터 구체화된 세계관이다. 이것은 인간이 거주하는 세계가 고정된 형태 속에서 결정화된 것과는 거리가 멀게 생성, 흐름, 조류와 바람, 요컨대 기상 세계weather-world라는 사실을 인식하는 것이다.[278]

인간 기술과 기후 기호학의 두 분야에서 급격한 규모의 확장이 이루어진 인류세에서는 대기와 기상에 대한 이러한 인문적 성찰과 시각이 더욱 중요해졌다. 필자가 새롭게 제안한 '하늘의 그라마톨로지Grammatology'라는 새로운 이론적 원근법 안에서 다음과 같은 질문을 던져야 할 것이다. 우리가 하늘에서 관찰할 수 있는 기후적 징후를 어떻게 이해할 수 있으며, 전 지구적 인간 활동과의 인과 관계를 어떻게 파악할 수 있을까?

276 Jankovic, V., *Reading the Skies: A Cultural History of English Weather, 1650–1820*, Chicago, University of Chicago Press, 2000, p.21.

277 Szerszynski, 위의 책, p.21.

278 Ingold, T., "L'atmosphere", in: *Les cahiers*, p.98.

의미, 해석, 해독, 기호학적 과정의 불확정성 등 기호학의 모든 요소는 기상과 기후와 관련된 지식과 경험, 과거와 미래, 의도와 결과 사이의 격차로 인해 급격한 시대적 변형을 표상하는 기후 변화를 포함한 인류세의 징후에 적용될 수 있을 것이다.

자연에도 인간 문화에도 속하지 않고, 또는 인간 문화 내부에 전통적으로 매개된 세계에도 속하지 않는 그 같은 기상과 기후의 징후를 바탕으로 인류세의 의미를 기호학적으로 해독하는 작업을 일러 기후의 그라마톨로지라는 새로운 기획의 범위를 설정할 수 있다고 주장하는 것은 결코 과도한 공상이 아니다. 실제로 우리가 대기, 바다, 빙하, 지구에서 읽는 자연계의 기표, 즉 자연 문자의 기호나 각인은 그라마톨로지의 의미에서 또 다른 종류의 흔적일 것이라는 가설, 즉 인류(인간종 또는 석유 자본주의와 화석 연료 문명 참여자들)가 의식적으로 전달할 의도 없이 만들어낸 상징과 의미를 담고 있는 각인들일 것이라는 가설을 타당해 보이게 한다.

우리는 이러한 흔적의 행위자들이 자신의 각인을 인식하지 못하는, 비자발적 또는 비의도적 저자가 된 이 새로운 기호학적, 인식론적 조건에 대해 정확하게 인식할 필요가 있다. 인류 기호학에서는 기후적 흔적, 특히 의도하지 않은 각인들을 즉각적으로 또는 미디어를 통해 마주했을 때 이를 읽어낼 수 있는 판독 능력을 키우기 위해 그라마톨로지의 과제를 파악하는 것이 중요하다. 하늘을 일종의 매체로 간주하는 존 더럼 피터스John Durham Peters는 다음과 같이 갈파한다. "이것은 일종의 중요한 역사적 변이이다. 우리의 생존은 대기의 기호들을 읽는 방법을 아는 데 달려 있을지도 모른다."[279]

---

279 Peters, J. D., *The Marvelous Clouds: Towards a Philosophy of Elemental Media*, Chicago, University of Chicago Press, 2015, p.260.

3 분위기의 존재론과 미학

1) 분위기의 독특한 존재 양식

모든 공간에 독특한 분위기가 존재한다는 사실을 의심하는 사람은 없다. 무엇보다 분위기를 묘사하는 언어 표현이 그 사실을 증명하며, 또한 분위기의 다양성을 보여준다. 고요한 분위기, 심각한 분위기, 공포스러운 분위기, 압제적인 분위기, 두려운 분위기, 성스러운 분위기, 버려진 분위기 등 그 종류는 무궁무진하다.[280] 사람들 사이의 분위기는 물론 사회, 정치, 도시 공간, 건축, 자연 경관에 대해서도 분위기를 이야기할 수 있다. 사람들이 그 같은 특이한 느낌을 일러 분위기라고 부르는 이유는 이상할 정도로 실체가 없고, 정의할 수 없고, 파악하기 어렵기 때문이다. "분위기는 규정될 수 없다. 특히 존재론적 위상과 관련해서는 더욱 그러하다. 우리는 그 같은 분위기를 대상 또는 환경에 할당해야 할지 아니면 경험하는 주체에 할당해야 할지 확실히 알지 못한다."[281]

분위기는 과연 어디에 존재하는 것인가? 사물의 속성인가 아니면 우리 자신의 본성인가? 혹은 그 중간 어디인가? 다양한 분위기라는 관념을 정당화하고 그것의 존재론적 비규정성을 극복하기 위해서는 "분

280   Böhme, G., Atmosphere as the Fundamental Concept of a New Aesthetics. in: *Thesis Eleven*, Vol. 36(1), 1993, pp.113-126. DOI: 10.1177/072551369303600107.

281   Böhme, G., *The Aesthetics of Atmospheres*. (ed.) Thibaud, Jean-Paul, London, Routledge, pp.11-12.

위기라는 관념을 주체와 객체의 이분법으로부터 해방시키는 것이 필요
하다."[282] 분위기는 구체적으로 주체와 대상, 사물들 사이에 존재한다.
즉 "분위기는 주체와 대상 사이에 존재하는 그 무엇이며, 따라서 분위기
의 미학은 수용 미학과 생산물 또는 생산 과정의 미학 사이에서 매개를
수행해야 한다."[283] 사물의 물리적 속성에서 분위기의 원인을 찾으려고
노력해 봤자 별 소득은 없다. 붉은색 소재가 따뜻한 분위기를 발산한다
고 말할 수 있지만, 붉은색 물질의 열전도율을 분석하는 것만으로는 따
뜻함을 느끼는 이유를 설명할 수 없다.[284] 특정 분위기의 방에 들어가면
그것에 영향을 받아 기분이 바뀐다. 인간의 기분이 공간에 투사되지 않
는 반면 공간의 분위기가 인간에게 영향을 미치는 것이다.[285]

　　분위기에 대한 인간의 경험을 참고한다면, 분위기란 물리적 속성에
의해 결정되는 사물과 인간 사이, 주체와 객체 사이에 존재한다고 결론
을 내려야 할 것이다.[286] 그러나 고전 철학의 존재론에 따르면 주체와 객
체 사이에서 찾을 수 있는 것은 아무것도 없다. 객체 또는 주체의 속성과
주체와 객체 사이의 상호작용이 각각 역추적되거나 객체에 대한 주체의
투영이 존재할 수 있을 뿐이다. 그러나 인간은 분명 주체와 객체 사이에
존재하는 독특한 분위기를 느낀다. 그렇다면 주체-객체의 구분은 어딘
가 부족하거나 잘못된 것이 분명하다. 분위기가 실재한다면 우리는 사
물과 인간 모두에게 적용되는 세계를 다르게 이해해야 할 것이다.[287] 인
간은 단지 의식과 자기 인식을 부여받은 정신적 주체가 아니라 감각적

282　위의 책, p.18.
283　같은 책, p.25.
284　Böhme, G., *Atmosphäre. Essays zur neuen Ästhetik.* Frankfurt a.m., Suhrkamp Verlag, p.55.
285　Böhme, 앞의 논문, 1993, p.119.
286　Böhme, 같은 논문, p.114.

신체로 이해되어야 한다. 분위기는 인간이 모든 감각으로 인식하는 것, 인간에게 정서적으로 영향을 미치는 그 무엇이다. 감각적 경험은 단순히 사실을 관찰하는 것에 그치지 않고 환경에 대한 우리의 모든 이해를 포괄한다. 분위기를 감지한다는 것은 몸으로서 내가 환경에서 어떻게 느끼는지 인식하는 것이라 할 수 있다.[288]

사물의 형태는 주변 환경의 형태를 특징짓는다. 청자에는 파랑이라는 속성만 있는 것이 아니라 그 푸르름이 주변을 물들이는 것이다. 사물의 황홀한 속성은 스스로 밖으로 나와 환경에서 자신의 존재를 보여준다.[289] 분위기는 사람이 그 속성을 결정하여 사물을 정의하는 것과 동일한 방식으로 결정되거나 정의될 수 없다. 여러 분위기는 너무 모호하고 부유하고 요동친다. 이 점에서 페르시아의 시성詩聖, 루미Rumi가 남긴 말은 깊은 울림을 준다. "어느 날, 한 사람이 나무 한 그루 앞에 멈추었다. 그는 나뭇잎, 가지, 생소한 열매를 보았다. 사람들마다 이 나무와 열매가 무엇인지 물어보았지만 어떤 정원사도 답할 수 없었다. 누구도 그 나무의 이름, 기원을 대답하지 못했다. 그는 이렇게 말했다. "나는 이 나무가 어떤 나무인지 알지 못하고 이해하는 바가 없습니다. 그렇지만 내가 그 나무를 지각한 후, 나의 마음과 영혼은 녹색이 되고 신선해졌다는 점은 알고 있습니다. 그러니 그 나무 그늘 아래로 갑시다.""

287   Albertsen, N., "Urban Atmospheres", in: *Ambiances En ligne, Redécouvertes*, 2019/6/3, consulté le 31 URL: http://journals.openedition.org/ambiances/2433., DOI: https://doi.org/10.4000/ambiances.2433 (원 논문)"Urbane atmosfærer", in: *Sosiologi i dag*. Vol. 29(4), 1999, pp.5-29.

288   Böhme, 앞의 책, 1995, p.15.

289   Böhme, 앞의 논문, 1993, p.120-123.

2) 예술, 건축, 분위기

분위기는 미학 개념이지만 특정 예술이나 작품에만 국한되지 않는다. 분위기는 일상생활, 정치, 경제의 심미화와 생태 문제를 포함한 자연과의 관계까지 아우른다.[290] 이 용어는 예술과 키치, 그리고 인간 삶에서 인간을 둘러싸고 있는 게슈탈트의 다양성을 포함한다. "중요한 것은 인간을 둘러싼 세계의 모든 것이 인간 존재 상태에 영향을 미친다는 것이다. 당신이 있는 방, 꽃무늬 벽지, 작업실의 분위기 등은 모두 미학이다."[291]

분위기라는 개념은 아방가르드 이후 '작품과의 이별'이라 일컫는 '현대미술 발전의 일차적 방향'을 반영한다. 분위기 개념은 "장면, 삶의 공간, 카리스마"와 관련이 있으며 이는 공연 및 이벤트 예술에도 적용된다.[292] 시각 예술이 "아무것도 나타내지 않고, 아무 말도 하지 않으며, 아무 의미도 없을 때", 음악에서 "개별 사운드 음색, 역동성 및 형태"가 선율, 화음 및 시간적 과정보다 더 중요해질 때, 문학에서 "언어적 사건"이 의미의 전경으로 나올 때 유의미성significance과 의미(기호학과 해석학) 또는 형언할 수 없는 것이 아닌 감각적 경험의 미학이 호출된다.[293] 이미지가 무엇을 나타내거나 말하거나 행동하지 않더라도 "중요하고 때로는 극적인 경험"이 가능할 때가 있다. 추상화가 바넷 뉴먼Barnett Newman의 그림이 "정확히 형언할 수 없는 것"을 만들어낸다고 주장하는 것은 "임시적 해결책"이다.[294]

---

290   Böhme, 앞의 책, 1995, p.7.
291   Böhme, 같은 책, p.15.
292   Böhme, 1998, pp.114-15.
293   Böhme, 앞의 책, 1995, pp.8-9.
294   Böhme, 같은 책, pp.8-9.

분위기의 미학에서 인간의 감각성을 계발하고 분위기를 다루는 방법을 가르치는 것은 예술의 사회적 기능이다. 박물관의 핵심은 행동의 제약 없이 주변 환경에서 분위기 있는 경험을 얻을 수 있다는 것이다. 상업적인 쇼핑몰이나 교회에서는 이러한 경험이 불가능하다. 이들 공간에서 분위기 있는 경험은 각각 인간을 구매 분위기와 종교적 숭배와 압도로 유도하기 때문이다.[295] "형식(형태)은 잊어라"라고 건축가 페터 춤토르Peter Zumthor는 말한 바 있다.[296] 그의 건축에서 중요한 것은 빛, 분위기, 분위기, 신체 상태이다. 건축을 설명하려면 "느낌, 분위기, 진동, 영혼 등 낭만주의와 관련된 구식 단어"[297]를 사용해야 한다.

춤토르는 건축에서 실현할 수 있는 공간적 구성의 두 개의 기본적 가능성을 식별한 바 있다. 하나는 한계를 설정하는 닫힌 구조물이고, 다른 하나는 무한한 공간과 연결된 열린 구조물이다.[298] 현관과 방이 첫 번째라면 광장은 두 번째에 속할 것이다. 그런데 철학이자 미학자인 게르노트 뵈메Gernot Böhme는 한계 설정과 포용이라는 이분법을 벗어나 여러 가능성을 상상하기 위해서는 공간에 대한 다른 시각이 필요하다고 주장한다. 건축은 건물을 고립적으로 건설하는 것이 아니라 사람들을 위해서 건설한다는 점에서, 공간은 물리적 현존이 아니라 신체적 느낌으로서 더 중요하다. 그 같은 공간은 빛, 사운드, 음악 등을 통해 창조된다.[299]

295   Böhme, 같은 책, p.16.

296   Zumtor, P., "Questioning Images. Interview with Peter Zumtor", in: *Daidalos*, Vol. 68, 1998, p.90-101.

297   앞의 책, p.99.

298   아래의 출처에서 재인용.
      1. Zumthor, P., *Thinking Architecture*, (trans.) Oberli-Tumer, M., Basel, Birhäuser Verlag, 1998, p.21.
      2. Böhme, G., *The Aesthetics of Atmospheres*. (ed.) Thibaud, Jean-Paul., London, Routledge, p.138.

299   Böhme, G., *The Aesthetics of Atmospheres*. (ed.) Thibaud, Jean-Paul., London, Routledge, pp.135-140.

또 다른 현대 건축의 거장인 프랭크 로이드 라이트Frank Lloyd Wright
에게도 분위기는 건축에서 핵심이었다. "사람들이 이것을 완전히 의식
하고 있든 없든, 그들은 실제로 그들이 살고 있는 사물의 '분위기'에서
얼굴과 생계를 유지한다."[300] 반면 건축가 고트프리트 젬퍼Gottfried Semper
에게 건축은 "감각적인 분위기를 연출하는 무대 장치"였다.[301] 모더니스
트 건축가들은 분위기 개념을 거부했다. 환원주의, 합리주의, 기계주의
를 추구하는 모더니스트들에게 분위기는 금기시되었다. 그럼에도 불구
하고 많은 모더니스트 건축가는 분위기(대기)에 흡수되었다. 투박한 인
테리어와 장식을 거부하는 것은 "더 서정적이고 해방적이며 시대정신
에 부합하는 분위기를 만드는 것"의 문제였다.[302] 건축이 단순히 구성,
기술, 기능을 넘어서는 것이라면, 아마도 예술과 마찬가지로 분위기를
표현하는 형식일 것이다. 같은 맥락에서 분위기를 향한 예술의 움직임
은 예술의 건축화로 볼 수 있다.

300   Wigley, M., "The Architecture of Atmosphere", in: *Daidalos*, 68, 1998, pp.18-27에서 재인용.
301   위의 논문, p.20.
302   Buchanan, Peter. "Musings about Atmospheres and Modernism.", in: *Daidalos*, 68, 1998, p.80-89,

3) 분위기로서의 풍경: 분위기와 빈 공간으로서의 '케시키'의 미학

먼저 한자어 '기색氣色'의 어원 또는 문자 그대로의 의미를 살펴볼 필요가 있다. 이 단어는 두 개의 한자, '기(케)氣'와 '색(시키)色'으로 구성되어 있다. 기氣는 자연을 채우는 생명의 요소이며, 몸과 마음을 순환하는 정신적 및 생명력을 의미한다. 색色은 이러한 힘의 가시적인 현상을 의미한다. 현대 일본어 사전에 기록된 초기 사례는 바람과 구름, 하늘(날씨)의 케시키에 관한 것이다. 이 케시키는 풍경이나 시각적 현상이 아니라 공기와 하늘의 상태 즉 볼 수 있고 느낄 수 있는 것을 말한다. 이러한 기본적인 설명을 염두에 두고 이제 케시키에 대한 와카和歌(일본의 고전시)를 읽어보면 그 심층적 의미를 읽어낼 수 있다.[303] 영어와 프랑스어에는 봄 풍경이나 경치를 나타내는 단일어 또는 복합어가 없는 것으로 보인다. 일본어에는 '하루케시키春景色(봄의 경치)'외에도, 계절마다 유사한 표현이 있다. 우리는 이러한 계절을 대표하는 표현들, 즉 봄의 '벚꽃', 겨울의 '눈'과 같은 표현들을 시각적인 풍경, 시각적인 이미지로 해석하려는 경향이 있다. 그러나 동아시아의 옛 시인들이 노래한 봄의 풍경은 이 같은 시각적 쾌락 차원에 국한되지 않는다. 우리가 계절을 경험하는 방식도 보다 더 심오한 차원을 아우른다. 이 점에서 와카는 풍부한 사례들을 제공한다. 와카 시인이자 승려였던 '노인 법사能因法師'(988 - ?)의 작품을 보자.

303   Ken-ichi, S., "Landscape as atmophere. An aspect of Japanese sensibility", in: Rivista di estetica, 33, 2006, pp.85-94.

心あらん人に見せばや津の国の

코코로 아란 히토니 미세바야 츠노 쿠니노

정취를 느낄 줄 아는 사람에게 보여주고 싶어요

難波わたりの春のけしきを

난바 와타리노 하루노 케시키오

난바 주변의 봄의 경치를

『고슈이와카슈後拾遺和歌集』43首

이 작품에는 '고토바가키言葉書き(짧은 서문)'가 포함되어 있는데, 시인이 새해 즈음 난바에 있었고, 그곳에서 누군가에게 와카를 보냈다고 설명하고 있다. 와카는 사교적인 목적으로 주고받았는데 이 작품이 그런 경우이고, 이러한 관습이 '혼카도리本歌取り(잘 알려진 작품에서 두세 개의 단어나 구절을 빌려와 새로운 작품을 창조하는 기법)'의 발전을 이끌었을 가능성이 있다. 이 기법은 어조의 변화를 주는 것이다. 노인호시의 와카는 이러한 방식으로 반복적으로 모방되었으며, 이는 이 작품이 뛰어난 것으로 여겨졌음을 의미한다. 노인 법사 이전에 난바는 '우타마쿠라歌枕(와카에서 전통적으로 언급되는 장소)'로 정립된 것 같다. 이러한 맥락에서 난바는 사랑이야기에 적합한 해변의 배경으로 여겨졌다. 이처럼 난바에 봄 풍경의 함축적 의미를 부여한 것은 다름 아닌 시인이었다. 일본 시인 중에는 계절의 풍경을 묘사하는 케시키의 표현을 특히 좋아했던 이들도 있었다. 와카 선집인 『센자이와카슈千載和歌集』(1187)에 실린 주요 시인인 후지와라노 스에미치藤原季通의 시에서 '케시키'에 관한 두 작품을 발견할 수 있다.

のわきする野辺のけしきを見わたせば

노와키 스루 노베노 케시키오 미와타세바

태풍이 지나가는 들판의 경치를 바라보면

心なき人あらじとぞ思ふ

코코로 나키 히토 아라지토조 오모우

마음이 없는 사람은 없다고 생각한다

후지와라노 스에미치, 『센자이와카슈』 258수[304]

さえわたる夜半のけしきに深山辺の

사에와타루 요와노 케시키니 미야마베노

깊은 산속 넓게 펼쳐진 밤의 경치 속에서

雪のふかさを空にしるかな

유키노 후카사오 소라니 시루카나

눈의 깊이를 느낀다.

후지와라노 스에미치, 『센자이와카슈』 447수[305]

첫 번째 작품에서 시인은 가을에 부는 강한 바람이 지나는 들판을 미학적으로 표현하고 있다. '태풍'으로 번역한 원어 '노와키野分'는 말 그대로 '밭을 가른다'는 뜻으로서 풀이 여러 방향으로 흩날리는 모습을 표현한다. 인상적인 것은 '미와타스見渡す(전망하다, 조망하다)'라는 단어가 사용되었다는 점이다. 이 같은 독특한 어휘 사용은 시각보다는 촉각적인 공간 확장을 의미한다는 점을 주목해야 한다. 한편 일본 수도 한복

304   上條彰次,『千載和歌集: 新注八代集校注篇』, 和泉書院, 1994, p.20.
305   같은 책, p.30.

판에서 자신을 발견한 시인은 맑은 하늘의 야경(케시키)을 보면서 산속 깊은 곳에 눈이 쌓여 있을 것이라고 한다. 여기서 '소라니시루空に知る(문자 그대로 해석하면 공허한 상태에서 알다)'는 하늘을 보고 자연스럽게 자연의 변화를 알게 된다, 추측하다를 의미한다. 시인은 산에 대해 직접 언급하지 않고 '사에와타루冴え渡る(온통 맑게 갬)'라고 표현함으로써 하늘과 달빛을 성공적으로 상기시키고 있다. 일본어 '사에루さえ'는 맑음, 선명함, 차가움을 의미하는데, 겨울 하늘에 퍼지는 푸른 달빛이 주는 총체적인 느낌이 바로 그것이다. 이는 공간의 확장이자 '와타루わたる'가 케시키와 결합한 효과이다. 그 표현의 요체는 그것이 무엇인지 실체를 말하지 않은 채, 그것의 있는 그대로(양태)를 표현하는 데 있다.

　　일본의 풍경 미학 연구자들에 의하면 이것이 '케시키' 특유의 존재 방식이다. 시인은 겨울밤 하늘을 올려다보며 광활함과 맑음과 동시에 세상의 차가움과 외로움을 느낀다. '케시키'의 경험은 결코 시각적 차원으로 환원될 수 없는, 인간 몸과 기분이 총체적으로 용해되어 있는 현상학적 차원이다. 이 관찰을 확인하기 위해 일본의 대표적 와카 선집『신고킨와카슈新古今和歌集』에 실린 자쿠렌 법사寂蓮法師(1139-1202)의 다른 글을 읽는 것은 중요한 시사점을 줄 수 있다.

　人目見し野辺のけしきはうら枯れて

　　히토메 미시 노베노 케시키와 우라가레테

　한때 사람들이 왕래하던 들판의 '케시키'가 시들어 버리고

　露のよすがに宿る月かな

　　츠유노 요스가니 야도루 츠키카나

　이슬 방울에 머물던 달인가

자쿠렌,『신고킨와카슈』488수

　　이 장면은 시든 들판의 풍경이 아니라, 시인의 말대로 시든 들판의 '케시키'이다. '케시키' 의미에 대한 분석을 고려하면 이것은 비유가 아니라 단어의 본래 의미임을 알 수 있다. 즉 시인은 단순한 물리적 풍경이 아니라 세상이 이미 시들어버린 상태라고 말한다. '케시키'라는 단어에서 우리는 본래의 의미로 세상의 분위기를 만나고 느낄 수 있게 된다.

　　이제 우리는 왜 풍경이 일본어에서 '기'의 '색', 즉 정신의 감각적 현상을 의미하는 '케시키'라고 불리는지를 깨닫게 된다. 이는 인간이 풍경에서 경험하는 것을 잘 보여준다. 즉 현상학적 의미에서 지향성은 단순히 눈에 보이는 현상이 아니라, 그 너머에 있는 전체 풍경을 지배하는 정신이다. 이는 풍경의 복잡한 요소들이 어우러져 만들어낸 총체적 효과로 인해 때문에 오직 느낌으로만 알 수 있다. 여기서 동아시아 철학의 기(정신)가 우주를 가득 채우고 몸과 감성을 몰입시키는 원소적 실체라는 것을 기억해야 한다. 풍경에 대한 이해에서 이러한 어원적 의미를 염두에 둔다면, 풍경의 정수는 인간과 우주 사이의 특정한 형태의 상응과 교감(보들레르가 사용한 프랑스어 'Correspondance')에서 찾아야 한다는 것을 알 수 있다.

4 도시 풍경의 분위기와
대도시의 정신적 삶

게오그르 지멜은 풍경을 분위기와 관련시킨 최초의 사상가 가운데 한 명이다. 그의 통찰에 의하면 풍경은 특정 기분의 상태이며 분위기를 표현한다.[306] 하지만 분위기(대기)에 대한 접근 방식과 지멜의 접근 방식 사이에는 결정적 차이가 있다. 예술은 풍경에 대한 일반적인 인식을 기반으로 한다.[307] 문제는 풍경의 통일성은 어디에서 오는가 하는 근원적 물음이다. 지멜의 대답은 "그 같은 통일성은 분리된 구성 요소에 스며드는" 풍경의 분위기에서 나온다는 것이었다.[308] 달리 말해 풍경의 각 구성 요소는 특정하기 어려운 방식으로 분위기에 참여한다.[309]

지멜이 말하는 분위기는 '인간의 조형 행위'로 인해 '풍경으로서의 객관성'을 이룬다는 점에서 상호주관성을 파악했던 칸트의 미학에 가깝다.[310] 즉 인간은 결코 풍경을 "단순한 외부 실체"로 간주할 수 없다. 풍경은 "영혼의 통일된 힘을 통해서만 존재한다."[311] 분위기의 객관성은 대상을 구성하는 주관성에 기인한다. 그러므로 풍경의 통일성은 어디에

306   Albertsen, 앞의 논문
307   Simmel, G., "The Philosophy of Landscape", in: *Theory, Culture & Society*, Vol. 24(7-8), 2007, pp.20-29, DOI: 10.1177/02632764070844652007.
308   위의 논문
309   같은 논문, p.26.
310   같은 논문, p.28.
311   같은 논문, p.28.

서 오는가에 관한 질문에 대한 답이 완결된다. 인간이 풍경이라고 부르는 한정된 분위기와 관련하여 "풍경의 분위기를 인식하고 체감하는 자아"는 서로 분리될 수 없다.[312]

홍미로운 점은 지멜이 풍경 분위기를 현대 도시의 전투와 분열에 대비시킨다는 것이다. 싸움과 분열이 있을 곳이 있다면 그것은 다름 아닌 현대의 대도시다. 잘 알려진 바와 같이 대도시는 "외부 및 내부 자극의 중단 없는 변화"가 지배한다.[313] 대도시는 일상생활이 "더 천천히, 더 습관적으로, 더 고르게 흐르는" 작은 시골의 "정신적 삶의 감각적 기초"와 단절하는 매우 이질적인 공간이다.[314] 따라서 "대도시 정신생활의 특성"은 "깊은 느낌과 감정적 관계에 더 의존하는" 소도시에서의 생활과 대비된다.[315] 대도시에서는 위협적인 상황과 불일치로부터 보호하기 위해 감정보다는 지성이 우세해야 생존할 수 있다.[316] 따라서 대도시 공간에서는 지각과 느낌이 일치하는 공간이 많지 않다. 데이비드 프리스비 David Frisby가 주목한 것처럼 지멜은 그의 시론 『풍경 철학 *The Philosophy of Landscape*』에서 대도시의 경관은 결코 풍경이 될 수 없다고 선언한다.[317] 그렇다면 도시의 분위기란 정확히 무엇인가? 지멜 생각과는 다르게 현대 도시가 독특한 분위기를 가질 수 있지 않을지 물음을 던져볼 수 있다.

도시의 분위기가 무엇인지 파악하려면 분위기의 다중 감각적 특성

---

312 같은 논문, p.29.
313 Simmel, G., "The Metropolis and Mental Life" in: *Classic Essays on the Culture of Cities*. (ed.) Sennett, R., New Jersey, Prentice Hall, 1969, p.47-60. (한국어 번역본) 김덕영·윤미애 옮김, 『대도시와 정신적 삶』, 새물결, 2005.
314 위의 논문, p.48.
315 같은 논문, p.48.
316 같은 논문, p.48.
317 David, F., "The Aesthetics of Modern Life: Simmel's Interpretation", in: *Theory, Culture &Society*. Vol. 8(3), 1991, p.73-93.

을 출발점으로 삼는 것이 효과적이다. 게르노트 뵈메는 에세이 『도시의 분위기 The Atmosphere of a City』(2017)에서 파리의 분위기가 후각, 즉 지하철 냄새와 밀접한 관련이 있다고 강조한 바 있다.[318] 뵈메는 "냄새는 한 도시의 분위기를 형성하는 본질적 요소, 심지어 최고의 본질적 요소일터인데 냄새는 다른 어떤 감각 현상과 달리 분위기와 직결되기 때문이다. (…) 냄새는 우리가 외부를 감지하게 하는 강렬하고 피할 수 없는 환경 성질이다. 냄새는 장소의 정체성과 더불어 우리 자신의 정체성을 파악하게 한다."[319]고 하며 동베를린과 서베를린 사이에는 여전히 갈탄 냄새가 풍겼음을 회고한다.[320]

　　소리와 음향도 도시의 독특한 분위기를 만들어내는 데 일조한다. 여기서 말하는 소리는 데시벨로 측정된 소리가 아니라 소리의 질적 특성, 즉 도시의 인간과 비인간의 잡다한 활동에서 나오는 다양하게 복합된 '사운드스케이프 Soundscape'를 말한다. 예를 들어 자동차 엔진 소리, 발걸음 소리, 뱃사공들의 목소리, 노 젓는 소리, 물 튀기는 소리 등은 베니스의 독특한 분위기를 만드는 요소들이다. 뵈메가 구상한 새로운 미학에서, 청각과 관련된 분위기는 도시의 음향 분위기 차원을 훌쩍 뛰어넘어 생태학적 기획으로 확대된다. "사물들의 목소리와 세계의 연주는 갈수록 더 많은 관심을 받았고 청취는 삶에서 중요한 요소로 인식되었다. 이 같은 음향 세계에서 생태적 미학은 과학 생태학에 대한 단순한 보완적 요소가 아니라 그 자체가 목적이 된다. 청각 공간의 인식, 독특한 소리 공

318　1. Böhme, G., "The atmosphere of a city", in: The Aesthetics of Atmospheres. (ed.) Thibaud, Jean-Paul., London, Routledge. 2017(1998), pp.125-134.

　　　2. Böhme, G., "Atmosphere as an aesthetic concept", in: Daidalos, 68, pp.112-115.

319　위의 논문, p.125.

320　같은 논문, p.125.

간의 보존과 형성이 음향 생태학의 주된 목표가 되어야 한다. 인간 환경을 성립하는 것이 무엇인가에 대한 물음은 그 자체로 음향 또는 청각과 관련된 분위기에 대한 탐구다. 기껏해야 데시벨 차원에서 소음을 기록하는 과학적 접근을 넘어서서 우리가 살고 있는 공간이 가져야 할 음향적 성격이 무엇인지를 묻는 것이 핵심이다."[321] 그러나 아쉽게도 도시 미학과 도시 계획을 다루는 문헌은 거의 대부분 시각적·공간적 차원에 국한되어 있다. 다감각적이고 정신적인 경험을 하는 도시 생활 주체는 도시의 특징적인 분위기를 다양한 감각을 통해 느껴야 한다. "소리의 분위기sound atmospheres"는 삶의 스타일과 직접적으로 관련되어 있고 도시 분위기를 생성하는 요소로서 이해된다."[322]

항구 지역, 중앙 기차역, 상업 지역, 교통 요충 구역, 시장 광장, 다양한 주택 지역, 산업 지구 등 도시의 여러 지역에서 다양한 분위기를 추적할 수 있다는 것은 의심의 여지가 없다. 특히 강렬하게 감지되는 이질적 지역들의 구분은 건축 및 도시의 역사적, 도상학적 또는 사회학적 관점에서 취하는 방식과는 상당히 구별되는 경로를 따를 수 있다.[323] 이런 이유에서 상황주의자들은 치밀한 "심리지리학적" 분석을 바탕으로 만들어진 대기 차별화에 따라 도시의 재건을 구상하기도 했다. 우리는 상황주의자가 도시의 장식에서 발견한 도시의 분위기 생성 요소를 출발점으로 삼아 도시 미학을 새롭게 발전시켜야 한다. 그들은 도시는 불연속적이고 다양한 대기를 생성하는 기계로 바뀌어야 한다고 주창했다.[324]

321 같은 논문, p.175.
322 같은 논문, p.131.
323 Knodt, R., *Ästhetische Korrespondenzen. Denken im technischen Raum*. Stuttgart, Philipp Reclam jun, 1994, p.54-56.
324 Wigley, M., "The Architecture of Atmosphere", in: *Daidalos*. 68, 1998, pp.18-27.

모더니스트들이 주장한 보편적인 형태와 기능의 분리는 인간적인 면모가 결여된 무색무취의 획일적인 도시 공간을 만들어냈다. 현대 도시에 분위기가 있다면 그것은 인간의 감각적인 삶의 방식을 적절하게 교묘하게 숨기는 분위기, 일종의 감시 또는 인간이 노동을 올바르게 실행하고 법을 준수해야 한다는 것을 알려주는 "제도적 분위기"에 불과하다. 많은 사람이 현대 도시를 살기 싫은 곳으로 여기는 이유 중 하나는 건축의 중립성이 도시 분위기에 큰 영향을 미친다는 사실을 건축가들과 계획가들이 충분히 인식하지 못했기 때문일 수 있다. 역설적이게도 중립적인 건축은 더 많은 정신적 긴장과 주의를 요구한다. 고전적 모더니스트들은 이를 인지하고 있었고, 초기 모더니스트들도 이를 기억했지만, 1960년대와 1970년대에 지어진 많은 건물에서는 이러한 점이 간과되었다.

어쨌거나 현대 도시에서는 선명한 건축적 분위기가 있다. 그렇다면 동일한 획일적 위계구조에서 고유한 도시 분위기가 존재할 가능성의 여부를 따져볼 수 있다. 건축가 렘 콜하스Rem Koolhaas가 "이제 인간에게는 도시 계획이 없고, 오직 건축만 있으며 더 많은 건축이 있는 세상이 남아 있다"고 주장했을 때,[325] 그는 현대 사회에서 도시 분위기가 건축 분위기로 대체되는 경향을 짚어낸 것이다. 도시 환경의 분위기는 또 다른 새로운 유형의 유사 도시 분위기, 예컨대 밀집된 거리 네트워크처럼 내부적으로 분절되는 매우 큰 건물의 분위기로 대체될 수 있다. 주요 상업 중심지는 지붕 아래 도시 분위기를 통합하여 현대 도시의 부족한 분위기를 보완한다. 콜하스는 다음과 같이 주장한다.

"특정 임계 질량을 넘어서면 건물은 대형 건물Big Building이 된다. 그

325　Koolhaas, R. and Mau, B., *S, M, L, XL*, Rotterdam, 010 Publishers, 1995, p.967.

러한 덩어리는 더 이상 건축적 몸짓으로, 심지어 건축적 몸짓의 조합으로도 제어될 수 없다. (…) 구성, 규모, 비율, 세부의 문제는 논쟁의 여지가 있다. 건축의 "예술"은 대형성Bigness에서 쓸모가 없다."[326]

그러나 자세히 들여다보면 문제는 더 복잡하다. 앞서 언급한 바와 같이 모더니스트들도 분위기에 대한 감각이 있었다. 근대 건축은 의미와 상징을 제거하려 했지만, 많은 모더니즘 건축물에서는 건축의 감각적-정서적 측면이 강화되었다. 중립적 모더니즘은 "유리 건물의 투명함과 매끄러움" "조각적 볼륨의 촉각적 거대함"을 통해 생성된 "직접 경험, 공간, 재료 및 빛의 감각적 경험을 우선시한다." 이 건축물이 주는 인상은 메시지를 표현하는 것이 아니라 "분위기에 따라" 또 다른 감정적 수준에서 만들어진다.[327] 이 점에서 건축의 일부는 분위기 예술에 가깝다.

326 위의 책, p.499.
327 같은 책, p.89, 94.

5 풍경과 영성

집단 기억의 매체 기능을 수행하는 개별 장소의 고유한 의미는 거주자의 체험에 따라 파악되며, 계량화된 공간 시스템으로 파악되지 않는다.[328] 이 같은 인문지리학의 기본 전제를 보다 치밀하게 분절하기 위해 이푸 투안은 일련의 신조어를 만들어냈다. '장소애호topophilie'라는 용어는 사람들이 애착을 갖고 자신들이 결속되어 있다고 느끼는 장소를 기술하는 방식이다.[329] 또한 '지리경건함géopiété'라는 용어는 장소의 신비적·종교적 성격을 표현하기 위한 것이며, '장소혐오topophobie'는 두려움을 상기시키는 장소를 가리키기 위해서 만들어낸 신조어이다.[330] 이와 엇비슷한 맥락에서 노르웨이 출신의 건축가이자 건축사상가인 크리스티안 노베르그 슐츠C.Norberg-Schulz는 '장소의 감각', 즉 특정 공간의 지각된 성질, 그것의 분위기와 개성을 연구했다.[331]

328   Tuan, Y-F., *Space and Place. The Perspective of Experience*, Minneapolis, University of Minnesota Press, 2002.
329   Tuan, Y-F., *Topophilia: A Study of Environmental Perceptions, Attitudes, and Values*, Columbia University Press, 1990.
330   Tuan, Y-F., *Landscapes of Fear*, Minneapolis, University of Minnesota Press, 1979.
331   Norberg-Schulz, C., *Genius loci. Paysage, ambiance, architecture*, 2e. éd., Bruxelles, Pierre Mardaga, 1989.

1) 풍경과 영성의 불가분성:
풍경 속의 영성적인 것에 대해

프랑스의 지리학자 피에르 드퐁텐Pierre Deffontaines은 『지리와 종교』에서 인문지리학의 궁극적인 목적을 공간에 신성함이 새겨지는 과정을 파악하려는 시도로 설정한 바 있다. 그는 '신탁의 기호학 또는 점복술의 기호학sémiologies augurales'을 통해 장소에 부여되는 의미와 특정 장소에 대한 선호 또는 혐오의 유형을 분석했다.[332] 그 같은 맥락에서 드퐁텐은 일부 풍경을 영성적이라고 표현한다. 이 용어에는 복잡한 의미가 있으나, 풍경을 정신적 창조의 광범위한 범주 속에서 논의할 수 있다는 이점이 있다.

신앙심이 돈독했던 17세기 프랑스 화가 니콜라 푸생Nicolas Poussin의 미학은 종교적 명상의 세계로 그 의미의 지평이 개방되었다. 그의 연작 '7성사'는 은총의 행동을 행운이 깃든 7개의 탑에 종속시킨다. 그는 고대 로마의 트리클리니움Triclinium(세 개의 소파가 U자 형태로 배치된 식사 공간)을 배경으로 한 성찬 그림에서 그리스도의 추모를 위해 "신비적 신학"을 담고 있는 암흑의 성사Sacrement를 재현했다. 그의 작품 〈피라무스와 티스베Pyramus et Thisbé〉는 폭풍우의 힘과 인간의 연약함, 질서에 맞선 혼돈과 고요한 호수 사이의 대비를 강조한다. 여기서 호수는 영혼의 거울로서 내면의 평정심을 잃지 않게 한다. 푸생의 풍경화는 영혼을 계시하는 자연을 연출하고 있다는 점에서 보는 이를 명상으로 초대한다.

따라서 성스러움을 특정 풍경의 형식을 통해 감상함으로써 작품 분석의 초점을 변경할 수 있다. 특정 장소는 그곳을 명상하고, 그곳에서

---

332   Deffontaines, P., *Géographie et religion*, Paris, Gallimard, 1948.

도31 · 니콜라 푸생, 〈사제서품〉

자신의 신앙을 체험하는 신자를 통해서만 성스러운 풍경이 되는 것이
다.[333] 즉 참된 신자를 통해 풍경이 새롭게 발견되고 재정의되는 것이다.
많은 성스러운 장소들이 오늘날 초월적인 의미를 잃어버렸는데, 그 이
유는 사람들이 더 이상 그 장소에 담긴 내밀한 의미를 즉각적으로 이해
하지 못하기 때문이다. 신성과 영성이 스며 있는 그 같은 특별한 장소들
이 오늘날에는 거의 천편일률적으로 그저 명승지, 관광지, 또는 고고학
유적지로서 인식되며 더 이상 동시대인에게 영성적 메시지를 전달하는
성스러운 풍경으로서 기능하지 못하게 되었다. 예를 들어 영국의 스톤
헨지나 프랑스의 카르나크 열석은 사람들의 상상력을 자극하고 판타지

영화의 배경으로 사용되지만, 엄밀히 말해 더 이상 성스러운 풍경이 아
니다. 필자는 2024년 여름, 초기 기독교 성지인 조지아와 아르메니아의
고대 수도원을 방문하면서 영성을 체험할 수 있을 것으로 기대했으나
곧바로 실망했다. 그곳은 멋진 풍경을 촬영하느라 정신없는 관광객들로
북적이는 일개 관광 상품으로 전락하고 말았다.

영성적으로 살아 있는 풍경은 오직 개인의 상상력을 통해서만 이해
될 수 있다. 프랑스의 지리학자이며 사회학자였던 모리스 알박스Maurice
Halbwachs는 비록 풍경 개념을 사용한 것은 아니나, 성스러운 땅은 감각
적 외관을 넘어 오직 신앙의 눈을 가져야 그 가치를 획득한다는 점을 설
명한 바 있다. 참된 신앙인은 눈에 보이는 물리적 공간 속에서는 더 이상
완전하게 존재할 수 없는 또 다른 비가시적 세계를 파악할 수 있다고 믿
는데, 그 세계는 기독교인에게는 유일하게 참된 것이다.[334] 성스러움이
풍경과 맺는 관계 속에서 도달하려는 바는 다름 아닌 이 같은 종교적 거
룩함이며, 종교의 제도적 측면과는 다소 거리가 있다. 성스러움과 종교
적인 것 사이의 밀접한 결합은 우리로 하여금 종교의 역할을 고찰하게
만든다. 왜냐하면 풍경과 관련된 행위, 예를 들어 정원을 만들거나 성지
를 보호하는 행위는 특정 종교 문화에 국한되지 않고 모든 대륙의 다양
한 문명에서 나타나기 때문이다.[335] 이는 종교적 현상의 하류가 아닌 상
류, 즉 그 근원에 대한 탐구라고 할 수 있다.

두 번째 관점은 풍경을 성스러움의 발현이 아니라 탈신성화된 환경
의 한 형태로 간주한다. 풍경이 현대 사회에서 더 이상 성스러운 것으로

---

334 Halbwachs, M., *La topographie légendaire des évangiles en Terre sainte*, Paris, Presses universitaires de
France, 1971, p.1.

335 Berque, A., *Les Raisons du paysage*, Paris, Hazan, 1995.

도32 · 아르메니아 세반 호수에 소재한 세바나방크 수도원

간주되지 않는 것에 대해 일부 학자는 분명한 증거를 제시한다. 이를테
면 서구에서 교회의 종탑은 일정 외연 속에 존재하는 단순한 식별점으
로 환원될 수 있다. 근대 과학 정신 이후의 관건은 더 이상 자연과의 공
존이 아니라 자연을 지배하고 개발하는 것이기 때문이다. 군사용 지도
제작술은 풍경의 담론적 매트릭스 가운데 하나이며, 그것이 교회의 종
탑으로부터 간직하는 것은 바로 위로 치솟는 물리적 위상이다. 전쟁 중
종탑은 저격 장소나 관측소로 활용될 수 있으며, 종탑을 파괴하는 것은
적의 주요 거점을 제거하는 것을 의미한다. 이 같은 맥락에서 풍경은 공
간을 식별하는 수단이자, 잠재적으로는 (그것의 상징적 의미와 무관하
게) 식별점을 파괴하는 수단이 된다. 우리 선조들이 창조물로 간주했던
것을 지배해야 할 대상으로 변형시키는 이러한 탈피는 단순히 종교적

인 것에 대한 적대적인 세속화로 치부될 수 없다. 과거 종교적 전통으로 부터의 이 같은 탈피는 최소한 부분적으로는 종교적 권위와 상징성으로 인해 생겨난 역설적 결과로 파악될 수 있을 것이다.

　서구의 풍경 의미를 이해하기 위해서는 성스러움의 차원을 영성의 차원으로 대체해야 한다.[336] 풍경은 근본적으로 하나의 알레고리라는 점에서 또는 프랑스의 철학자 안 코클랭Anne Cauquelin이 말한 것처럼[337] 하나의 은유라는 점에서 지적 긴장의 형식을 함의하는데, 그 형식에서 인간이 영성이라고 부르는 것의 원리를 인식할 수 있을 것이다. 세 번째 접근법은 세속화된 사회의 고유한 사회적·문화적 실천 속에서 풍경을 성스러움의 전이 공간으로 이해하는 것이다. 전이의 기능은 복음 메시지 그 자체에 각인되어 있다. 예컨대 프랑스 수도원의 회랑을 구축하는 데 반영된 수도원 원칙principe claustral은 복음 속에 드러난 공간적 사례를 통해 일종의 '예수의 공간성'을 만들고 있음을 보여준다. 이 같은 공간성은 군중을 피해 사막으로 나아가며 광장 한복판에서 시련을 겪기보다는 그 사이에서 은거하는 방식으로 형성된다. 즉 경계선과 가장자리를 신성한 체현의 장소로 삼아 풍경에 성스러움을 부여하는 것이다. 수도원 원칙은 중세 기독교 수도승들이 이끌어내는 풍경의 모델화라는 방대한 작업 속에서 작동된다.

336　Iogna-Prat, D., *La Maison Dieu. Une histoire momumentale de l'Église au Moyen Âge*, Paris, Le Seuil, 2006.
337　Cauquelin, A., *L'Invention du paysage*, Plon, 1989.

2) 시토 수도원:
땅과 영성이 만나는 곳

시토 수도원은 겉으로 보면 밋밋하고 평평한 프랑스 중부 쏜Saône 평원에 위치한다. 광대한 평원에는 포도밭이 펼쳐져 있고, 이따금 몽블랑의 특이한 실루엣을 쥐라 산맥Montagnes du Jura의 푸른 산괴 뒤에서 엿볼 수 있다. 그처럼 찬란하게 빛을 발휘한 저명한 수도원은 평평하고 알려지지 않은 대지에 자리를 잡았다. 그러나 이 침묵의 평원은 할 말이 많다. 그곳을 시토 평원이라고 명명해 본다. 그 평원은 수도원의 시간을 초월한 땅의 아름다움을 계시한다. 언제나 사람들을 감동시킬 수 있고, 모종의 영성을 체현할 수 있으며, 어떤 교훈을 담지하는 절도와 배려의 흔적을 계시한다.[338] 시토 평원의 가치를 자각하기 위해 이 장소에 들어가 보도록 하자.

1098년 로베르 드 몰렘Robert de Molesme과 그의 동반자들은 클뤼니 수도회의 책력과 행사 일정을 거부한다. 그들은 청빈, 간소, 겸손으로 다시 돌아가기 위해 '황량한 곳'을 찾아 나섰다. 사막은 침묵 속에서 신을 찾는 구도의 과정을 암시하는 상징적 장소이다. 수도사들은 숲에서 자신들이 찾고자 했던 바로 그런 사막을 발견했다. 숲은 세상과의 고립을 완성하는 동시에 여러 시선을 포함한 장소가 되었다. 검소함을 추구하려는 강한 의지는 건축과 터전의 선택에도 영향을 미쳤다.[339] 쏜 평원의 깊은 숲이 내뿜는 엄격성과 정결성은 그들의 은거에 적합했다. 물을 관

---

338   Antoni, M. et Bocquet, R., "Ora et labora: de la Règle au paysage", in: *Sacré, Les carnets du paysage*, n.31, Actes du Sud.

339   Duby, G., *Saint Bernard et l'art cistercien*, Paris, Flammarion, 2010.

도33 · 시토 수도원

개하기도 어려운 이 같은 평평한 땅에서 외부와 단절된 구역은 경작하기 쉽지 않았다. 하지만 바로 그곳에서 그들은 곧 유럽 전역에서 빛을 발하게 될 수도회를 설립했다. 시토 수도사들은 도시에서 멀리 떨어진 숲속 깊은 곳, 계곡 속에 터를 잡았다. 수도원 건물과 수도원이 위치한 숲, 들판이 시토회의 영성 상승에 참여한다. 시토 수도원의 가치는 특정 장소에 각인되어 있다. 그 장소로부터 다양한 가치가 탄생한다. 영성의 풍경이란 주체와 대상이 서로 영향을 미치고 분리될 수 없으며, 특정 장소 또는 그곳에 깃든 영혼 사이에서 모종의 혼연일치를 창조하는 숭고한 모습을 말한다.

슬픈 풍경:
생태적 풍경을 희망하며

1 인류세의 도래

인류세는 인류가 지구와 맺는 새로운 대서사를 말한다. 인류세 문제에 천착하는 학자는 지구 환경 위기의 일차적 원인 제공자인 인간Anthropos 의 정체성과 이 새로운 지질학적 시기의 기원을 탐구한다. 지질학적 시기가 수백 만년 단위로 계산된다는 점을 염두에 둘 때 인간이라는 종이 지질학적 시기의 행위 주체라는 생각은 사뭇 도발적으로 비추어질 수 있다.[340] 50억 년의 지구 역사에 견주어 호모 사피엔스는 고작 30만 년의 역사에 불과하고 호모Home라는 류genus는, 260만 년 전 시작된 마지막 빙하기, 플라이스토세Pleistocene의 산물이기 때문이다. 인류가 농업을 시작한 신석기 혁명은 약 1만 년 전에 이루어졌으며, 이는 지구의 온난화 주기 가운데 가장 최근의 국면에 해당한다. 인류세는 지구, 생명, 인간의 역사에 있어 파국적 사건이며 결정적 분기점이다. 인류세는 인간이 세계에 대해 구축했던 표상 체계를 철저하게 변형시킨다. 프랑스의 철학자이며 사회학자인 브뤼노 라투르Bruno Latour에 의하면 "인류세는 근대성 관념에 대한 대안으로서 생산된 가장 결정적인 철학적, 종교적, 인류학적, 정치적 개념이다."[341]

340 Steffen, W. and Crutzen, P.J. and McNeill, J. R., "The Anthropocene: Are Humans Now Overwhelming the Great Forces of Nature?", in: *AMBIO: A Journal of the Human Environment*, 36, 2007, p.614-621.

341 Latour, B., *Face à Gaïa. Huit conférences sur le nouveau régime climatique*, la Découverte, 2015.

독일 지리학자 알렉산더 폰 훔볼트Alexander von Humboldt는 시인 프리드리히 실러Friedrich Schiller에게 보내는 편지에서 자신의 연구 대상을 '지구 표면의 점증적인 거주 가능성'에 관한 연구라고 정의한 바 있다.[342] 그가 언급한 거주 방식의 개선이란 인간이 본래의 자연 환경을 자신의 편익에 맞추기 위해 지구를 점차적으로 변형해 갔던 방식을 의미한다.[343] 훔볼트는 지구를 모든 것이 연결된 하나의 거대한 생명체로 인식했다. 이러한 그의 비전은 20세기 중반 영국의 환경 과학자 제임스 러브록James Lovelock이 제시한 가이아 가설을 예견한 것이다.[344] 분명한 사실은 훔볼트의 생태 사상에서 인간은 지구라는 생명체의 일부를 이루고 있다는 것이며 인간의 자연사는 자연의 인간사와 분리될 수 없다는 점이다.

200년이 흘러 21세기에 진입한 현대 문명에서 그 같은 생태학적 문제는 당시보다 더 긴박한 의제로 부상했다. 이제 인류가 던져야 할 질문은 어떻게 지구를 거주하기 더 좋게 만들 것이냐가 아니라, 어떻게 거주의 어려움을 줄일 방법을 마련할 것인가라는 물음으로 변했다. 훔볼트 시대에는 아직 존재하지 않았던 인류세라는 새로운 상황이 현대 인류 문명의 처절하고도 파국적인 실패를 상징하는 징후가 되어가고 있는 가운데 그렇다면 그 사이에 무슨 일이 일어났는지에 대한 근본적 의문을 품지 않을 수 없다.

342   실러에게 보낸 서한의 한 단락으로서 다음 문헌에서 재인용.
      Minguet, C., *Alexandre de Humboldt, historien et géographe de l'Amérique espagnole*, Paris, François Maspero, 1969, p.77.
343   1. *Views of Nature*, (ed.) Jackson, S. T. and Walls, L. D., (trans.) Person, M. W., Chicago, University of Chicago Press, 2014.
      2. *Essay on the Geography of Plants*, with Bonpland, A., (ed.) Jackson, S. T., (trans.) (from French) Romanowski, S., Chicago, University of Chicago Press, 2009.
344   제임스 러브록. 홍욱희 옮김, 『가이아: 살아 있는 생명체로서의 지구』, 갈라파고스, 2004.

　최소한 두 개의 사건이 발생했다고 말할 수 있다. 무엇보다 인간의 지배anthropisation는 훔볼트가 예상하지 못했던 영역에서 결정적 임계점에 도달했다는 사실이다. 지구 온난화, 생명 다양성의 훼손, 대양의 산성화, 수질 오염, 대기 오염, 토양 부식 등 환경 위기를 일러주는 헤아리기 어려울 정도의 징후가 그 점을 일러준다. 수많은 생명체의 절멸을 동반하면서 감행되고 있는 무자비한 인간 활동이 지배적인 압력으로서 작용하고 있다. 미국의 해양 생태학자 스티븐 팔럼비Stephen Palumbi는 "인간은 이제 지구상에서 가장 큰 진화적 힘이다."라고 설파한 바 있다.[345]

　홈볼트의 시대에 견주어 21세기가 보여주는 두 번째 차이는 소수의 인류가 지구를 독점적으로 전유했고, 초토화했으며, 자신의 행복을 위해 그 같은 엄청난 환경 훼손을 일말의 도덕적 죄책감 없이 야기했다는 점이다. 전 세계의 부를 독점하고 최고의 사치스러운 생활 여건을 구비한 극소수의 부호들은 극빈층을 포함한 절대다수의 보통 인간과 생명체를 무자비하게 희생시켰다. 너무나도 부조리한 사실은 이들 희생양이 소수 무리의 과도한 탐욕과 악덕이 낳은 처참한 대가를 치르고 있다는 것이다. 따라서 인류세의 원인은 인류 전체가 아니라 특정 시스템, 특정 생활 방식, 특정 이데올로기, 세계와 사물에 대해 의미를 부여하는 특정 방식이며, 다양한 요인을 단정하기 위해서는 그것의 정확한 성격을 인식해야 할 필요가 있다.[346]

　인간계, 생명계, 지질계는 결코 분리될 수 없지만 인간 중심의 지배

345　Palumbi, S., "Humans as the world's greatest evolutionary force", in: *Science*, 293(5536), pp.1786-1790.

346　Descola, P., "Humain, trop humain", in: *Esprit*, December. n°12, 2015, p.8. DOI:10.3917/espri.1512.0008

와 인류세는 완전히 상이한 개념이다. 인간 중심 지배는 인간과 인간 이
외의 존재가 여전히 함께 진화한 공진화co-evolution의 결과다. 호모 사피
엔스가 30만 년 전 출현한 이래로 중단 없이 지속되어 온 이 같은 공진
화는 생태계와 그 기능적 조건을 변형시키며 지구를 형성해 왔다. 이 과
정은 돌이킬 수 없으며, 의도치 않은 국부적 효과를 발생시켰다. 반면 인
류세는 전 지구적 규모에서 발생하는 시스템 차원의 효과를 발생시켰다.
인류세의 결과로 지구 기후 시스템은 정상적인 기능을 벗어나 이상 현
상을 보이고 있으며, 그 재앙적 파급 효과는 앞으로 수십 세기 동안 체감
될 것이다.

2 인류세의 위기는
호흡의 위기

맑은 공기의 결핍, 호흡하기조차 어려운 시대에 직면하고 있다는 불쾌감, 숨 막히는 대기 환경에 대한 공포, 이것이 바로 최첨단 기술과 편리함을 누리는 현대인이 직면한 환경 위기이며, 독성 물질로 오염된 도시환경이 노출하는 슬픈 풍경이다. 아울러 온갖 폭력과 차별로 얼룩진 정치로부터 인간이 공동체를 만들어가는 방식 역시 현대인을 숨 막히게 하고 있다. 깨끗한 공기는 불평등하게 분배되고, 호흡의 권리에서 불평등을 발생시킨다. 빵의 공평한 분배가 어려운 현실 속에서 이제는 숨 쉴 공기마저 불평등하게 분배되는 상황이 더욱 심화하고 있는 것이다. 따라서 숨결에 부과되는 사회정의와 환경정의의 시대적 요구를 정확히 호명해야 한다. 인간의 호흡을 위협하고 불평등한 분배를 악화시키는 현 상황을 타개하기 위해 우리가 추구해야 할 목표는 전 지구적 전염병 속에서 재차 선언된 호흡의 평등한 권리이다.

  인류세는 아마도 한 번도 경험하지 못했던 전대미문의 호흡 조건의 시대로 명명될 수 있을 것이다. 독성 연기, 치명적 악취, 석탄의 대량 소비, 농업 화학 폐기물, 납 먼지, 미세 분자, 벌채, 토양의 질식 상태, 방사성 구름 등은 모두 현대 산업 사회의 어두운 그림자다. 한마디로 근대 산업의 역사는 "연속적인 변질과 대규모 차원에서 진행되는 대기 조건의 악화일로 역사다."[340] 최근 수년 동안 지구촌 전역에서 일어난 초대형 산

불은 끔찍한 연기를 내뿜으며 인체에 유해한 독성 물질을 대기권에 방
출했다. 이런 상황에서 구름조차 인위적으로 만들어 인공 강우를 통해
가뭄을 예방하는 인프라가 중국에서 실행되고 있다. 중국의 '구름의 씨
앗을 뿌리다'라는 언어적 표현만큼이나 자연이 남용되고 있다.

산업 활동으로 인한 오염이 인체 건강에 영향을 미칠 수 있다는 과
학적 인과관계를 인정하기 전까지 기나긴 세월 동안 치열한 논쟁이 필
요했다. 신자유주의 맹신도와 이에 동조하는 산업계 종사자들은 환경
위기론자들을 음모론자로 몰면서 큰소리를 치고 있으나[348] 인체는 분명
히 알고 있다. "후각과 폐는 산업 시설의 공장에 면죄부를 줄 수 있는 모
든 결론에 맞서 그들의 방식으로 절규하며 통박한다."[349] 모든 오염의 역
사는 실제로 착취와 개발의 역사이고 한 사회의 어두운 초상이며 상당
히 특이한 사회다. 그것은 공기의 불평등한 분할, 불평등한 생활 조건
의 역사이기도 하다. 건강에 해로운 주거 환경, 예를 들면 광산 또는 폐
기물을 쏟아내는 공장 근처에서 살아야 하는 악조건, 치료와 보살핌에
대한 접근의 결핍은 오래전부터 뜨거운 사회적 쟁점이었다. 특히 호흡
기 관련 병리 현상들은 천식, 규폐증, 암 등 노동 관련 질병들 가운데 가
장 빈번하다.[350]

호흡한다는 것은 인간이 인간이라는 생명체의 생존과 기능 작동을
다른 유기체에 의존하고 있음을 체험하는 소중한 기회이다. 인간은 외
부를 호흡하고, 외부는 인간을 호흡하고, 인간의 몸속에서는 스스로를

347 Zimmer, A., *Brouillard toxiques, Vallée de la Meuse, 1930, contre-enquête*, Bruxelles, Zones sensibles, 2016, p.25.
348 Lomborg, B., *The Skeptical Environmentalist*. Cambridge, Cambridge University Press, 2001.
349 Zimmer, A., 위의 책, p.23.
350 Rainhorn, J., *Blanc de plomb. Histoire d'un poison légal*, Paris, Presses de Sciences po, 2019.

호흡한다. 우리가 들이마시는 공기는 다른 사람의 폐, 다른 유기체의 심장 역시 통과한다. 특별히 주목할 사실은 공기가 단순히 인간 몸속을 관통하는 것이 아니라 신체에서 외부로 다시 나간다는 점이다. 이는 곧 화학적 생명이 각 신체 기관보다 훨씬 더 방대한 자연의 신진대사에 의존하고 있음을 보여준다. 사람이 호흡할 때는 바로 그 같은 방대한 신진대사가 호흡하는 것이며, 서로 호흡하는 것이고, 서로 생존하는 것이다. 여기서 기억해야 할 것은 우리는 매 순간 호흡해야 하며, 때로는 호흡을 통해 위험에 노출될 수도 있다는 사실을 받아들여야 한다는 것이다. 생리적 필요와 욕구 반사 운동을 실행에 옮기는 결정은 자아 없이, 자신의 욕망 없이, 생명과 세계에 대한 수긍 없이는 이루어질 수 없다. 따라서 호흡은 세계 전체의 삶과 공조하는 것이며, 세계의 삶을 맞이하는 계기다. 또한 일종의 힘으로서 자신이 세계 속에 참여하고 있음을 느끼는 체험이다. 나의 호흡과 세계의 상태 사이에는 연관성이 있다. 이는 나의 휴지통과 대양 사이, 다시 말해 내가 버리는 쓰레기와 세상 어느 끝에서 몸속이 플라스틱으로 가득 찬 생명체 사이의 연관성과도 같다. 정확히 말해 인류가 다른 생명체에 대해 갖는 일방적인 책임의 문제가 아니라 암묵적인 연루, 참여, 약속에 속하는 사안이다.[351]

　　오염된 공기와 독성 물질 속에서 가까스로 호흡하며 살아가야 하는 조용한 비극이 현대 문명의 자화상임은 부정할 수 없다. 인간이 오염시킨 해양 생태계와 그곳에서 잡은 어류 내부에 있는 인공 방사능 물질과 미세 플라스틱,[352] 연기로 가득 찬 공기를 마신다는 것, 망가진 이 세

351　Macé, M., "Respirer, conspirer", in: *Les carnets*, p.18.

352　Mah, A., *Plastic unlimited: how corporations are fueling the ecological crisis and what we can do about it*, Cambridge, Polity Press, 2022.

계에서 인간을 비롯한 모든 생명체가 존재한다는 것은 비극이다. 더구나 2020년부터 3년 동안 지구촌 전역에 창궐했던 코로나바이러스감염증 이후로 공기는 의심받고 있으며, 숨결의 생태학은 신성 모독의 대상으로 전락하고 남용되었다. 사람들은 자기 이웃의 호흡을 두려워하고, 기침은 인간을 초조하게 만들고, 가벼운 피로감이나 기진맥진함은 근심 걱정 속에 빠지게 만든다.

3 인류세 시대의
쓰레기와 폐기물의 풍경

프랑스의 구조 인류학자 레비스트로스는 1955년 출간된 『슬픈 열대』에
서 20세기 인류가 자연에 끼친 부정적 재해와 유린에 대한 자신의 근심
과 두려움을 여과 없이 표출한 바 있다. 저자는 이 책의 초반부에서 작심
한 듯 현대 문명의 재앙적 양상에 대해 통렬하게 비판하고 있다. 문명의
오지를 탐험한 여행가들이 인간에게 알려주는 첫 번째 소식은 너무나
불편한 진실로서 청정무구한 모습과는 한참 거리가 먼, 현대 문명 세계
가 만들어놓은 최악의 부패 양상을 일러준다. 그 상황에서 서구의 여행
가는 미개인에게서 자신이 속한 사회의 거울 이미지를 볼 수 있을 뿐이
다. 레비스트로스는 서구 문명의 어두운 그늘을 다음과 같은 쓴소리로
설파하고 있는데 이미 반 세기를 앞질러 21세기의 생태 위기를 먼저 내
다본 그의 혜안이 놀랍다.

　"세계의 다른 지역에서도 그와 마찬가지로 도덕을 타락시키는 여
러 상황과 사태가 내게 결정적으로 알려준 것을 처음으로 내가 깨닫게
된 것이 바로 그때였던가? 온갖 여행들이여, 꿈 같은 약속들을 담고 있
는 마법의 상자들이여, 그대는 이제부터 더 이상 그대의 보물들을 흠결
이 없는 상태로 넘겨줄 수 없을 것이다. 팽창적이고 과도하게 흥분한 어
떤 문명이 바다의 침묵을 영원히 동요시키리라. 열대의 향기와 생명 존
재들의 신선함은 인간의 욕망을 괴롭히고 절반은 이미 부패한 추억들을

채취할 수밖에 없는 운명에 빠지게 만들, 상한 기미가 있는 발효에 의해 오염되었다."[353]

오물, 쓰레기, 찌꺼기rebut에 대한 인문학적 통찰은 프랑스 비평가 조르주 바타유Georges Bataille가 '헤테롤로지heterologie'라고 명명한 것에서 단서를 얻을 수 있다. 그런데 헤테롤로지를 구성하는 두 개의 용어는 모순적이다. 로고스logos는 합리적 담론과 이성적 연구를 의미하는 반면, 헤테로스heteros는 그 같은 담론에서 벗어나는 이질적인 것을 가리킨다. 바타유는 헤테롤로지 개념의 출발점으로서 전유와 축출 현상을 취한다. 전유 현상, 즉 자기 것으로 만드는 것은 생소한 몸을 동질적인 것으로 만드는 것을 말한다. 전유 과정은 그 결과 동질화에 의해 특징지어질 수 있는 반면, 분비물은 이질성의 결과물로서 제시된다.

1) 잔존물

바타유의 생각을 따른다면 물질적이고 지적인 모든 인간 활동은 이상한 것, 생소한 것을 자기 것으로 전유하는 것이다. 즉 이질적인 것을 동질적인 것으로 만드는 것이다. 음식물 소화, 대지의 전유, 기술 활동, 도시화 등이 모두 그 같은 전유 활동에 속한다. 동질화 과정의 발현은 열거하기가 힘들 정도로 빈번하다. 종교, 철학, 과학, 시는 모두 전유라는 인간 문화의 고유한 과정에 속한다. 특히 종교는 성스러움과 세속 사이의 분리를 다룬다는 점에서 특권적인 자리에 있다. 문제의 핵심은 이질적인 것과 동질적인 것 사이의 대립에 있다. 바타유가 날카롭게 지적한 것처럼

---

353   Lévi-Strauss, C., *Tristes Tropiques*, p.26 (p.36), (한국어 번역본) 박옥줄 번역, 『슬픈 열대』, 한길사, 1998, p.139.

헤테롤로지heterologie에 대한 또 다른 이름은 성인전agiologie이 될 터인데, 아지오스agios가 두 가지, 즉 성스러운 것과 배설 가능한 것excretable을 의미한다는 점에서 그렇다.

이탈리아 철학자 조르조 아감벤Giorgio Agamben은 태고적부터 존재했던 로마법의 범주를 근거로 하여 '사케르Sacer'란 단어의 양가성을 새롭게 해석하고, 그 의미장을 심층적으로 발굴한 바 있다.[354] 이 같은 개념의 고고학적 작업을 위해 '신성함'이라는 문제를 다루어 왔던 인류학, 언어학, 사회학의 다양한 이론들과 가설들을 종합적으로 제시하고, 앙투안 에르누Antoine Ernout와 앙투안 메이예Antoine Meillet가 편집한 『라틴어 어원 사전』에서 설명하는 '호모 사케르'라는 용어의 이중적 의미를 소개한다.

"사케르란 건드렸을 경우 자신이나 남을 오염시키는 그런 사람 혹은 사물을 가리킨다. 여기서 '신성한' 또는 (대략 유사하게는) '저주받은'이라는 이중적 의미가 유래한다. 사람들이 지하 세계의 신들에게 바친 죄인은 '성스럽다(성스러울지어다sacer esto)'에서 유래한 그리스어 '하기오스hagios'를 상기하라."[355]

그러나 아감벤은 이런 기존의 통념에 반기를 들고 완전히 다른 해석을 내놓았다. 그는 호모 사케르의 본래적 의미는 신성함의 양가성이 아니라 그가 노출되어 있는 폭력의 특수한 성격이라고 갈파했다. "신성화란 인간의 법과 신의 법, 그리고 종교적인 것의 영역과 세속적인 것의

354 조르조 아감벤, 박진우 옮김, 『호모 사케르: 주권 권력과 벌거벗은 생명』, 새물결, 2008, p.155-172.

355 위의 책, p.168-169.

영역 모두로부터 이중적인 예외의 형태를 취하게 될 것이다.[356] (…) 그 것은 아벨이 말하는 대립적 의미도, 뒤르켐이 말하는 일반적 양가성도 갖고 있지 않다. 오히려 절대적인 살해 가능성에 노출된 생명, 법과 희생 제의의 영역 모두를 초월하는 어떤 폭력의 대상을 가리킨다."[357]

근대 인류학은 성스러움과 배설 가능한 것의 이 같은 혼동에 대해 의아해 했다. 1891년 미국의 민족학자 존 그레고리 버크John Gregory Burke 는 미군 장교로서 군사 임무를 수행하는 동시에 다양한 문화의 종교 의 례와 치유 기술에서 나타나는 온갖 종류의 배설물 사용 관례를 체계적 으로 정리한 책을 발표한 바 있다.[358] 지그문트 프로이트Sigmund Freud는 1913년 이 책 독일어 번역본의 서문을 썼는데, 여기서 인간이 자신의 동 물적 본성을 상기시키는 생리 현상과 본능에 대해 얼마나 거북함을 느 끼는가에 대해 주목한 바 있다. 그는 배설물이나 성적 기능과 같은 찌꺼 기가 문화에 미치는 영향을 결코 단순하게 설명할 수 없다는 점을 강조 하며, 성적 기능과 배변물의 기능이 지상의 찌꺼기 가운데서 핵심적 요 소라는 점을 주목했다.

인간은 자신의 몸과 욕구가 창세기의 신화가 일러주는 것처럼, 그 가 온 땅, 흙, 진흙을 생각나게 한다는 사실을 받아들이기 어려워한다. 문자 그대로 아담은 아다마Adamah, 즉 흙의 아들이다. 프로이트는 "인간 은 필연적으로 그러한 완전성으로부터 멀리, 아주 멀리 떨어져 있어야

356 같은 책, p.175.
357 같은 책, p.181.
358 Bourke, J. G., *Scatalogic Rites of all Nations. A Dissertation upon the Employment of Excrementitious Remedial Agents in Religion, Therapeutics, Divination, Witchcraft, Love-Philters, etc., in all Parts of the Globe*, Foreword Dr. Sigmund Freud, New York, American Antropological Society, 1934. (프랑 스어 번역본) (éd.) Laporte, D. G., (trad.) Boisseau-Riou, H., Paris, PUF, 1981.

하기 때문에 이 불행한 '땅의 잔재'의 실제적 존재임을 가능한 한 부정하고, 이 부분이 자신 존재의 필수적인 부분으로서 받아야 할 관심을 거부하는 교묘한 방법을 선택했다."고 썼다. 가장 현명한 행동은 의심할 여지 없이 그 본성이 허용하는 한 최대한의 존엄성을 부여하는 것이었을 것이다. 성적 기능 및 배설 기능이 핵심이라고 할 수 있는 고통스러운 '땅의 잔재'를 다루는 이러한 방식이 문명에 미치는 결과를 조사하거나 설명하는 것은 결코 사소한 문제가 아니다. 프로이트가 이 텍스트에서 배설물과 폐기물이 인간의 욕망에서 차지하는 인과적 기능에 어떻게 접근하는지 분명하게 알 수 있다. 폐기물은 프로이트가 '땅의 고통스러운 잔재"라고 부르는 동물성의 일부에 대한 문명화된 인간의 거부, 부정으로 구성되며 성기능과 배설기능이 그 핵심을 구성한다."[359]

또한 그는 배설과 성적 관심사는 처음에는 분리되지 않으며 나중에야 분열되고 그 같은 분리는 불완전하게 성취될 뿐이라고 첨언했다. 프로이트는 민속, 마법 의식, 민족의 관습, 숭배, 치유 예술에서 나타나는 배설물에 대한 원시적인 애호(호분증)의 지속적 관심을 강조한 버크에게 경의를 표하고 있다.

버크의 책은 10년 동안 진행된 미국 푸에블로 인디언 집단에 대한 선행 연구 문헌(저자는 이 주제와 관련된 논문 1,000여 편을 참고했다고 주장하고 있다.)이며, 전 세계 연구자들과 함께 현장에서 수행한 방대한 인류학적 조사 결과물이다. 이 책은 모든 민족과 국가에서 언급된 배설물에 관한 내용을 과학적 연구의 대상으로 삼아 신념과 의식 측면에서 생성되었을 수 있는 배설물 관행 사례 일체를 수집하는 것을 목표로 설정했다.

359 앞의 책, 1981, p.32.

바타유의 상상력을 적용한다면 인류세의 어두운 그늘이며 불편한 풍경인 쓰레기의 속성은 다음과 같이 압축될 수 있다.

압축되지 않는 것(억제할 수 없는 것)incompressible

폐기물은 무엇보다 동화될 수 없는 것이다. 동화될 수 있다면 그것은 진정한 의미의 잔여물이 아니다. 이러한 이유로 쓰레기를 처리하는 일은 현대 문명이 직면한 난제 중 하나다. 상대적으로 부유한 지중해 북반구의 도시들은 남반구 도시에 비해 쓰레기 처리 시스템을 구축하는 데 엄청난 비용을 들여 더 깨끗하고 적합한 환경을 유지하려고 한다. 하지만 이 같은 시스템은 도처에서 균열이 생긴다. 찬양할만한 일부 성과에도 불구하고 쓰레기 매립이나 소각은 여전히 해결되지 않은 문제를 야기한다. 산업 폐기물과 핵폐기물도 상황은 마찬가지다. 쓰레기 처리라는 골치 아픈 문제에 직면해 모든 가능한 입장과 태도가 나타난다. 쓰레기와 관련하여 지불해야 할 대가는 재정적 차원으로 국한되지 않으며, 생태학적, 경제적, 사회적, 그리고 무엇보다 정치적 차원에 이른다. 각국의 정부는 가능한 한 자국에서 가장 멀리 떨어진 곳에 쓰레기를 매립하고 그곳에 사는 사람들이 반대할 수 없는 곳에 매립해야 한다는 숙제를 떠맡는다.

폐기물의 경제가 세계화되고 그 위험성 또한 확대되면서, 풀어야 할 긴박한 난제들이 발생한다. "더 많은 양의 폐기물 생산은 노동자에게 가해지는 위험 또는 버려진 음식물로 가득한 매립지의 온실가스 배출량 증가 등 여러 위험을 파생시킨다. 환경에 머무는 기간이 매우 긴 유해성 폐기물이나 핵폐기물은 지난 수십 년 동안 출입 제한 공간에 격리되어야만 했다. 점점 더 많은 플라스틱 파편이 바다를 집어삼키며 해양 생물과 먹이 사슬을 위협하고 있다. 말 그대로든 비유적이든 '멀리두기 개넘'은 이러한 세계화된 위험을 개념화하는 데 도움이 된다. 폐기물은 사용된 지점에서 멀리 떨어진 곳에서 처리되는 경우가 많아 일반 소비자의 눈 앞에서 사라지고 이내 잊힌다. (…) 세계 폐기물 경제의 노동자들은 명백한 위험을 마주하고 있다. 보호 장비 없이 수공구로 낡은 전자제품을 해체하는 노동자는 수은, 다이옥신을 비롯한 여러 독성 물질에 노출된다. 이들은 질병, 악조건의 날씨, 세계 최대 규모의 초대형급 매립지 붕괴 또는 '쓰레기 사태' 등의 위험에 가장 취약한 집단이기도 하다."[360]

상황은 점차 명확해진다. 아무리 정교한 기술을 사용하더라도 폐기물 처리 과정에서 필연적으로 잔존물이 남을 수밖에 없다는 것은 냉혹한 사실이다. 이는 결국 쓰레기 처리의 태생적 한계는 이러한 잔존물의 존재로 인해 극복될 수 없다는 것을 의미한다.

다량 배출, 넘침, 무절제

또 다른 대안적 환경 담론은 도시 개발이 엄청난 분량의 오물을 만들어 낼 때부터 존재했던 재활용 담론이다. 사람들은 일찌감치 퇴비 기술을 실험했다. 대지의 잔존물은 대지로 다시 돌아가야 한다는 원리에 착안한 기술이다. 시골은 도시를 먹여 살리고, 도시 소비의 찌꺼기들은 자양분을 주는 대지를 풍요롭게 해야 한다. 이는 선순환 구조라고 말할 수 있다. 그러나 진지한 연구들은 처음부터 이러한 실천이 매우 극복하기 어려운 장애물과 난점을 지니고 있음을 지적하고 있다. 이 같은 난관의 대부분은 문명의 기술 발전에 기인한다. 예컨대 딱딱한 건축 파편(금속과 유리)은 농업에 재사용하기 어렵다. 쓰레기 처리에는 분류 및 선별의 문

---

360   케이트 오닐, 명선혜 옮김, 정철 감수, 『쓰레기의 정치학』, 북스힐, 2021, p.230.

제가 있으며, 부패를 제어하는 것 역시 매우 어렵거나 불가능한 경우가 많다. 여기에 더해 독성 물질을 비롯한 유해 물질의 장기적 영향에 대해서 아직 제대로 밝혀지지 않은 상태이다. 따라서 표면적으로는 간단해 보이는 재활용이나 퇴비화와 같은 환경 실천도 결코 단순하거나 자명한 일이 아니다. 과학 기술의 진보는 쓰레기 처리 문제를 개선할 수 있을지 몰라도, 인류 문명은 쓰레기를 완전하게 흡수하고 처리할 수 있는 능력을 구비하기 전에 더 신속하게 쓰레기를 방출한다.

생태학의 용어를 빌려서 이 같은 현상을 설명한다면 과거의 '닫힌 시스템'에서 20세기 현대 소비 문명의 도래와 더불어 '열린 시스템'으로 변형된 것이다. "버리는 것을 그 자체로 예찬하는 사람은 이제 거의 없지만, 우리의 소비 문화는 끊임없이 자연 자원을 취해서 폐기물을 배출하는 과정을 통해 번성하고 있다. 산업 생태학자들은 이 과정을 '오픈 시스템'이라고 부르는데, 이 시스템에서 폐기물은 다시 사용되지 않는다. 의료 폐기물은 해변에 쌓이고, 도시의 쓰레기는 점점 더 먼 곳으로 보내진다."[361] 이와 대조적으로 '닫힌 시스템' 안에서는 버려진 것들이 지속적으로 사용되면서 순환한다는 점에서 지속가능한 생태계와 흡사하다. 다시 말해, "죽은 생물이나 배설물이 주변에 양분을 제공하듯이, 시스템의 한 부분에서는 쓰레기인 것이 다른 부분에서는 원료가 되는 것이다."[362]

361 수전 스트레서, 김승진 옮김, 『낭비와 욕망: 쓰레기의 사회사』, 이후, 2010, p.439.
362 위의 책, p.439.

2) 일반 경제

쓰레기 관리는 개선될 수 있으나 기술적 해결이 무한히 완벽해질 것이라고 믿는 것은 환상이다. 모든 쓰레기와 폐기물을 재활용할 수 있다는 믿음 역시 그렇다. 이렇게 보면 쓰레기의 증가를 직시하는 것은 현대 문명으로 하여금 그것의 생산-소비 방식에 물음을 던지게 만든다. 아울러 바타유가 발굴했던 분석, 특히 그의 저서 『저주의 몫』은 쓰레기를 무조건 부정하는 맹목적인 사고방식에서 인간을 벗어나게 도와줄 수 있다. 기존의 사고방식은 '잔존물' '폐기물' '찌꺼기'와 같은 제어 불가능할 정도로 불어나는 천문학적 분량의 잔존물, 폐기물, 쓰레기 양이 어디에서 비롯되었는지를 제대로 이해하지 못하게 만든다.

바타유는 인간 활동 속에서 일정한 한계가 그어진 행동과 완전히 다른 규모의 활동을 구별한다. 첫 번째 범주에 속하는 일정한 테두리 내에서 이루어지는 행동은 환경과 분리하여 파악할 수 있다. 그는 이 범주의 사례로서 '자동차 바퀴 교체' '농양과 종기abces' '포도밭 일구기'를 들고 있다. 이러한 활동은 명확한 목표와 끝이 있으며 그 과정이 비교적 간단하게 마무리될 수 있는 작업이다. 그리고 이 같은 범주에서는 과도한 쓰레기를 배출하지 않는다. 반면 대규모의 경제 활동, 예컨대 미국의 자동차 생산 과정과 전 세계 원자력의 폐기물 등은 그렇지 않다. 이 점에서 그는 기존 경제학의 한계를 날카롭게 파악한다. "자동차 생산과 경제의 전반적인 움직임 사이에는 상호 의존성이 분명하지만, 이를 하나의 통합 시스템으로 간주하는 연구는 많지 않다.[363] 경제 현상은 쉽게 분

---

[363]   Bataille, G., *The Accursed Share: An Essay on General Economy, vol. 1*, Consumption, (trans.) Hurley, R., New York, Zone Books, 1988, pp.19-26.

리할 수 없다. 따라서 생산 활동 전체가 주변 환경으로부터 받는 변화 또는 주변 환경에 초래하는 변화를 고려해야 한다는 관점이 제기될 수 있다. 즉, 훨씬 더 큰 틀 안에서 인간 생산과 소비의 시스템을 연구할 필요가 있지 않을까?"[364]

18세기 이후 과학으로서 성립된 경제학은 생산과 소비라는 두 개의 작동 영역을 분리시켜 연구해 왔다. 그 결과 이 두 영역은 바타유가 포착한 경제의 총체적 운동으로부터 독립된 것처럼 고립화가 이루어졌다. 그는 경제와 결합된 현상에 접근할 때 두 개의 층위를 구별할 것을 제안한다. 제한 경제의 관점과 일반 경제의 관점이 그것이다. 제한 경제는 기존의 경제학을 의미한다. 바타유는 이 두 층위의 분리를 기술하면서 이를 분리했을 때 발생하는 위험성에도 주목했다. 생활의 물질적 조건과 재료에 대한 무시는 인간을 심각한 오류에 빠지게 만든다. 이 점에서 일반 경제의 필요성에 대한 바타유의 통찰을 경청할 필요가 있다.

"말하자면 경제학은 경제적 인간의 목적을 위해 행해지는 작용으로 그 대상을 제한하며, 특별한 목적의 제한을 받지 않는 에너지 작용, 예컨대 빛의 움직임과 그 결과 발생하는 일반 생물체의 작용은 고려하지 않는다. 지표면을 보면 생물체에 비해 에너지는 언제나 과다하며 그러한 문제는 항상 사치를 일으킨다. 선택은 부의 낭비일 뿐이다. 그러나 인간은 생물 세계나 또 다른 인간과 경쟁해서 생존에 필요한 자원을 차지하려고 싸우는 단순한 존재가 아니다. 인간은 물질의 삼출滲出(낭비) 운동이라는 일반적 운동의 자극을 받을 뿐 아니라 그 자극을 결코 피하

La Part maudite, I: La Consommationwas first published by Editions de Minuit in 1949, and re-edited in a 1967 edition.

364   위의 책, p.20.

지 못하는 존재다."[365]

위의 인용문은 바타유가 2차 대전 이후에 작성했으며 인류 문명 양식의 경제적, 생태학적 문제를 다룬다는 점에서 인간 의식을 각성시킨다. 바타유가 비판한 고전 경제학의 접근, 즉 제한 경제는 더 이상 충분하지 않다. 기존 경제학의 사고 방식이 지구에서 지속 가능한 거주 방식을 제시하기에는 결정적 한계를 노출할 수밖에 없다는 사실을 인식하는 데는 기후 변화라는 복잡한 난제를 환기하는 것만으로도 충분하다. 이런 맥락에서 쓰레기와 폐기물의 발생과 처리라는 복합적 문제는 기존의 제한 경제 개념을 해체하여 에너지의 흐름과 자원 사용을 중심으로 한 일반 경제의 원리 속에서 다시 고려되어야 한다.[366]

바타유의 표현을 빌리자면 인간의 욕망은 공리적 활동만으로는 해소될 수 없는 에너지의 끓기와 부글거림bouillonmment에서 비롯된다. 이러한 과잉은 종교, 예술, 축제, 증여, 선물을 비롯한 모든 사치스러운 부와, 물질의 지출과 같은 쓸모없는 낭비적 관행과 실천 속에서 소비되지 못할 경우 재앙적 양상을 띠는 방식으로 소비된다. 예컨대 전쟁이 그러하다. 이 점에서 『저주의 몫』에서 제시된 통찰은 현대 자본주의의 성장 모델과 그에 대한 대안으로 최근 부각되고 있는 탈성장 모델 논의에 대한 본격적인 쟁점을 파악하는 데 있어 훌륭한 길라잡이가 될 수 있을 것이다.

"내가 강조하고 싶은 것은 일반적으로 성장은 없고 에너지의 사치스러운 낭비만이 있을 뿐이라는 사실이다. 지구상 생명의 역사는 주로 광적 분출의 결과다. 그리고 지배적인 사건은 사치의 발전이고 점점 더

365　조르주 바타유, 조한경 옮김, 『저주의 몫』, 2000, p.63.

366　Plotnitsky, A., *Reconfigurations: critical theory and general economy*, Gainesville, University Press of Florida, 1993.

비용이 많이 드는 생명 형태의 생산이다."[367]

　한 걸음 더 나아가 20세기 부의 생산과 인구학적 현실에 바타유의 사상을 적용할 필요가 있다. 바타유를 이해하는 핵심은 쓰레기가 저주받은 몫의 발현 중 하나로서 환원될 수 없는 이질성이라는 사실이다. 그는 이러한 이질성의 개념을 통해 과학, 철학, 그리고 특히 경제학에서 확고부동하게 고착된 기존의 모든 개념들을 다시 고려할 것을 주문한다. 바타유가 차례로 지출과 저주받은 몫이라고 명명하는 것은 생명과 삶의 활기와 충만함을 발현한다. 인간은 활기와 충만함에 사로잡혀 있으나 동시에 그는 자신 안에 있는 이 같은 활기와 충만함을 실험할 수 있는 비범한 능력을 갖고 있다. '호모 에코노미쿠스'는 오직 이익의 극대화를 고려하는 개인이다. 그것이 제한경제의 모델이며, 오직 쓸모가 있는 것의 가치에 의존하며 규정된 목적에 견준 최대의 효율성으로서 파악된다. 하지만 제한 경제는 초과분, 지출 등의 일반 경제에 포함되어 있다. 인간이라는 존재는 다름 아닌 이 같은 특이한 소비 방식과 지출의 특권화된 발현 그 자체이다.

　바타유는 정치경제학 및 경제에 대한 신고전주의적 과학화를 포함한 통상적인 경제학적 사고를 경험적으로나 이론적으로나 부적절한 축소 및 환원이라고 간주한다. 따라서 그는 이러한 제한된 경제restricted economy와 자신의 일반 경제general economy를 구분하고 있다. 일반 경제는 자원, 생산, 유통, 성장, 가치는 사회적 경제 또는 사유 경제뿐만 아니라 자연의 경제와 우주와도 관련되어 있다고 간주된다.

　"단도직입적으로 말해, 경제 성장의 확장은 경제 원칙의 전복, 즉

367　위의 책, p.74.

그 원칙의 토대가 되는 윤리의 전복을 필요로 한다고 주장할 수 있다. 제한 경제의 관점에서 일반 경제의 관점으로의 전환은 실제로 코페르니쿠스적 변혁을 달성하는 것이다. 그것은 사고의 전환과 윤리의 전환을 말한다. 부의 일부(대략적인 추정치에 따름)가 파괴되거나 최소한 수익을 낼 수 없는 비생산적인 용도로 사용될 운명이라면 수익 없는 상품을 포기하는 것은 논리적이고 피할 수 없을 것이다. (…) 엄청난 산업 네트워크는 타이어를 교체하는 것과 같은 방식으로 관리할 수 없다. 그 같은 방대한 네트워크는 자신이 의존하는 우주 에너지의 순환을 표현하거니와 그 순환을 제한할 수 없고, 반드시 파급 결과가 발생하는 그 같은 에너지 순환의 법칙을 무시할 수 없을 것이다."[368]

바타유가 인간의 삶에 필요한 자원에 초점을 맞출 때, 존재적(실존적) 필요성이 중요해지며, 이러한 이론적 관점에서 전통적인 경제의 실질적인 목표는 괄호 안에 놓이게 된다. 바타유의 관점은 처음부터 전통적 경제 개념으로부터 탈피하는 이동을 의미한다. 왜냐하면 그의 이러한 이론적 관점은 물질적 자원이 단지 유용한 사물이나 상품에 그치는 것이 아니라 접근 가능한 에너지의 형태라는 것을 의미하기 때문이다. 그의 통찰에 의하면 "본질적으로 부는 에너지이고, 에너지는 생산의 기초이자 척도이다."[369]

이런 맥락에서 바타유의 경제가 보편적 규모에서 고려되어야 하는 방식을 개략적으로 설명할 필요가 있다. 그의 일반 경제 이론의 관점에

368 Bataille, G., *The Accursed Share: An Essay on General Economy, vol. 1*, Consumption, (trans.) Hurley, R., New York, Zone Books, 1988, pp.19-26.
369 Bataille, B., "L'économie à la mesure de l'univers", in: *Œuvres complètes, vol. VII*, Paris, Gallimard, 1976, p.9.

서 부는 자원이고, 자원은 에너지라는 점을 재차 강조해야 할 것이다. 들판의 식물과 동물은 에너지이고, 인간은 그것을 먹어치우는 덕분에 자신의 노동에 소비할 에너지를 얻는다. 따라서 경제 연구는 우주, 자연, 사회를 통해 흐르는 에너지의 흐름을 파악해야 한다.[370] 우리는 식물과 고기를 먹어치우고 그 덕분에 노동에 소비한 에너지를 얻는다. 요컨대 에너지는 모든 생산의 기초이자 척도이며, 따라서 일반 경제는 우주, 자연, 사회를 통해 흐르는 에너지의 흐름을 고려해야 한다.

평범한 의미에서의 경제는 일반적으로 인적 자원의 실제적인 처리에 관한 것이다. 이때 경제학에서는 미시경제와 거시경제를 구분하는데 전자는 단일 경제 주체의 관점을 다루는 반면, 후자는 일반적으로 사회 전체와 같은 더 큰 집단 단위의 경영 관점을 가정한다. 그러나 바타유의 일반 경제가 가정하는 이론적 의미에서 거시경제는 에너지 자체와 지구상의 모든 움직임에 대한 객체화된(객관화된) 설명을 포함한다. 즉, 지구 물리학의 생물학, 사회학, 역사학을 거쳐 인간 사회의 정치경제학에 이르기까지 모든 영역에서 에너지의 흐름이 발생하고, 이는 사람들의 양심과 의식에 영향을 미치고, 궁극적으로 사고, 과학, 철학에도 영향을 행사한다. 따라서 바타유는 일반 경제의 대상이 그 주체와 완전히 분리되어 있지 않다는 점에 주목해 일반 경제의 주관적 측면을 분석한다. 바타유는 주관적 욕망을 출발점으로 삼으면서도 그것을 운동 에너지로 객관화하지 않고, 욕망과 그 대상의 경험을 내적 경험으로 보존하려고 시도하는 미시 경제의 윤곽을 그린다.

과학은 가장 기본적인 의미에서 특정 현상이 법칙에 의해 지배된

---

370   Sorensen, A., "On a universal scale: Economy in Bataille's general economy", in: *Philosophy and Social Criticism*, 38(2), 2012, pp.169-197.

다는 것을 보여줄 것을 요구한다. 따라서 『저주의 몫』의 첫 부분에서 바타유는 일반 경제의 객관적 근거에 유효한 법칙을 제시한다. 자연법칙은 보편적으로 유효하다고 가정되며, 그의 이론도 동일한 조건이 적용된다. 바타유가 '우주의 규모'에 대해 이야기할 때, 그것은 문자 그대로의 의미로 이해되어야 한다는 점에 주의해야 한다. 즉 그가 구상한 일반 경제의 법칙은 태양과 행성, 그리고 그들 사이의 상호 관계에도 적용된다. 지구 전체 부의 궁극적인 원천은 태양이며, 태양은 인류 문명을 포함해 인류가 성취한 모든 것을 생산하고 재생산한다. 태양의 잉여는 인류의 생존을 가능케 하고, 그로 인해 살아 있는 에너지의 잉여가 만들어진다. 지구에서 바라보면 태양 빛은 일방적으로 소비된다. 이 빛 속에서 에너지는 어떤 계산이나 징벌 없이 소비되고 소실된다.[371]

바타유는 여전히 현대 산업 사회에 초점을 맞추고 있지만, 일반 경제에서 객관적으로 주어진 경제 활동의 물질적 측면과 주관적으로 주어진 내면의 삶을 연결하는 시도에 착수한다. 요컨대 그는 주관적으로 주어진 형태의 에너지, 즉 욕망의 내적 경험을 이해하고자 한다. 이는 그의 일반 경제 이론에서 '인간의 희생, 교회의 건축, 보석의 선물은 밀의 판매만큼이나 흥미로운 현상'이라는 것을 의미한다.[372]

바타유의 일반 경제 이론에서 욕망이라는 요인이 의미하는 바는 이런 것이다. 만약 경제가 우리가 놓치고 있는 것에 관한 것이라면, 경제는 사물들의 생산과 유통으로만 구성될 수 없다는 것을 의미한다. 마찬가지로 경제 문제는 이론적 또는 기술적 문제로만 간주될 수 없다. 통상

371 Bataille, G., *La part maudite. Essai de économie générale: La consumation, 1*, Paris, Gallimard, 1976, p.34.

372 Bataille, *La consumation*, p.19.

적인 경제학적 사고는 인간의 행동을 상품, 즉 사물로 간주할 수 있는데,
바타유에 따르면 이 같은 기존의 통상적 경제가 '제한적'인 이유는 바로
인간의 삶을 이러한 방식으로 축소하기 때문이다. 바타유에게 있어서는
주관적 욕망을 경제 사고에 도입하는 것만이 인간을 사물로 객관화할
수 없다는 것을 분명히 할 수 있는 유일한 방법이다. 인간에게 있어 삶은
사물이 되는 것이 아니라 주권자가 되는 데 있다.

4 인류세 시대의 폐허의 풍경:
호모 사피엔스의 소멸과 기술 상상계
1) 폐허의 미학

니콜라우스 가이르할터Nikolaus Geyrhalter 감독이 제작한 다큐멘터리 〈호모 사피엔스Homo Sapiens〉(2016)의 관람객은 인간이 사라지고 자연이 다시 우위를 점하는 현대 세계를 탐험하게 된다. 〈호모 사피엔스〉는 앞서 인용했던 레비스트로스의 『슬픈 열대』의 마지막 부분에 나오는 잠언과 결합되는 것처럼 보인다. 『슬픈 열대』의 결론부에서는 인간 문명에 대해 매우 비관적인 전망을 개진하고 있다. 여기서는 '세계는 인간 없이 시작되었고 인간 없이 완수될 것이다.'라는 점을 상기한 후에 인간은 본래의 질서의 쇠락에 맞서 나름대로 생존을 위해 애를 쓰며 노력한다고 언급한다. 갈수록 커져가는 불확실성으로 다급하게 몰고 가는 인류를 목격하면서 그는 이렇게 적고 있다. "호흡을 하기 시작하고 스스로 영양분을 얻기 시작한 이후부터 불을 발견한 시대를 거쳐서 원자 엔진 및 핵융합 엔진을 발명해내기까지―인간은 스스로를 번식시키는 경우를 제외한다면―수백억 개의 구조를 경쾌하게 분해하여 통합될 수 없는 상태로까지 환원시키게 된다."[373]

---

[373]   Lévi-Strauss, *Tristes tropiques*, p.443, (한국어 번역본) p.742.

　레비스트로스는 안정된 존재가 없는 생성devenir(되어감)의 문제를 상당히 급진적으로 제기하고 있다. 즉 우주의 총체성이 보여주는 덧없는 찰나적 성격을 암시하고 있다. 레비스트로스가 허무주의적 정신 속에서 기술하고 있는 구절을 액면 그대로 해석한다면 인류에게 이제 시간의 종언이 멀지 않았다. 이 시간은 무無로 환원될 것이며, 초토화되고 절멸되어 말소될 수밖에 없다. 인간 그리고 인류가 축적한 문명은 덧없고 매우 일시적이라는 이유에서 그 어떤 미래avenir도 없을 것이라는 비관적 예언으로 읽힌다. 인간과 세계의 종언에 대한 레비스트로스의 성찰에서 우리는 절묘한 애매모호함을 발견하게 된다.[374] 그는 인간을 포함한 모든 생명체가 점점 커져가는 '엔트로피'의 우주에 속해 있으며, 이러한 엔트로피의 증가가 인간 종의 불가피한 소멸로 이어질 것이라고 주장한다. 그는 자신의 대표작 『신화지 4권』에서도 비슷한 비관적 증언을 남긴 바 있다.

　"확실한 것이 있다면 이것이다. 새, 나비, 조가비, 그리고 다른 동물들, 식물과 꽃 등 생명의 모든 발현은 진화를 통해 다양한 형태로 발달하고 다양화된다. (…) 언어, 사회적 제도, 관습, 미술 걸작품, 신화, 이 모든 것들은 생각할 수조차 없는 미래에, 엔트로피가 최고점에 도달했을 때, 그 어떤 것도 남아 있지 않을 것이다."[375] 이때 역설은 이런 것이다. 엔트로피에 의한 용해는 불가피한 것이라도 인간은 여전히 그 같은 과정에 기여하고 있으며, 창조의 풍요로움을 감퇴시키는 데 일조한다. 따라서 인간은 물리적 숙명성의 의도치 않은 작업자이며, 동시에 세계의 흐름에 대해 공동 책임을 져야 하는 도덕적 주체인 것이다. 레비스트로스

374　Lévi-Strauss, 위의 책, pp.488-493.
375　Lévi-Strauss, C., *L'Homme nu, Mythologie IV*, Plon, 1971, pp.620-621.

는 두 개의 모순적인 자명성 속에 인간을 위치시키는데, 어느 하나를 선택하도록 강요하지 않는다. 인간은 스스로가 점증적이고 궁극적 소멸로 운명지어졌다는 사실을 겸허히 받아들여야 한다. 그 같은 소멸은 인류의 모든 소산과 업적을 집어 삼킬 것이다. 그렇지만 그럼에도 불구하고 인간은 용기를 간직해야 할 터인데, 그 이유는 "살아내고, 투쟁하고, 사유하고, 믿어야 할" 과제가 맡겨져 있기 때문이다.[376] 인간 조건을 정초하는 이 같은 모순은 우주적 질서 속에 통합되어야 할 뿐만 아니라, 겉으로는 숙명적으로 보이는 힘이 인간에게 던지는 도전을 제기한다. 간헐적이지만 예기치 못한 낙관주의가 레비스트로스의 펜에서 희망의 샘처럼 솟아오른다. "아무것도 결정된 것은 없다. 인간은 모든 것을 다시 시작할 수 있다."[377]

인류는 이기주의와 교만에 가득 찬 휴머니즘이라는 오류를 포기해야만 희망이 있으며, 인류학의 의미는 그 같은 의식을 각성시키는 데 있다. 이러한 자각을 통해서 비로소 엔트로피의 퇴행에 맞선 현대인의 도덕적 전진이 있으며, 더 나아가 자연 전체에 대해 박애 정신으로 재무장한 공동체를 확산시킬 수 있다. 이때 필요한 것은 생태 의식에 기초한 포용적 휴머니즘으로서, 이를 통해 인간 사이의 갈등을 치유하고 인류와 자연을 화해시킬 수 있을 것이다.

---

376   위의 책, p.621.
377   Lévi-Strauss, *Tristes tropiques*, p.421, (한국어 번역본) pp.705-706.

2) 숭고미의 종언:
미국 화학 공장의 풍경

인류세 시대의 미학에 대한 논의를 위해 19세기 프랑스의 기념비적인
지리학의 업적을 남긴 엘리제 르클뤼Elisée Reclus의 사상에 기대볼 수 있
다. 그는 19권의 기념비적 저서 『신 보편 지리학*Nouvelle géographie universelle*』
(1876-1894)에서 지리학 학술 영역을 수많은 대상으로 확장시켰다. 지
질, 기후, 산맥, 산업, 도시화, 사회적 문제들, 전염병, 정치 시스템 등 그
에게 있어 자연과 인간의 요인 모두는 지리학에 속한다. 그의 사후에
6권으로 출간된 『인간과 대지*L'Homme et la Terre*』에서는 환경milieu이라는
지리학적 개념을 진전시켰는데, 이는 시간만큼이나 공간과 관련된다.
이 책 각 권의 모두에는 다음과 같은 문장이 적혀 있다. "지리는 공간 속
에서의 역사 이외 다름 아니며 마찬가지로 역사는 시간 속에서의 공간
이외에 다름 아니다."

르클뤼가 제안한 환경 개념은 오늘날 인류세 개념을 중심으로 한
횡단적 사유와 매우 가깝다. 그는 미국에서 태어나 플랜테이션이 있던
루이지애나에 삶의 터전을 잡았고, 평소 미시시피강을 따라 산책을 했
으며 신학 교육을 받았다. 최초의 현대적 정유 공장은 스탠더드 오일
Standard Oil이며, 이 공장은 1899년 클리블랜드에서 문을 열었다. 그는
1880, 90년대부터 미국의 독특한 공장 경관과 국토 환경을 만들어낼 석
유 산업에 대해 대해 미국인들이 경험했던 최초의 열병을 직접 체험하
지는 못했다. 지금은 그저 허구적 가정을 통해 그가 오늘날 미국의 정유
공장을 보면서 어떻게 말을 했을지에 대해 상상의 나래를 펼쳐볼 수 있
을 뿐이다. 이때 우리는 미국 석유 문명의 생태적 위기를 시각적으로 재

현한 두 명의 사진 작가의 작품을 참조할 수 있다.

첫 번째 작가는 캐나다의 저명한 사진작가 에드워드 버틴스키Edward Burtynsky이다. 그는 사진집 『오일Oil』에서 캘리포니아의 태프트Taft 석유 공장의 모습을 통해 인간이 지구에 가한 영향을 명료하게 보여준다. 사진에는 석유를 파이프라인으로 수송하는 전기 압착기가 보인다. 수백 미터, 수천 미터의 파이프라인을 통해 수송되는 대용량의 석유는 텍사스와 루이지애나에서 정제된다. 이 풍경은 하나의 전투장처럼 보인다. 생명이 고갈된 메마른 모래의 풍경은 석유를 향한 인간의 광기와 더불어 인간이 종말의 어떤 형식 속에 진입했다는 비극적 상황을 다급한 톤으로 경고한다. 사진에 사람의 자취는 없으며 자동화된 기계 하부 구조로 가득 찬 무인 지대이다. 이 풍경은 지난 2세기 동안 산업화를 겪은 장소의 예정된 낙후성과 구식화의 최종 종착점이 인류 그 자체임을 암시한다.

버틴스키는 산업 및 광산 현장의 파노라마 이미지로 잘 알려져 있으며, 구도가 인상적이고 때로는 대규모의 기하학적 선과 모양이 특징인 작품으로 유명하다. 국제적인 명성을 얻고 있는 캐나다 출신의 이 작가는 수년 동안 세계화가 자연 환경에 가져온 해악을 고발해 왔다. 산업화로 인해 급격하게 변화한 장소와 풍경을 담은 그의 사진은 '현대의 딜레마에 대한 은유'로서 '매력과 반발, 유혹과 두려움'을 불러일으킨다고 작가는 설명하고 있다.

그밖에 중국과 인도에서 촬영한 『오일Oil』의 사진들은 장관을 이루며, 마치 랜드아트와 같은 스케일 덕분에 상실한 것에 대한 애도의 느낌을 전달한다. 하지만 우리는 곧 버틴스키가 노천 광산, 유독성 폐기물이 쌓인 채석장, 파쇄된 고무가 산처럼 쌓인 대형 타이어 덤프 등 극도로 오염된 현장을 보여주고 있다는 사실을 깨닫게 된다.

이러한 이미지가 주는 시각적 충격은 고전주의의 균형 잡힌 풍경을 거부한 19세기 유럽 낭만주의 회화가 의도한 것과 흡사하다. 석유 자원에 대한 현대문명의 과도한 의존이 가져온 비참한 결과를 보여주는 버틴스키의 최근 사진은 18~19세기 회화, 특히 영국 회화에서 높이 평가된 숭고함의 미학을 바탕으로 하고 있으며, 버틴스키는 이러한 미학적 유산을 기꺼이 인정하고 있다. 실제로 그는 19세기 독일 화가 카스파르 프리드리히Caspar David Friedrich의 그림을 떠올리며 보는 사람을 불안정하게 만드는 균열, 심연, 또는 먼 지평선을 향해 신비한 틈으로 열리는 상황을 중시 여긴다. 같은 맥락에서 알프스를 그린 영국 화가 터너는 자신의 풍경에 서사적 특성을 부여하고자 했다. 급격한 시점으로 강화된 웅장한 성격은 화가가 동시대 사람들이 느끼기를 바랐던 감정의 분출을 만들어냈다. 낭만주의 전통은 자연의 힘과 웅장함을 강조함으로써 "우리 인간들은 너무나 작은 생명체야!"라는 대사를 따라 관객의 탄식을 이끌어내고자 했다. 역설적이게도 여기서 감정의 근원을 뒤집는 것은 중공업이 개발한 거대한 자원과 그 파괴적인 힘이다. 그 거대함은 공포에 가까운 일종의 현기증과 결합되어 있다.

석유가 생태학적으로나 경제적으로 필수적인 문제라면, 버틴스키의 야심찬 도전은 개발과 착취 메커니즘을 해체하는 작업이라 할 수 있다. 서양 풍경화의 중요한 미학적 전통인 숭고미를 계승하고 있는 그의 이미지는 역설적으로 회화 전통에서 물려받은 지식에서 그 힘과 설득력을 끌어낸다.

석유 개발과 수송 시설은 사상 최악의 원유 유출 사고를 일으켰다. 조감도에서 촬영한 이 해상 플랫폼은 망망대해에서 길을 잃은 것처럼 보인다. 1,000미터 상공에서는 멀리 떨어져 있어 디테일이 잘 드러나지 않지만, 기름의 반사가 붉은 소용돌이를 형성한다. 구리빛 색조가 파도와 어우러져 다양한 푸른빛을 띠며 낭만적인 충동을 불러일으키는 바다는 오염의 저장고 역할을 자처한다. 사진을 관통하는 특이한 푸른색은 독성이 강한 분산제 때문이다. 이곳의 광활함은 보는 이를 압도한다. 일정 규모를 벗어난 것을 확대한 이 웅장한 이미지는 우리의 정서적 방어기제를 무너뜨리고 매혹과 고뇌를 번갈아 발생시킨다.

　버틴스키의 작품을 대하는 관객들은 그의 사진 이미지가 제시하는 '스펙터클'에 압도당한다. 그런데 그 광경은 인간의 탐욕을 드러내는 너무나 인간중심적인 문명의 단면이다. 관객은 석유 문명 위기의 징후를 계시하는 충격적인 이미지 앞에서 언어를 상실하는데, 이는 풍경화가 프리드리히가 위대한 자연 앞에서 명상과 침묵을 고수한 것과 비슷한 상황이다. 그러나 이 두 명의 예술가가 경험한 숭고미의 내용은 완전히 다른 것이다. 버틴스키 작품에서 19세기 낭만주의 화가가 추구했던 자연의 숭고미와 종교성은 자본주의와 석유 문명의 이미지로 대체된다.

3) 버틴스키와 인류세

'독성의 숭고미'라는 개념은 버틴스키의 시각적 작품을 이해하는 데 핵심적인 개념이다.[378] 버틴스키는 제니퍼 베이치월Jennifer Baichwal, 니콜라스 드 펑시에Nicholas de Pencier와 함께 다큐멘터리 〈인류세: 인류의 시대 Anthropocene: The Human Epoch〉(2018)를 만들기도 했다. 여기에서는 사진과 시청각 자료의 만남이 환경 다큐멘터리의 코드를 통해 잘 형식화되고

378　Peeples, J., "Toxic Sublime : Imaging Contaminated Landscapes", in: *Environnemental Communication* vol. 5 n°4, 2011, pp.373-392.

구조화되었다. 이 영화는 지구의 연대기적 지층에 대한 과학적 연구와 영상 문화(사진, 다큐멘터리, 3D 및 증강 현실)를 결합하고자 하는 광범위한 멀티미디어 프로젝트의 일부이다. 그 출발점은 노벨상 수상인인 대기 화학자 파울 크루첸Paul J. Crutzen이 제시한 '인류세'를 공식적인 지질학적 시대로 인정할 것인지를 연구하는 과학 프로젝트인 인류세 워킹 그룹Anthropocene Working Group, AWG의 작업에서 비롯되었다. 이 그룹의 과학자 중 얀 잘라시에비츠Jan Zalasiewicz와 콜린 워터스Colin Waters는 과학적 전문 지식을 제공하고 작업을 대중화함으로써 버틴스키, 베이치월, 펑시에 프로젝트에 적극적으로 참여했다.[379] 이 영화는 2006년에 시작된 3부작 중 세 번째 작품으로서 이 연작은 인간의 풍경 변경을 기록하기 위해 떠난 여정을 담은 『산업화의 풍경들*Manufactured Landscapes*』(2003)으로부터 시작되었다.

세 번째 작품에서는 현재 검증되고 있는 인류세라는 연대기적 문제의 핵심 요소를 이미지를 통해 서사로 전환하려는 시도를 보여준다. 영화는 케냐에서 당국이 밀렵꾼들에게서 압수한 엄청난 양의 상아를 공개적으로 태우는 의식으로 시작된다. 이로부터 지구상에서 가장 오염이 심한 러시아 노릴스크Norilsk 광산 마을, 독일 함바흐Hambach 탄광, 이탈리아 마사 카라라Massa Carrara 대리석 채석장, 칠레 아타카마Atacama 사막의 리튬 증발 웅덩이, 중국의 거대한 파도 차단 댐 건설, 러시아의 칼륨 광산 등을 시각적으로 탐험하는 여정이 시작된다. 버틴스키의 미학적 특징은 분명하고 명백할 뿐만 아니라 전체 프로덕션의 주요 과제를 구성한다. 《인류세: 인류의 시대》는 앞서 제작된 두 작품과 마찬가지로 눈에

379   Burtynsky, E. and Baichwal, J. and de Pencier, N., *Anthropocene*, Gottingen Steidl, 2018.

보이는 경험이 지배적이고, 비교훈적인 접근 방식을 취한다. 이러한 선택의 결과로 음성 해설이나 자막 등에서 언어 정보에 주어진 공간이 제한되어 있다. 지질학적 논쟁의 핵심(지질학 분류 기준의 변경을 제안하게 된 이유와 방법)을 대중화하고 접근성을 높이려고 하기보다는 미묘한 경험을 유도하는 방향으로 사진 작업을 진행한 것이다. 지구의 연대기적 지층과 관련된, 따라서 거대한 공간적·시간적 규모에서 작동하는 과학적 문제를 어떻게 스크린에 생생하게 구현할 수 있을 것인가라는 물음을 제기한다. 이는 관찰과 측정에 기반한 과학적 접근과 지식 사이의 실질적이고 철학적인 차이에서 나타나는 모순이나 역설로 보일 수 있다.

실제로 다큐멘터리는 인류세라는 개념이 가정하는 다양한 의미를 고려하며, 특히 규모의 문제로서 지질학적 시대를 어떻게 표현할 것인가에 초점을 맞추고 있다. 또한 전 지구적 수준에서 거대한 시간적 규모로 작동하는 무언가에 어떻게 서사적 가시성을 부여할 수 있을까라는 성찰을 담고 있다. 바로 여기서 숭고미 개념이 등장한다. 이 다큐멘터리는 버틴스키의 미학에 소리와 움직임을 더하는데, 이는 풍경에 매혹적이면서도 당혹스럽고 불안한 아름다움을 부여한다. 장면은 식별하기 어려운 요소를 보여주는 숏으로 시작해 동일한 패턴에 따라 구성된 시퀀스를 자주 보여준다. 색채와 구조는 추상화되다가 카메라의 움직임, 특히 뒤로 돌거나 옆으로 이동하는 패닝Panning을 통해 사물과 구조를 점차적으로 인식하고 식별할 수 있게 한다. 마찬가지로 감독이 카메라를 배치하는 시점인 '프레이밍'은 관객이 영화 공간에 자신을 위치시키는 데 필요한 참고자료가 부족한 경우가 많다. [380]

380   Pinto, A., "De la fiction au documentaire: le sublime toxique comme esthétique de l'Anthropocène", in: Film-documentaires.fr, https://www.film-documentaire.fr/4DACTION/w_fiche_ecrit/22.

　이는 버틴스키가 이미 채석장, 광산, 염전과 같은 사진 시리즈에서 사용한 미학적 선택이며, 궁극적으로 추상화 경향을 악화시키고 보는 사람의 방향 감각을 잃게 하는 특징이 있다. 어떤 면에서 이러한 시각적 경험은 인류세의 차원을 완전히 파악하는 것이 불가능하다는 것을 암시한다. 그러나 이 선택의 위험은 측정의 문제를 넘어서는 것이다. 묘사된 사물과 풍경은 매우 인공적인 미장센을 통해 달성되는 미적 순수성, 즉 원초적 아름다움에 대한 탐구를 표현하는 것처럼 보인다. 이미지의 구성과 그 효과는 명백하고 분명하며 시각적 혼선을 일으킬 수밖에 없다. 구도와 색채의 부인할 수 없는 아름다움은 필연적으로 인식 과정과 충돌하고, 따라서 우리가 보는 내용과 충돌한다. 첫 번째 이미지는 우리에게 경이로움과 놀라움을 불러일으킨다. 그다음 카메라가 움직이고 프레임이 바뀌면 우리는 그것이 쓰레기, 황폐한 풍경, 오염 요소 또는 인간의 행동으로 인해 심하게 변질된 것임을 인식하게 된다. 이런 종류의 경험은 바로 인위적으로 숭고한 영역에 속한다. 원시적이면서도 위협적인 자연의 아름다움은 인간의 파괴적인 힘에 자리를 내어준다.

　제니퍼 피플스Jennifer Peeples는 버틴스키의 독성 숭고에 대한 분석에서 아름다움과 추함, 웅장함과 하찮음, 알려진 것과 알려지지 않은 것, 거주지와 황량함, 안전과 위험 등 독성 숭고의 경험을 생성하는 일련의 대립을 압축적으로 파악한 바 있다. 특히 다큐멘터리에 관한 한 가장 자주 사용되는 대립은 아름다움과 추함, 그리고 무엇보다도 위대함과 하찮음 사이의 대립이다. 예컨대 첫 번째 시퀀스에서 등장한 상아 엄니는 사람의 몸집과 비교하면 그 크기를 가늠하기 어려울 정도로 어마어마하게 크다. 이 크기 문제는 훨씬 더 혼란스럽게도 카라라의 대리석 채석장에 대한 시퀀스에서 드러나 '텅 빈' 풍경의 모양과 색상이 관객을 죽음의 상황에 위치하기 어렵게 만들어 지각을 흐린다. 또한 거대한 함바흐 광산의 시퀀스에서는 거대한 굴착 기계의 크기를 제대로 파악할 수 없다. 이러한 불균형적인 크기에 대한 고집은 숭고함을 이해하는 데 필수적인 요소이다. 칸트에 따르면 ─ 피플스가 우리에게 상기시켜주는 것처럼 ─ 대상의 크기가 비례를 벗어날 뿐만 아니라 우리가 파악할 수 있는 능력을 넘어설 때 숭고하다고 말할 수 있다. 이어서 숭고의 '인위적'이고 '독성적'인 본질에 대한 근본적인 설명이 이어진다. "나는 독성적 숭고라는 표현을 장소, 사물 또는 상황의 독성을 인식하는 동시에 신비감, 장엄함, 놀라움을 자아내는 긴장감으로 정의한다."[381] 그러나 피플스가 분석한 사진 시리즈와 비교할 때 이 영화는 프랑스 인류세 학자 장바티스트 프레소즈Jean-Baptiste Fressoz가 제기한 기술적 문제를 포괄하는 다른 형태의 인위적 숭고함을 제안한다. 독성 숭고에 관한 한 자연적인 것에서 인공적인 것으로의 전환은 지속되지만, 이 경우에는 '독성'이 가시적인 면에 거의 나타나지 않기 때문에 상황이 더 복잡해진다. "독성 숭고는 아름다움과 추함, 작품의 위대함과 인간의 무의미함을 동시에 보여줌으로써 불협화음을 일으키고, 우리가 생산에 대해 알고 있는 것과 알려지지 않은 효과, 안전과 위험, 힘과 무력감을 동시에 불러 일으키는 독성 풍경에서 개인의 역할 문제를 보여준다."[382]

    버틴스키의 이미지는 독성이든 기술적이든 인공적인 숭고함에 대한 급진적이고 끊임없는 탐구라고 정의할 수 있다. 이는 윤리적이고 정치적인 함의를 담고 있는 선택이다. 수전 손택Susan Sontag은 사진은 "우

381   Peeples, J., 앞의 논문.

382   Fressoz, J-B., *L'Anthropocène et l'esthétique du sublime, disponible en ligne*, 2016, consulté le 3 janvier 2020.

리의 관심을 사로잡는 위기와 재앙을 형상화하는 데 결정적인 영향을 미친다."라고 갈파한 바 있다.[383] 전염병에서 재난에 이르기까지 "이미지는 다양한 형태의 위험에 직면한 우리 생명 시스템의 취약성에 대한 인식을 제고한다.[384] 한편 피플스의 미학적 분석은 영화 〈인류세: 인류의 시대〉에 반영된 버틴스키의 미학적 선택에 대한 여러 가지 비판을 언급하고 있다. 우리는 숭고미에 대한 인지적 혼선이 이미지의 형식적 완벽함과 이미지가 나타내는 현상의 본질 사이의 불일치, 즉 아름답고 매혹적이며 바람직하지 않은 것을 거의 바람직하게 만드는 것에 근거한다는 것을 보았다. 비평가들은 이러한 미학적 과정이 비판적 영향을 약화시키는 방식이 아닌지 의문을 제기한바 있다. 버틴스키는 자신이 표현하는 현상에 대한 윤리적 판단을 피하려는 의도와 작품의 비교훈적 목적을 명시적으로 주장해 왔다. 언뜻 중립적으로 보일 수 있는 이 선택은 정밀한 시각적 프로젝트의 결실이다. 추상화, 방향 감각 상실, 스케일의 흐릿함은 모두 피할 수 없는 물리적, 스칼라적 거리를 만들어내며 종종 대상과 피사체의 거리를 멀어지게 만든다.

하지만 이 시각적 프로젝트는 궁극적으로 인류세의 원래 의미와 일치한다. 예컨대 지질학적 시대를 어떻게 이미지로 변환할 수 있을까? 홀로세는 이와 유사한 작업의 대상이 된 적이 없다. 지질학적 시대로서의 인류의 시대는 역설적으로 인간의 공간적, 시간적 특성과 양립할 수 없는 개념이다. 지질 시대는 수천 년에서 수만 년 단위로 측정되며 지구 전

383   Sontag, S., *Regarding the pain of the others*, New York, Farrar Straus and Giroux, 2003, p.105.
384   Ferreira, C., Boholm, A., Lofstedt, R., "From vision to catastrophe : A risk event in search of images", in Flynn, J., Slovic, P., Kunrheuter, H., Risk, *Media and Stigma : Understanding public challenges to modern science and technology*, London, Earthscan Publications, 2001, p.283.

체를 하나의 동질적인 실체로 포괄한다. 또한 앞서 언급한 측정의 불일치, 즉 시청자가 자신을 서사에 위치시키는 데 어려움을 겪는 것은 인간의 삶과 지구가 겪은 변화 사이의 양립 불가능성에 대한 생각을 강화하는 측면이 있다. 따라서 윤리적 판단이 없는 것처럼 보이는 비교훈적 문제의 중립성은 환상일 뿐이다. 인류세는 다른 지질 시대와 비교할 때 정치적, 환경적 인식을 전달하는 매우 함축적인 개념이다. 인간이 인간의 규모를 훨씬 뛰어넘는 무언가를 생산하고 있다는 사실은 명백하다. 이 다큐멘터리는 이 사실을 정당화하려고 하지 않는다. 이러한 유형의 환경 이미지의 중요성을 파악하려면 영화가 묘사하기보다는 제작하고자 하는 경험의 장이 무엇인지 살펴볼 필요가 있다. 실제로 인류세는 그 재앙적인 의미뿐만 아니라 무엇보다도 그것을 이해하기 어렵다는 본질적인 어려움 때문에 우리를 경이로움, 매혹, 우려로 가득 채우는 숭고한 대상이다. 추상화, 방향 감각 상실, 혼란한 스칼라 이미지에 내재된 위험은 인위적이고 유독한 이미지의 숭고함이라는 미학에만 속하는 것이 아니다. 이러한 위험은 우리가 아직 객관화하지 못한 개념의 본질에 속한다. '인간'의 지질 시대 뒤에는 수백만 명의 경험, 삶, 건강, 운명에 필연적으로 영향을 미치는 다양한 현상이 존재한다. 숭고미의 미학은 — 독성이 있든 인공적이든 – 아마도 이러한 다양한 스케일의 해체와 분해, 즉 대상을 탈맥락화하고 주체를 대체하는 추상화가 지배하는 이미지로 필연적으로 이어진다.[385]

4) 미즈락의 도덕적 숭고주의

두 번째 작가는 미국의 풍경 화가이자 사진작가인 리처드 미즈락Richard Misrach이다. 미즈락과 케이트 오르프Kate Orff의 책, 『석유화학 아메리카 *Petrochemical America*』[386]를 보면 버틴스키의 이미지가 촉발하는 감정과는 색다른 인상을 받는다. 버틴스키의 이미지는 무한한 권력 앞에서 느끼는 두려움과 향락의 양면성을 반영하며 이는 숭고미의 형식으로 나타난다. 숭고미는 마치 자연의 거대한 힘 앞에서 나의 주체성이 고립되고 악화되며 느끼는 전율 같은 것이다. 그런데 『석유화학 아메리카』에서 그런 양상은 나타나지 않는다. 인간은 네트워크 속에 포섭되어 있으며, 역할의 분배에 있어 명료한 것은 아무것도 없다. 그렇다면 이 풍경의 독창성을 만드는 것은 무엇일까? 미국의 철학자 존 듀이John Dewey가 말한 것처럼 우리가 이와 같은 상황에서 느끼는 동요는 단순한 심리적 혼란이 아니라 상황 자체가 본질적으로 의심스럽고 불확실하다는 것을 반영한다.

19세기 미국을 대표하는 화가 토머스 콜Thomas Cole은 다음과 같은 발언을 통해 21세기의 환경 위기를 내다보았다.

"나는 '그림 같은 풍경pictureesqueness'과 진정한 미국적 특징을 지닌 몇몇 지역을 묘사하려고 했다. (…) 그러나 그러한 풍경의 아름다움이 빠르게 사라지고 있다는 사실에 슬픔을 금할 수 없다. (…) 그런 아름다운 풍경은 이른바 개선improvement이라는 이름으로 훼손되고 있다. 그러나 개선이라는 이름은 예술의 아름다움으로 대체하지 못한 채 자연의

385   Fressoz, J‑B., 앞의 논문.
386   Misrach, R. and Orff, K., *Petrochemical America*, New York, Aperture, 2012.

아름다움을 파괴하고 있다."[387]

콜이 그림 같은 풍경에 대해 숙고한 지 100년이 넘은 현재, 『석유화학 아메리카』는 미시시피 남부와 루이지애나의 영향을 그들만의 회화 풍의 비유와 장치를 통해 보여준다.[388] 『석유화학 아메리카』는 무엇보다 석유화학 공장의 밀집, 오염, 질병으로 악명 높은 배턴루지Baton Rouge에서부터 뉴올리언즈까지 이어지는 캔서 엘리Cancer Alley 지역에 대한 압도적인 비판이지만, 이 책은 또한 특히 심미적 형태의 책 제작을 위한 연습이기도 하다. 이 책에서는 뚜렷한 주제와 불가피한 미적 특성 사이의 부조화가 중요한 역할을 맡고 있다. 오르프의 디자인 스튜디오가 제공한 텍스트와 삽화 자료가 미즈락의 강렬하고 때로는 그림 같은 풍경 이미지와 함께 어떻게 이 책의 정치적 성격을 강화하고 활기를 불어넣는지에 대해 자세히 살펴보는 작업도 의미가 있을 것이다. 미즈락의 사진에서 오염으로 인한 파괴는 명백하게 드러나지만, 이 이미지들의 진정한 의미는 '그림 같은 풍경'을 떠올리게 하는 것들, 즉 안개로 가려진 믿을 수 없는 일몰, 폐기물로 인해 독성이 생긴 수로의 무성한 초록빛에서 찾을 수 있을 것이다. 이런 식으로 그림 같은 풍경의 존재는 『석유화학 아메리카』에서 파괴의 전제 조건이 됨을 알 수 있다. 그것은 실제로 파괴되는 풍경이 얼마나 아름다운지를 상기시켜 주며 책 전체의 미학적 구성 요소를 형성한다.[389]

외관이 매력적이고 생생한 이미지를 가리키는 '그림 같은'이라는

---

387   Cole, T., "On the The Destruction of Beautiful Landscapes", in: *Essay on American Scenery, American Monthly Magazine* 1, 1836/1, 1-12, p.12.

388   Misrach, R. and Orff, K., 앞의 책.

389   Blinder, C., "Richard Misrach and Kate Orff's Petrochemical America: Cartographies of the Picturesque", in: *Journal of American Studies*, 54(3), 2020, pp.582-603.

단어는 석유 산업의 영향에 관한 책의 디자인미와 쉽게 일치하지 않을 수 있다. 그러나 『석유화학 아메리카』가 목가적 풍경이 파괴된 지역의 생생한 이미지를 불러일으키는 능력은 무엇보다도 '그림 같은 풍경'이라는 장르의 특성에 의존한다. 『석유화학 아메리카』는 풍경의 위태로운 상태를 부각하기 위해 그림 같은 풍경의 특성을 잃어버린 것을 표시하는 지표로 사용하고, 다양한 형태의 프레임이 어떻게 그 손실을 향한 시선을 유도하는지에 대한 질문을 던진다. 그러나 이 '그림 같은 풍경'이라는 표현의 사용을 이해하기 위해서는, 20세기와 21세기의 재난 지역 사진과 관련하여 거의 사용되지 않는 단어인 'Picturesque'(그림 같은)의 기원을 되짚어 보는 것이 필요하다. 특히 영국의 작가이자 예술 이론가였던 윌리엄 길핀William Gilpin의 『세 편의 에세이: 그림 같은 아름다움에 관하여, 그림 같은 여행에 관하여, 풍경 스케치에 관하여*Three Essays: On Picturesque Beauty; On Picturesque Travel; and On Sketching Landscape*』(1792)를 살펴보는 것이 필수적일 것이다.[390]

조경 원예와 회화적 구성에서 '그림 같은 풍경'의 우월성에 대한 길핀의 생각은 본질적으로 순수하고 변하지 않는 자연과 조직적이고 원예학적으로 설계된 자연의 동등한 측정에 대한 믿음에 기반한다. 길핀의 와이 강Wye River에 대한 관찰의 서문에 이 점이 드러난다.

"자연은 항상 훌륭한 디자인을 가지고 있지만, 구성은 불균등하다. (…) 자연은 우리에게 풍경의 소재를 제공하지만, 그 같은 풍경 소재를 그림으로 만들어내는 일은 우리에게 맡긴다. (…) 나는 '그림 같은 풍경' 규칙에 너무 집착해서, 자연이 그 같은 규칙을 잘못 갖다 놓으면 어쩔 수

없이 바로잡을 수밖에 없다. (…) 그림은 궁극적인 목적이 아니라 상상속에서 자연의 매혹적인 장면을 자극하는 매개체이다."[391]

'그림 같은 풍경'에 대한 길핀의 해석에 있어 자연의 목적은 특정한 관점을 강화하는 데 있다. 즉 보는 대상에 설득되는 것이 아니라 상상력에 자극을 받는 것이다. 따라서 다양한 '그림 같은 비유', 또는 '자연을 바로잡으려는' 충동이 현대의 풍경 사진에서 종종 간과된다는 것은 당연한 일이다. '그림 같은 것'이 부분적으로 '자연을 바로잡는 것에 관한 것이라면, 오염되고 취약한 지역의 사진을 통해 생태 재해의 '실제적인' 영향을 사람들에게 보여 주는 사진의 회복적이고 현실적인 충동과도 상반되어야 할 것이다. 이런 의미에서 경외감과 공포에 초점을 맞추는, 즉 우리의 즉각적인 통제 범위를 벗어난 것에 초점을 맞추는 숭고미sublime 개념은 '그림 같은'이라는 개념 보다 훨씬 더 매력적인 틀로 제시된다. 이것의 예는 세실 화이팅Cecile Whiting의 논문 「미국 서부 전후戰後 사진에서의 숭고함과 진부함」에서 볼 수 있다.[392]

이 논문에서 그는 20세기 및 21세기 미국의 풍경 사진이 "인간이 만든 개발과 파괴와 대비되는 때 묻지 않은 장엄한 야생"이라는 명백한 대립을 보여준다고 주장하지만, 1970년대 이후 '뉴포토그래피'에 널리 퍼진 미적 유형으로의 전환은 실제로는 장엄한 것이 우선시되는 더 긴 예술적 전통의 연속이었다. 그는 18세기 말과 19세기 초 영국과 미국의 풍경화가들의 숭고미에 대한 해석이 다양했다는 것을 인용하면서, 그럼에도 불구하고 미국 시각 예술의 중요한 움직임, 즉 그림 같은 것이 숭고

391   Gilpin, W., *Observations on the River Wye*, London, Pallas Athene Publishers, 2005(1782), p.17.
392   Whiting, C., "The Sublime and the Banal in Post War Photography of the American West," in: *American Art*, 27, 2013, pp.44-67.

미와 일치한다는 주장을 펼쳤다.

　'낭만주의의 연극적 측면을 강조한' 비전에서, 일몰과 숭고한 풍경의 초월적인 풍경화에서, 숭고함은 '점점 더 도덕적 숭고함에 대한 감상을 배양하는' 비전으로 변모했다. 환경에 대한 관심이 우선시되기 시작한 비전으로 변형된 것이다. 이 점에서 미즈락의 캔서 엘리 지역에 대한 비전은 화이팅의 '도덕적' 숭고함의 완벽한 버전이라고 말할 수 있다. 왜냐하면 그것은 화이팅이 말하듯이 "인간이 지구에 남긴 흔적에서 비롯된 미학을 드러내는 것"이기 때문이다. 인간이 지구에 남긴 흔적의 후유증에 대한 연구로서 『석유화학 아메리카』는 도덕적 숭고주의와 길핀이 그림 같은 풍경의 주요 비유 중 하나로 본 것, 즉 "그림으로 표현하려는 욕구"를 결합한 것이다.

　18세기 미학의 석학인 데이비드 펀터David Punter의 견해에 의하면, 우리가 그림 같은 풍경과 숭고미를 정의하는 다양한 방식은 환경과 이상적으로 관계를 맺는 방법에 대한 일련의 규칙을 확립하려는 충동에서 비롯된다는 사실을 간과하는 경향이 있다. 그가 주장하듯이 그림 같은 아름다움은 사실 숭고미와 동일한 심리적 성좌에 있다. 자연은 개선되고 적응되어야 하는 대상이다."[393]

　그러므로 그의 주장에 의하면 그림 같은 아름다움은 숭고미와 반대되는 개념이 아니라, 둘 사이에 놓인 위험한 영역을 탐색하는 방법으로 이해되어야 한다. 그에 따르면 "그림 같은 풍경은 (…) 밀폐, 통제, 시골의 안전하고 적절하게 들어맞는 길, 편안한 측면, (…) 대칭을 따르는 시

393　Punter, D., *The Politics of the Picturesque: Literature, Landscape, and Aesthetics since 1770*, (ed.) Copley, S., and Garside, P., Cambridge, University of Cambridge Press, 1994, p.122.

골풍을 나타낸다."³⁹⁴

　이런 점에서 미즈락이 캔서 엘리를 소재로 한 작품을 사용하는 것은 중립적으로 디자인된 이미지에도 필연적으로 존재하는 '연출된 그림 같은' 특성에 대한 인식을 나타낸다. 미즈락이 특정 요소를 전경에 배치하거나 나무 또는 화학 공장과 같은 수직 구조물을 사진의 여백에 맞춰 배열하고 깊이와 움직임을 보여주는 것은 모두 자연이 산업에 의해 어떻게 흡수되었는지에 대한 압도적인 감각을 주기 위해 고안된 것이다. 동시에 그것들은 관람자가 풍경을 보다 포괄적으로 이해할 수 있도록 해준다. 따라서 회화적 풍경의 활용은 미국을 회복적이고 목가적인 이미지로 제시하려는 의도에서 비롯되었지만, 낭만화되거나 목가적인 것의 외관은 또한 그 이미지가 '한 상태에서 다른 상태로 이행하는 것'에 관한 것임을 나타낼 수 있다. 미즈락의 이미지가 보여주는 고요함과 명상적인 성격이 오염된 풍경에 적절해 보일지라도, 그 밑바탕에 깔린 주제 ─ 서식지의 악화와 궁극적인 파괴 ─ 는 계속되는 서사인 것이다.

　미국식 풍경 사진이 100년, 10년이라는 시간의 흐름과 상관없이 주변 환경을 식민지화하는 듯한 시선을 던지는 경향이 있다는 것도 이상할 것이 없다. 원래는 미국 정착민의 식민지화 노력과 가장 신속한 영토 점령 방법을 지도에 표시하는 데 사용되었던 18세기와 19세기의 지도 제작은 항상 이중적인 용도로 사용되었다. 역설적이게도 그것은 현대 풍경 사진이 불러일으키는 긴장감을 반영하는 용도였다. 확장주의 이데올로기를 위한 실용적인 도구이자 그 이데올로기의 노동 결과를 성화시키고 미화하기 위해 고안된 미화 도구로서, 『석유화학 아메리카』의 핵

394　위의 책, p.224.

심이기도 한다. 미즈락이 19세기와 20세기 선조들과 같은 식민지 시대의 불안감을 부추기고 있지는 않을지 모르지만, 그는 여전히 풍경 사진이 진보의 도구로 기능하는 방식에 부끄러움 없이 관여하고 있다. 이런 점에서『석유화학 아메리카』의 미적 성질, 즉 그 외관 자체는 생태적 재앙의 측면에서 어떤 일이 일어났고 일어날 수 있는지를 나타내기 위해 사진 이상의 것을 필요로 한다. 또한 그 이미지는 풍경의 그림 같은 특성이 미국의 천연 자원에 대한 신성한 권리를 증명하는 것으로 간주되었던 시기를 변함없이 언급한다. 다시 말해『석유화학 아메리카』가 자연 자원의 오용에 관한 책이라면, 그것은 또한 때로는 이전 시대의 확장주의 정신에서 비롯된 일종의 지도 제작의 부조리한 연속이기도 하다. 그렇다고 해서 이 책의 외관이 그 내용의 윤리적 문제와 모순되는 것은 아니며, 그림 같은 풍경의 외관이 정치적 효력을 떨어뜨리는 것도 아니다. 그것은 단순히 미즈락이 미국 풍경의 신성화라는 더 길고 복잡한 역사에 관여하고 있다는 것을 의미한다. 그러므로 여러 차원에서『석유화학 아메리카』는 사진의 구도가 풍경을 정치적으로 보는 방식에 미학적 효과를 주는 것을 다루는 과제를 맡고 있다.

    카트린 게르스도르프Catrin Gersdorf의『역사, 기술, 생태학: 문화적 기능을 개념화하는 풍경』에서 미즈락의 사진은 사실 예술 사진과 사회적 비평 사이의 경계를 넘나드는 방법에 대한 탁월한 예라고 할 수 있다.[395] 게르스도르프는 주제적으로나 미학적으로 미즈락의 풍경화와 사진이 그림 같은 전통을 비판 없이 영속화하지 않는다고 주장한다. 비록 그가 '매혹적이고, 화려하고, 극도로 훼손된 학대받은 지형'에 끌리더라

---

395   Gersdorf, C. "History, Technology, Ecology: Conceptualizing the Cultural Function of Landscape," in: *Icon*, 2004/10, pp.34-52.

도 말이다. 게르스도르프에게 있어 미즈락이 '생물학, 경제, 지형, 이데올로기의 권력 투쟁'에 관심을 갖는 것은 그가 오염의 정치와 지형의 '화려한' 측면을 연결하는 능력을 보장하는 요소이다. 이러한 측면에서 미즈락은 풍경의 그림 같은 특성을 활용하여 경제와 지형의 교차점을 조명하고, 이는 이전의 미적, 정치적 전통을 비판적으로 반영하고 예시한다.

『석유화학 아메리카』는 정치적, 이념적 메시지 외에도 지도 제작 과정에 내재된 문제, 구체적인 지역과 위치에 대한 지도의 내재된 추상성을 조정하는 어려움, 쉽게 볼 수 없는 것들을 추상화하고 종합하는 능력에 관한 것이라 할 수 있다. 이런 의미에서 미즈락의 사진은 지도 제작 미학에 의해 문제화되고 구제된다. 왜냐하면 지도 제작 과정이 실제 풍경이나 구체적인 지역을 재현하는 것이 아니라는 사실이 분명하게 드러나고 있기 때문이다. 그 논지의 핵심을 확립하기 위해 중첩된 그림은 필연적으로 축소되고 단순화된다. 즉 모든 지도에서 반드시 사용하는 동일한 메커니즘, 거리와 축척의 조작을 사용하여 지역을 분류하기 위한 특정 관계를 공간화한다. 이러한 의미에서 『석유화학 아메리카』에 사용된 중첩은 초기 식민지 시대의 유령 같은 시선을 탐색하고, 그것이 원하는 대로 쉽게 회피할 수 있는 것이 아니라는 것을 인식하는 기회가 된다. 정치적인 측면에서, 미시시피 델타의 급격하게 변화하는 풍경은 보다 역동적인 표현을 요구하며, 관통선의 사용은 단순히 이전 지도 제작 관행의 계보를 창조적으로 해체하고 재구성하려는 시도일 뿐이라는 주장이 제기될 수 있다. 그럼에도 불구하고 미즈락이 포스트산업 시대의 영향에 매료된 것과 19세기 지도 제작자가 산업 혁명의 시작에 매료된 것 사이에 존재하는 연관성은 훼손되지 않는다. 두 가지 모두에서 미표시 영역(가능성과 불가능성 모두)을 찾는 것은 뚜렷하게 미국적인 유형의 지도 제작을 위한 필수적인 출발점이다. 미즈락 사진의 우울하고 '그림 같은 풍경'은 미국 남부 산업과 인프라에 대한 무의식적인 향수의 색조를 띠거나, 최소한 개발로 인해 돌이킬 수 없는 흔적이 남은 풍경과 미개발된 풍경을 합성하려는 욕망을 불러일으킬 수도 있다. 따라서 그림 같은 아름다움을 피하고 직접적이고 사실적인 묘사를 선호하는 결의가 굳건해 보이지만, 주차장과 빈 주택 단지에서 발견되는 그림 같은 특유의 감각은 감정을 자극하고 마음을 사로잡는다. 『석유화학 아메리카』의 두 섹션이 상호작용하는 점 중 하나는 사라져가는 야생 동물과 자연처럼 이 지역이 완전히 회복될 수 없다는 것을 보여주는 데 있다. 마찬가지로 미즈락의 사진에 남아 있는 그림 같은 풍경에서 엿볼 수 있는 풍부한 문화는 결코 재생될 수 없다.

미즈락이 강조한 미학적 책임을 이해하려면 환경 사진의 핵심에 종종 역설적인 욕망이 자리하고 있다는 사실을 받아들여야 할 것이다. 이는 돌이킬 수 없는 변화의 아름다움과 공포를 모두 연출하려는 욕망을 의미한다. 이와 동시에 사진에 추가된 소재의 서정적 요소는 과거에 존재했던 것에 대한 감각과 그 사라짐이 갖는 생화학, 생태학, 인간적 영향에 대한 어느 정도의 이해를 전제로 한다. 오염을 볼거리로 활용하는 것은 지형학적인 관행에서 새로운 것은 아니지만 『석유화학 아메리카』 환경 사진의 미학적 특성은 부분적으로 이를 수용하는 데 있다. 동시에 이 책은 도덕 또는 윤리가 산업화 이후의 세계에서 그렇게 쉽게 간파될 수 없다는 것을 충분히 알고 있다. 결국 『석유화학 아메리카』는 스스로를 대변하지 않으려는 사진집이라고 말할 수 있다. 단순히 석유 의존에 빠진 우리 사회의 모습을 그림으로 재현한 것이라는 비난을 피하기 위해 『석유화학 아메리카』는 잃어버린 것과 회복할 수 있는 것 사이의 얇은

경계를 걷고 있다. 이 책은 민족지학적 지도 제작의 한 형태로만 내려가
는 것이 아니라 그림의 특정 측면을 사용하여 가능해진 비전을 제시한
다. 풍경 표현에 대한 미학적 반응의 역사는 좋든 나쁘든 표현, 지도 제
작전통의 일부로 남아 있음을 말해준다. 문제는 이것이 석유화학 산업
의 정치에 타협을 가져오는지 아닌지가 아니라, 이 특별한 사진-텍스트
의 생태적 의제가 어떻게 그 자체의 불가피한 그림 같은 특성과 공존할
수 있는가에 있다.

5 핵의 풍경

핵무기, 원자력, 핵 연료, 핵 폐기물 등 핵과 관련된 주제는 '시간-풍경 패러다임'을 설명하기에는 별로 적합하지 않은 것으로 보인다. 대부분의 생명체와 공존하는 미생물들과 달리 핵물질은 인간과 더불어 관계를 형성하고 세계를 만들어가는 데 있어 극단적인 어려움이 있다. 그러나 핵물질은 여러 이유들로 인해 인간이 사물 속에 존재하는 시간의 내재성에 대해 주의를 기울이도록 만든다. 무엇보다 방사성 물질 자체의 활동성이 매우 강력해 안정적 처리가 어렵다. 반면 미생물은 다양한 생명체와 상호작용하며 고정된 실체라기보다는 지속적인 과정으로 존재한다.

　각 방사성 동위원소isotrope(동위원소 중 방사성을 갖는 것을 말한다. 특정 원소의 동위원소 중 핵nucleus이 불안정하여 보다 안정된 상태로 변화하는 과정에서 에너지가 포함된 입자를 방출하는 방사성 붕괴radioactive decay를 일으킨다.)는 그 정체성을 결정하는 고유한 반감기를 지니고 있다. 방사성 동위원소는 화학적 환경에 영향을 받지 않으며 영구적이고 엄밀하게 예측 가능하다. 이 점은 방사성 동위원소를 시간 표시 요소로 사용하는 것을 가능케 한다. 원자 시대에 사용되거나 생산된 방사성 동위원소는 비록 그 생성이 핵물리학의 법칙에 의존한다 할지라도 주변 사물에 심각한 피해를 줄 수 있다. 방사성 동위원소들이 환경과 맺는 관계에서 나타나는 비대칭성은 주관적 시간과 객관적 시간 사이의 전통적 분할선에 도전하는 시간의 다중성에 직면하게 한다.[395] 더 나아가 비대칭성은 다중적 시간을 어떻게 구성할 것인가라는 난해한 물음을 제기한다.

1) 가혹한 플루토늄

플루토늄은 본질적으로 인공 물질이며, 그 존재는 전쟁의 산물이다. 수백만 년 동안 자연은 극소량의 플루토늄을 생산했을 뿐이다. 아프리카 가봉의 오클로 광산Oklo 또는 미국 온타리오주의 슈거 레이크Sugar Lake 호수의 지하지반에서 겨우 그 흔적이 발견되었다. 1940년 글렌 시보그 Glenn Seaborg와 그의 동료들이 분리 추출한 이 은빛 회색의 중금속은 지구 밖의 우주에 존재하는 물질이라고 말해도 과언이 아니다. 명왕성 Pluton의 이름을 따라 명명되어 인류세 초기를 표시하는 최상의 요소로 간주될 정도다.[397] 실제로 플루토늄은 새로운 지질학적 시대를 정의하기 위해 지층학자들이 요구하는 세 가지 조건을 충족한다. 첫째, 자연에서 탐지되지 않으며 둘째, 지구 차원에서 전체적인 영향력을 갖고 있고 셋째, 지질학적 시간에 각인되는 긴 생명 기간을 지닌다.

플루토늄-238은 핵분열성이 매우 강하며 연쇄 반응을 촉발하기에 안성맞춤인 조건을 갖고 있다. 이는 제2차 세계대전 말 맨해튼 프로젝트 의 일환으로 가공되어 1945년 나가사키 원폭 투하에서 사용되었다. 플

396   Bensaude-Vincent, Bernadette., *Temps-Paysage: une écologie des crises*, Paris, Le Pommier, 2021, p.213-214.

397   1. Waters, C. et alii, "The Anthropocene is functionally and stratigraphically distinct from the Holocene", in: *Science*, n.6269, vol. 351, 2016/1, pp.137-147.

2. Subrammanian, M., "Humans versus earch: the euest to define the Anthropocene", in: *Nature*, n.572, 2019/8, pp.168-170.

루토늄은 너무나 디스토피아의 성격이 강해 공식적으로는 1948년까지 그 존재가 알려지지 않았으나 이미 수십만 명의 인명과 동물의 생명을 앗아갔던 가공할만한 위력을 보여준 상태였다. 플루토늄 핵폐기물 처리장은 미국 워싱턴주 동부의 주 리치랜드Richland 근처의 핸퍼드 플루토늄 공장Hanford plutonium plant과 러시아 우랄 남부 오조르스크Ozersk에 위치한 마야크 공장Maiak plant에 설치되었는데, 고도로 오염된 이곳에 대해 역사학자 케이트 브라운Kate Brown은 '플루토피아Plutopia'라고 명명한 바 있다.[398] 미국과 소련의 플루토늄 재난의 비교 역사를 최초로 서술한 이 책에서 저자는 자신이 제기한 핵심적 물음을 이렇게 압축하고 있다. "이 플루토늄 도시 주민들이 자신들의 시민적·정치적 권리를 포기한 이유는 무엇일까? 구소련의 시민들은 선거를 하지도, 독립적인 언론도 가지지 못했지만, 미국 리치랜드의 주민들은 번영하는 민주주의 사회에서 살았다. 왜, 미국의 심장부에서 체르노빌을 뛰어넘는 재난이 일어날 정도로 견제와 균형이라는 저명한 원칙이 실패했던 것일까? 바로 이러한 질문들이 이 책을 구성한다. 질문들에 답하면서 나는 노동자들을 플루토늄 생산과 관련된 위험과 희생에 동의하도록 유도하기 위해 미국과 구소련의 원자력 지도자들이 무엇인가 새로운 것을 만들어냈다는 사실을 발견했다. 바로 플루토피아이다. 플루토피아 특유의 접근 제한적이고 욕망으로 가득한 공동체는 전후 미국과 소련 사회의 여러 욕구를 충족시켰다. 플루토피아의 질서정연한 번영은 대다수 목격자들이 그들

398 Brown, K., *Plutopia. Nuclear Families, Atomic Cities, and the Great Soviet and American Plutonium Disasters*, Oxford, Oxford University Press, 2013. (한국어 번역본) 케이트 브라운, 우동연 옮김, 『플루토피아』, 푸른역사, 2021.

주변에 쌓여 있는 방사성 폐기물을 간과하게 만들었다."[399]

한마디로 플루토피아는 핵무기 공장 노동자들에게 최고의 경제적 수혜를 제공하면서 아메리칸 드림과 공산주의적 유토피아의 실현을 표상한다고 말할 수 있다. 저자는 이렇게 결론 맺고 있다. "플루토피아 주민들은 과학적 진보와 경제적 효율성에 대한 환상적인 믿음을 보여주었다. 많은 사람들이 자신들 도시의 보편적이고 무계급적인 풍요를 아메리칸 드림이나 공산주의적 이상향의 구체화로 이해했는데, 이는 자신들의 국가적 이념이 옳았다는 확언이었다. 자기 확신과 자신감은 애국심, 충성심, 복종, 침묵을 낳았다."[400]

플루토늄의 수량은 1945년부터 계속해서 증가해 2007년에는 지구상에 500톤이 존재하는 것으로 산정됐다. 최고 수준의 감시 아래 설치된 저장분의 절반은 냉전 시대에 제작된 핵무기로부터 온 것이고(미국 103톤, 구소련 170톤), 다른 절반은 민간용 원자로의 부산물에서 발생했다(연간 약 20톤).

플루토늄은 상당히 불안정한 6개의 동소성(동질이형)을 갖고 있으며 이 속성은 일체의 결합도 허용하지 않는다. 플루토늄은 중금속이자 방사성 물질로 매우 위험하고 독성이 두 배로 강하다. 따라서 이 물질은 인간과 관계를 맺고 역사를 형성하기에는 적합지 않아 보인다. 플루토늄은 2만 4,110년의 반감기를 갖고 있는데 이것은 대략 완신세 기간보다 2배가 긴 것이다. 달리 말해 20세기 후반 동안 환경 속에 방출된 플루토늄 가운데 16분의 1은 10만 년간 빙하와 해양 침전물 속에 잔류하게 될 것이다. 1970년대 원자력 산업의 비약적 발전과 더불어 프랑스의

399   위의 책, 한국어 번역본, p.20.
400   같은 책, p.648.

공학자들은 핵연료 사이클을 제어된 기술적 네트워크 안에서 차단할 수 있다고 생각했지만 이는 유토피아적인 희망 사항으로 판명되었다. 결국 플루토늄은 재생되지 않으며, 그로 인해 발생하는 문제와 위험은 지구의 모든 거주자에게 강제로 부과된다.

1945년부터 핵은 발전과 확산을 거듭하며 일반화되었다. 원자폭탄을 보유한 8개국에 대략 450여 기의 민간용 원자로가 추가되었으며, 이 가운데 3분의 1은 유럽에 존재한다. 핵의 일반화는 절묘한 시간-풍경을 만들어낸다. 이 풍경에서 재앙과 파국의 임박함은 총체화된 감시 감독의 문화 속에서 희석된다. 서로에 의한 항시적 감시, 아울러 핵 설치물에 존재하는 방사성 동위원소들에 대한 감시가 그것이다.[401] 핵무기 개발과 사용의 안전한 관리를 위해 고안된 총체적 감시 체제는 민간 원자력의 발전을 동반했다. 1950년대 미국이 원자로 판매에 시동을 걸 무렵 국제적인 감독이 자리를 잡았다. 1957년 창립된 국제원자력기구IAEA는 다양한 선전과 홍보를 통해 원자력을 진흥하고, 핵폭탄 제조를 막기 위한 핵물질 설치를 감시한다는 두 개의 사명을 내세웠다.

첩보전, 감시, 규제, 기밀 문화, 안전과 안보에 대한 우려가 팽배한 전 지구적 긴장과 공포의 문화는 핵이 낳은 시간-풍경의 어두운 단면들이다.[402] 미국의 물리학자 앨빈 와인버그Alvin Weinberg는 1972년 핵 에너지가 제기하는 세 개의 주요 문제에 대해 기술적 해결책을 찾을 수 있다는 평가를 내렸다. 원자로의 안전성, 방사성 물질의 운반, 방사성 폐기물의 처리가 그것이다. 그러나 이것은 사회적 비용이 수반된다. 인류의 생존이 달려 있는 핵무기의 관리 감독을 위해 배치된 군사 영역에 제사장

---

401   Bernadette, *Temps-paysage*, p.218.
402   위의 책, p.221.

이 군림한다는 것은 이제 엄연한 사실이다. "우리는 핵을 가진 민족으로서, 사회와 파우스트적 계약을 맺었다. 한편으로는 고갈되지 않는 에너지 자원을 제공받는 대신, 이 마술적 에너지 자원을 위해 사회가 치러야 하는 대가는 우리 사회의 제도들에 대한 경계심으로 인한 불면 상태와 더불어 그것들의 수명이다."[403]

2) 서서히 다가오는 대재앙들

제2차 세계대전 당시 일본 영토에 투하된 두 개의 원자폭탄과 그 이후에 수없이 실행된 핵실험은 누구도 부정할 수 없는 역사적 진실이며 사건이다. 그런데 희생자들에게 이 같은 사건은 과거의 일이 아니다. 언제나 현재진행형이며, 그들의 몸은 매일 고통받는다. 강력한 폭발들은 그들의 피부에 흔적을 남겼고 뼛속까지 관통했다. 핵 유탄은 80여 년이 지난 지금까지도 그들의 자녀와 손자와 손녀에게 계속해서 상흔을 남기고 있다. 재앙 이후에 정상 생활로의 귀환은 불가능했다. 방사성 핵종의 폭력성은 영속적 현재로 자리 잡고 있으며, 그것으로부터 벗어나는 것은 불가능하다. 그들에게 미래는 세포들의 파괴라는 끈질긴 작업에 의해 프로그램화된 어떤 죽음인 것이다.

원자폭탄의 상상계로부터 물질적 현실로 이동할 때, 종말론적 이미지는 점차적으로 발생하는 대재앙의 현실로 대체된다. 전 세계 재난 역사에 대한 연구를 전문으로 하는 역사학자 스콧 놀스Scott Knowles[404]가 만든 이 표현은 롭 닉슨Rob Nixson이 말한 '완만한 폭력' 개념과 유사하

---

403   Weinberg, A., "Social institutions and nuclear energy", in: *Science*, vol.177, 1972/7, pp.27 - 34.

404   http://slowdisaster.com

다.[405] 이때 완만한 폭력은 하나의 신체가 다른 신체에 가하는 즉각적이고 폭발적인 폭력과는 다르다. 완만한 폭력은 서서히, 매일 조금씩 행사되는 폭력이다. '완만한'이라는 표현은 원자폭탄 피해자들에게 가해지는 폭력을 묘사하기에 특히 적합하다. 방사성 낙진의 효과는 즉각적이지 않으며 오랜 시간에 걸쳐 서서히 발현될 수 있기 때문이다. 이 지연 작용은 증상의 원인에 대해 불확실성을 촉발하고 희생자의 행동을 마비시키고 법적 대응에 어려움을 초래한다.

피폭으로 인한 세포 조직과 신체 기관의 완만한 파괴 효과는 핵 사고 희생자 수에 대한 논쟁을 불러일으킨다. 1986년 발생한 체르노빌 사고의 영향은 국제원자력기구와 세계보건기구의 공동보고서에서 축소되었다. 이 보고서에서는 겨우 50명 정도의 사망자를 언급했는데, 이 숫자는 대재앙의 장소에 개입했던 요원들만을 대부분 포함한다. 국제원자력기구는 주변에 살던 인구에게서 매일 확인된 암, 빈혈, 위장병, 신장병, 갑상선 등에 대해 보고한 구소련 의사들의 데이터를 철저하게 무시했다. 국제적 핵 거버넌스의 자리매김은 투명성과 객관성을 제공하지 못한 것이 분명하다. 민간 원자력은 군사적 핵을 지배하는 기밀 논리에 여전히 종속되어 있다.

핵 사용 경로에서 발생하는 사건 외에도 보다 은밀하고, 일반화되고, 일상적인 폭력이 우라늄 광산 노동자, 원자로 근로자, 병원 인력들에 행사된다. 피를 흘리지 않고 건강이 훼손되어 죽어가도록 방치하는 것은 중립적인 듯 보이지만, 실상은 쥐도 새도 모르게 자행되는 생물 정치적 폭력이다. 이는 근대 과학 기술 진보가 자랑하는 금자탑의 슬픈 이면

---

405 Nixson, R., *Slow Violence and the Environmentalism of the Poor*, Cambridge, Harvard University Press, 2011.

이자, 고도의 감시 체계망에서 눈에 보이지 않게 발생하는 수많은 개인
적 비극으로 점철된 풍경이다.

6 생태 친화적 풍경

1) 인간과 자연의 상호작용: 공통적 역설

간혹 자연 상태의 개념이 언급된 적은 있으나 근대 유럽 문명에서 인간의 이해관계를 떠나 자연의 고유한 위상이라는 주제가 본격적으로 제기되었다고 보기는 어렵다. 인간이 자연과 맺는 관계에 대한 데카르트적 이해는 자연과 문화 사이의 철저한 구별에 기초하여 구성되었는데, 현대 인문학에서 이제 더 이상 자연과 문화의 구별을 엄격히 유지하기는 어렵게 되었다. 자연과 문화는 상호 관통하며, 자연적인 것과 공적인 것은 결코 분리될 수 없고, 서로가 다른 하나에 스며 있는 삼투성을 드러낸다. 자연은 인간 활동이 각인되는 주어진 조건인 동시에 인간 활동의 생산물이다.

　자연적인 것과 인간적인 것 사이에 존재하는 상호 의존적 관계의 순환성을 제기하는 이 같은 역설은 인간이 풍경과 맺는 관계를 특징짓기도 한다. 산이나 바다를 창조하는 주체가 인간이 아니라는 점에서 풍경은 하나의 자연적 조건이다. 하지만 모든 풍경은 인간의 시선을 포함하며, 더 나아가 인간의 청취를 함의한다.[406] 더구나 대부분의 풍경은 인간의 현존과 활동에 의해 특징지어진다. 고지의 하계 목장 평원에서 행

406　Feltz, B., "Paysage et philosophie: La construction de l'artificiel", in: *Le paysage à la croisée des regards*, (ed.) de Daniel Vander Guchte et Frédéric Varone, 2006, p.24.

해지는 농업 방식, 도시에서의 공간 조직화 등의 풍경은 인간 활동의 발자취가 새겨진 장소이며 동시에 인간 활동의 산물이다.[407] 이 같은 역설적 관계를 사유하기 위해서 두 개의 철학적 전통에 호소할 수 있을 것이다. 인식론에서 사용되는 시스템적 접근법과 인류학에서 사용되는 현상학적 접근법이 그것이다.

생태계 개념에 대한 명료한 과학적 해석을 제공하는 시스템 접근법은 순환적 인과율에 중요성을 부여한다. 이 접근법은 시스템의 요소 사이에 존재하는 관계에 중심을 두고 있으며, 복잡한 관계를 명확히 하는 것을 목표로 한다. 시스템은 요소들 간의 관계에서 창발하며, 요소들의 행동 양식은 시스템 전체 속에서 이해될 수 있다. 창발 원리는 바로 이러한 복잡한 상호작용을 의미한다. 시스템과 요소 사이의 복잡하고 진화적인 관계는 현존하는 다양한 종, 특히 인간 활동과 생태계의 관계를 특징짓는다. 이 같은 관계는 동일한 방식으로 인간이 풍경과 맺는 관계를 특징짓는다. 역사의 순간에서 풍경은 모든 인간 활동의 배후면이다. 동시에 모든 풍경은 이 같은 상호작용 역사의 산물이기도 하다.

2) 풍경의 미학적 발명

인간이 자연과 맺는 새로운 관계를 이해하기 위해서는 미학적·상징적 차원을 반드시 참작해야 한다. 미학적 차원은 다름 아니라 환경과 풍경을 구별시켜 줄 수 있는 결정적 요인이다. 이것은 풍경 인문학이 사회과학의 경관 연구와 차별화되는 지점이기도 하다. 미학적 차원은 또한 환

407   위의 책, p.24.

경과 자연을 구별시켜 준다. 따라서 자연은 환경으로 환원될 수 없다.

　　이 문제를 보다 정밀하게 접근하기 위해서는 예술 작품에 대한 하이데거의 통찰을 참조할 수 있을 것이다.[408] 하이데거에 있어 예술 작품은 진리의 작품화이다. 하이데거는 사물과의 일치adequatio rei와 지성 intellectus으로서의 진리, 그리고 그가 베일 벗기기dévoilement라는 표현을 통해 번역한 '알레에테이아aléêthéia'로서의 진리를 구별한다. 과학적 절차에서 작동하는 진리는 사물과의 일치 유형의 진리다. 여기서 겨냥하는 것은 담론과 실재 사이의 대응이다. 하나의 이론은 실재와 일치할 때 참이다. 어떤 실재와 관련한 참된 담론을 취하는 것은 실재에 대한 명명 관계 속에 참여하는 것을 말한다. 인식한다는 것은 작위와 더불어 밀접하게 결합된다. 이와는 반대로 소크라테스 이전의 사상가들에게 인식한다는 것은 베일 벗기기의 과정과 관련된다. 문제의 핵심은 존재의 발현에 참여하는 것이다. 발현은 지배 의지에 속하는 것이 아니라 개방의 태도, 경청의 태도, 수용성의 태도에 속한다. 하이데거에 의하면 예술 작품은 사물 진리의 작품화이며 베일 벗기기와 발현의 과정에 참여한다. 이 발현은 합일적 관계로 마무리되는 것이 아니라 열린 상태béance, 열린 공간으로 나아간다. 예술 작품은 결코 이미 존재하는 것을 다시 표현하거나 재현하는 데 머무르지 않으며 그 자체로 존재한다. 하이데거의 표현을 빌려 말한다면 예술 작품은 존재하는 곳으로 그 무엇인가를 이끌고 가며 그는 이 같은 예술의 존재성을 일러 '진리'라고 규정했다. 그가 제시한 그리스 신전의 예시는 고대 그리스 건축물의 예술성을 주장하는 차원을 넘어 예술 작품으로서의 건축물이 '진리를 보존한다'는 그의 통

408　　Heidegger, M., "L'Origine de l'oeuvre d'art", in: *Chemins qui ne mènent nulle part*, Paris, Gallimard, 1962, p.13-98.

도34 · 포세이돈 신전

찰을 증언하기 위한 방편이었던 셈이다.

"거기에 서 있는 건물은 바위 틈에 얹혀 있다. 건물을 받치는 것은 투박하지만 자연적으로 발생하는 바위의 신비로움에 기초한다. 거기에 서 있는 건물은 맹위를 떨치는 폭풍우에 대항해 땅을 착근하며, 폭풍우가 스스로 그의 맹렬함을 드러내도록 만든다. (⋯) 신전이 가진 불변하는 성질은 밀려드는 파도와 대조되며, 신전이 가진 안정성은 바다의 격렬함을 끌어낸다. (⋯) 하나의 건물인 그리스 신전은 아무것도 나타내지 않는다. (⋯) 신전의 도움으로 신은 신전 안에 존재한다. 신의 존재는 성스러운 곳으로 이뤄진 구역의 확장과 한계 안에 그 자신의 존재를 두고 있다."[409]

예술을 표현과 재현의 시각에서 사유하는 데 익숙한 근현대 미학

---

409 Heidegger, M., "The Origin of the Works of Arts", in: *Poetry, Language, Thought*, New York, 1971, p.36, 41.

체계에서 볼 때, 진리를 작품으로 빚어내는 것으로 건축물을 파악한 하이데거의 원근법은 다소 생소하게 보일 수 있을 것이다. 이 같은 시각에서 고대 그리스 신전은 세계의 사물을 재현하는 것이 아니라, 있는 그대로 존재하는 기정사실factum est로서 신전이라는 예술 작품을 통해 비로소 세계가 그 본모습을 드러낼 수 있도록 그것을 열어놓는 사건이다.[410]

  인간이 자연과 맺는 관계는 실재의 미학적 차원을 고려하는 것이 특징이다. 과학 생태학은 실재와 기능적이고 객관적인 관계를 구축하고 사물과의 일치를 중시하는 진리 개념에 근거한다. 이와 반대로 자연과 풍경은 과학적 접근법에 의해서 참작될 수 없는 진리 개념의 레지스터에 위치한다. 하이데거에게 있어 자연 속에 존재하는 아름다움과의 관계는 예술적 생산과는 구별된다. 자연을 찬탄하는 것은 존재로의 열림 관계를 함의하는데, 이때 존재는 모종의 주어진 것, 이미 존재하는 것의 형식 아래서 제시되며, 예술적 실천 속에서 베일 벗기기는 인간 활동으로 통한다. 하이데거는 『예술 작품의 기원』에서 수공예가에 대한 소크라테스 이전의 개념화를 예술가의 실천과 접맥시키고 있다. 예술가는 창조적이고 발명적인 작품을 통해 모든 미학에서 놀이화되는 베일 벗기기의 또 다른 차원으로 개방된다. 예술가에 있어 베일 벗기기는 창안성과 결부되어 있다. 이 같은 시각은 풍경에 대한 현대의 철학적 접근법과 접맥되는데, 이를테면 프랑스의 철학자는 풍경의 발명이라는 표현을 사용한 바 있다.[411]

  이 같은 맥락에서, 자연 존중과 풍경 존중은 두 개의 상이한 레지스터에 속한다. 자연 존중은 미학적 차원을 함의하나 이미 존재하는 것의

410   김성도, 『도시 인간학』, 안그라픽스, 2014, p.733-742.
411   Cauquelin, A., *L'Invention du paysage*, Paris, PUF, 2000.

보존 논리를 강조한다. 반면 풍경 존중은 단숨에 창안성의 레지스터에 위치한다. 이 같은 미학적 창안성은 아마도 특정 역사, 특정 환경, 특수한 본질을 참작해야 할 것이나 그것은 새로움의 창안과 창조에 속한다.

3) 에코 디자인: 지속 가능한 풍경을 위하여

지속 가능한 발전의 구상은 생명체의 관찰과 실험 과정을 통해야 한다. 유전자로부터 생태계에 이르기까지 그 규모가 무엇이건 생명 시스템은 진화하는 동안 에너지, 재료, 정보의 관리를 최적화해왔다. 생체 모방biomimicry으로 대표되는 생명-영감은, 하나 또는 여러 생태계의 본질적 속성을 인공적으로 재생산하여 풍경을 설계하거나 관리하는 데 필요한 해결책을 제공한다. 실제로 살아 있는 유기체들은 지속가능성의 최고 승자들이다. 그들은 작동하는 것, 저항하는 것이 무엇인지를 찾아냈다. 그러나 시스템을 복제하기 전에 시스템에서 일어나는 것을 이해하고, 그것이 어떻게 작동되는가를 파악해야 할 것이다.

　　예컨대 네덜란드의 폴더polders 지역에 건설된 부유식 주택은 물의 운동에 적응하도록 설계되어 있다. 유리로 제작된 대형 울타리와 식물을 심어놓은 지붕과 더불어 흘러가는 방식으로 건축되었다. 건축사무소 워터스튜디오Waterstudio의 공동 설립자인 쿤 올터이스Koen Olthuis는 도시 거주자에게 텃밭으로 사용되기 위해, CO_2를 흡수하고 사라진 동물군을 재구축하기 위해, 식물을 심어놓은 구조에 '바다 나무sea tree'처럼 자연으로부터 영감을 받은 건축물을 개발했다. 이 같은 '수상 빌라들'은 패러다임 변화를 함의하는 기후로 인한 촉성재배에 대한 대응이다. 바다는 새로운 경계선이 되고 도시 풍경은 미래의 홍수에 맞서기 위해 건설된

도42 · '바다 나무' 조감도

인공섬이다.

대지에서는 자연과 그것의 호혜적 속성으로부터 영감을 받은 풍경
들을 발명하기 위한 다양한 해결책들이 제안되었다. 대표적 사례가 짐
바브웨 건축가 마이크 피어스Mick Pearce가 하라레Harare 지역에 건축한
흰개미집 형태의 주택들이다. 이들 주택은 열의 손실을 최소화하는 수
동 냉난방 시스템에 기초한다. 또한 오염된 생태계를 복원하거나 풍경
을 관리하기 위해 생물학을 활용하는 간단한 방법이 통용되고 있다. 예
컨대 기생 동물의 포식자 곤충이나 토양의 오염을 방지할 수 있는 식물
을 활용하는 것과 같은 저비용의 해결책들이 존재한다.

화석 연료의 생태적 영향력을 줄여야 할 필요성은 각 지역으로 하
여금 자연 공간과 도시 공간을 재정비하면서 지역적 특성에 새로운 가
치를 부여하도록 만든다. 교통 및 운송 비용과 운송 수단이 환경에 미치

도35 · 건축가 마이크 피어스가 설계한 '이스트게이트 센터'

는 영향을 줄이기 위해 지역에서 얻을 수 있는 재생 가능한 자원을 활용하고 자원의 사용을 창조적으로 활용할 수 있는 대안적 해결책을 찾아야 한다. 그 목표는 자연 자원의 비용을 줄이면서 기술 혁신과 사회적 혁신이라는 두 마리 토끼를 잡을 수 있는지 보다 건강하고 지속가능한 에너지 모델을 수립하는 데 있다. 그 같은 에너지 모델은 건강한 소비와 바람직한 더불어 살기에 기초한 새로운 사회 모델로서 상당한 변화를 가능케 할 것이다. 이 같은 에너지 전환과 생태적 전환은 에너지 생산과 생태적 관리의 새로운 형식들을 찾기 위해 에너지의 경제적 모델을 재사유하고, 사회적 조직 기관을 적응시키는 사회의 진화 단계에 상응한다.

이러한 진화는 지역적 협력을 통해 만들어진 풍경을 모델로 삼아 실천 방식을 변화시켜야 가능하다. 새로운 에너지 전략은 해당 영토의 특수성들 속에 뿌리를 내리고 있으며, 독립적으로 작동한 상이한 부문들과 행위자들 사이에서의 새로운 시너지들을 추구한다.

조경가는 해당 지역의 자원을 활용하여 긍정적인 에너지의 공간을 조성하도록 장려된다. 사용되는 가구와 재료와 관련해 탄소 흔적을 줄이기 위한 다양한 조치들이 가능하다. 예컨대 강철이나 콘크리트와 같은 일부 재료들은 온실가스 배출 측면에서 강력한 영향을 미치는 것으로 알려져 있다. 반면 식물군은 탄소를 흡수하는 역할을 하므로 생태학적 네트워크를 재구성하기 위해 도시에서 식물의 개발은 필수적이다. 일반적으로 해당 부지에 대한 우수한 분석은 건축과 조경 공간 정비에서 사용될 수 있는 지역 자원들을 파악하는 것을 가능케 한다. 이 같은 재료들을 제대로 통합하고, 제대로 사용하기 위해서 조경가는 가능한 한 지역 이해행위자들과 더불어 상승 작용하며 공동으로 작업해야 한다. 이를 통해 프로젝트는 지역 사회와 협력하는 방식으로 진행될 것이며, 사회적으로 고립된 전문가가 아니라, 전문가 집단의 협소한 틀에서 벗어나 공동체와 함께 만들어가는 과정을 창출할 것이다. 사회적 결집력과 근접성의 생산, 즉 지역적 사용과 환경 보존을 선호하기 위해 지역적인 것을 특권시하는 이 같은 새로운 작업 방식은 더불어 살기의 새로운 모델 구축에 기여할 것이다. 가장 대표적인 사례는 공유하는 정원과 텃밭들의 형식이다. 자연이 생산하는 것과 보조를 맞추려는 의지는 새로운 소비 요령과 결합된다. 지역의 먹거리 순환과 판매용이 아닌 공동 사용을 위한 장비의 재산을 공유하는 것은 훌륭한 사례들이다.

자원 낭비를 줄이고, 환경에 미치는 영향을 최소화하는 회복력 있는 풍경을 구축하기 위해 기존의 생산-소비-쓰레기 사이클에 기반한 전통적인 경제적 모델들로부터 탈피해야 한다. 순환적이고 공조적인 경제는 쓰레기를 단순히 폐기물이 아니라, 일차 재료나 부산물로 간주하여 다시 활용하는 것을 목표로 한다. 예컨대, 토양을 비옥하게 하거나 작은 규모의 길들을 정비하기 위해 식물들의 잔여물을 사용할 수 있다. 재활용은 건물 해체로부터 발생한 재료들에 심미적 및 경제적 가치를 부여한다. 출발점에서는 거의 가치가 없었던 부산물들도 도로에 밑칠을 하거나 짚으로 싸서 보호하는 등의 새로운 용도를 통해 최적화될 수 있다. 그것들의 사용은 그렇지만 그것들의 사용은 가능한 오염의 모든 위험들을 식별하기 위해 주의 깊은 진단의 실현에 따라 조건 지어진다. 투입되는 자원(일차 재료, 물, 에너지)과 산출물(쓰레기, 폐수)의 한계를 긋기 위해 기존 자원(토양, 식물, 건설물, 내장재 및 외장재)의 개선 가능성들이 대체를 고려하기 이전에 세심하게 검토되어야 한다. 현장에서의 수거, 변형과 합선을 특권시하는 생태 디자인은 새로운 생산물들을 제작하기 위한 현장을 벗어난 쓰레기들의 처리 비용보다 우선적 위치를 차지한다.

재활용이 현장에서 직접적으로 작동되지 않는다면 사용자 생산물들의 재사용과 가치 부여에 있어 전문화된 직업들을 창출하는 생태 활동(포장 쓰레기, 유기물 쓰레기)을 장려한다. 프랑스 북부의 폐기물 처리 공공기관인 'Unité du Symevad Unité de Tri Valorisation Matière et Energie(TVME)'의 쓰레기 재처리 장치는 유기물 쓰레기를 수거하고 메탄화하는 과정을 통해 그것들을 생물가스biogas로 변형시킨다. 이와 나란히 TVME는 가정에서 배출되는 쓰레기 가운데 상당량을 차지하는 플라스틱 재료로부터 수거된 연소가능한 고체를 제작한다. 이 생산물은

지역에 소재하는 시멘트 공장에서 사용된다. 이 같은 가연성 연료의 재
들은 시멘트에 직접적으로 통합되는데 이것은 새로운 생산물의 가치 부
여를 극대화시킨다.

결론

풍경의 미래:
풍경의 지속가능성과
풍경 인간학의 필요성

인류세로 압축되는 지구 환경의 총체적 위기 시대에 직면한 21세기에도 여전히 악화되는 현대 문명의 생활 양식을 목격하고 있는 이 시점에서 누구도 풍경의 미래를 장담할 수 없을 것이다. 풍경의 미래와 그 거주자의 미래는 기존의 세분화된 부문별 계획만을 고집할 경우 잘못된 방향으로 나아갈 위험이 있다. 이를테면 일정 부문은 생태학에 맡기고, 다른 부문은 전적으로 경제적으로만 계산하거나, 심미적 평가에 의존하거나, 또는 공동체 구성원들의 참여를 최우선시하는 정책에 할당하는 방식은 바람직하지 않다. 생태적, 미학적, 윤리적, 기호학적, 경제적, 사회적 요인들은 모든 풍경에 동시에 병존하며 스며 있다는 점에서 함께 상호 보완적으로 고려되어야 한다. 따라서 풍경을 사유하는 데 있어 무엇보다도 종합적이고 변증법적인 사유가 요구되는 것이다.

현재 심화되고 있는 학문 분야들의 세분화를 고려할진대 풍경의 전체적 파악은 현실 세계에서는 유토피아의 추구로 치부될 수 있다. 이 같은 맥락에서 풍경 인간학의 목적은 당장 현실에 적용될 수 있는 과학적 분석 방법을 제시하는 것이 아니라, 종래의 세분화된 방식들로는 다룰 수 없는 복합적 문제들을 제기하는 데 있다. 즉 그 같은 종합적 인식은 효과적인 풍경 분석의 실천으로 귀결될 것이다. 이런 맥락에서 복잡계 이론과 시스템 이론의 패러다임은 풍경의 초학제적 모험을 시도하는 것을 가능케 한다. 따라서 풍경 인간학에서 수행해야 할 첫 번째 핵심 과제는 몇 개의 인식론적 가정들을 제기하는 데 있다.[412]

첫째, 풍경은 개별 학술 분야의 단일한 시각에 국한된 방법론적, 목

적론적인 전제 조건들을 극복하기 위해서 평범한 것과 전체적인 것으로
부터 출발해야 할 것이다.

둘째, 풍경은 사회화된 대상이자 하나의 이미지이며, 지각의 생리적
현상과 사회적, 심리적 해석을 통해서만 존재한다. 예컨대 임업자들과
목축업자들은 동일한 숲에 대해서 두 개의 상이한 이미지들을 체험한다.

셋째, 풍경은 여전히 자연적, 구체적, 객관적 구조, 즉 관찰자로부터
독립한 구조이다. 숲은 구체적 공간이며, 그 자체에 기초하여 작동하는
생명의 집합체이다.

넷째, 풍경의 사회적 이미지는 경제적, 문화적 실천의 생산물이다.
임업자들은 자연의 조화 속에서 나무를 생산하는 제도적 기구에 기대어
주인으로서의 시선을 내비친다.

다섯째, 풍경의 특수성은 과학적 대상들보다 더 복잡해지거나 더
이질적이 되기보다는, 자연적인 것과 문화적인 것, 공간과 사회적인 것,
객관적인 것과 주관적인 것 등의 형이상학적 대범주들을 포함한다.

한편, 모든 풍경은 개별 인간과 마찬가지로 유일무이한 얼굴과 혼
을 갖고 있다는 점에서 최상의 조건을 마련해 주는 돌봄과 배려가 필요
하다. 무엇보다 지속 가능한 풍경의 미래를 준비하는 일은 그 자체로서
가치 있고 인간에게 주어진 숭고한 사명이다. 이것은 곧 가능한 한 동물
과 식물 등의 생명 다양성을 마련해야 한다는 것을 의미한다.

달리 말해 풍경 인간학에서 강조해야 할 사실은 모든 풍경의 가치
는 그 어떤 공리적, 경제적 가치에 앞서 그 자체로서 유일무이한 내재적
가치를 갖는다는 점이다. 특히 생명 다양성의 차원을 고려하면 인간에게

412　Bertrand, G., "Le paysage entre la Nature et la Société", in: (ed.) A. Roger, *La théorie du paysage en France 1974-1994*, Seyssel, Les Classiques de Champ Vallon, 1995, pp.88-106.

주어진 풍경에 대해 현시점에서 그것에 걸맞은 최고의 조건을 마련하고 지속 가능한 미래를 준비할 할 가치가 있으며 이를 실천에 옮겨야 할 숭고한 의무duty가 인간 모두에게 주어진다는 점을 기억해야 할 것이다.

모든 인간이 그가 접하는 풍경과 정서적, 윤리적, 생태적 유대 관계를 맺을 수 있는 가능성은 신 또는 자연이 인간에게 준 경이로운 선물이다. 오늘날 직업적 이유로 인해 거주지를 옮기는 일은 빈번하다. 자기 집이나 고향처럼 편안함을 느끼기 위해서는 그 지역과의 정서적·사회적 유대 관계를 맺는 것이 필수적이다. 원주민들은 외부에서 이주한 사람들에게 텃새를 부리는 것을 자제하고 호혜와 영접의 정신에 따라 그들을 이웃으로서 맞이할 수 있는 배려를 해야 할 것이다. 그 같은 상호 존중과 배려가 존재할 때 비로소 낯선 환경과 풍경에 적응하며 새로운 정서적 관계를 안정적으로 맺을 수 있을 것이다. 그러나 이주민이 살아가야 할 새로운 삶의 터전에서 그가 맺어야 할 관계는 감정적이거나 탐미적인 차원에 머물러서는 곤란하며, 주민들과의 인간적 소통, 특히 열린 마음의 대화를 통해서 수립되어야 할 것이다. 그런데 모든 대화는 소재가 필요하다. 이때 원주민과 외부에서 온 사람들, 남녀노소를 불문하고 풍경과 그들이 살고 있는 고장을 대화의 주제로 삼기에 더 적합한 것은 없다. 풍경과 관련된 소재들은 사람들 사이의 심리적 거리를 허물고 마음을 터놓게 만들 수 있는 놀라운 마력을 갖고 있고, 이 점은 풍경의 또 다른 매력이다. 풍경은 모든 사람을 결집시킬 수 있는 마력이 있다.

한편, 풍경 인간학은 바람직한 풍경의 실천 방법에 대한 인문학 기반의 이론적 얼개를 마련하고 새로운 주제를 발굴할 수 있다. 예컨대 풍경 인간학의 또 다른 흥미로운 연구 주제는 지질, 기후 등 다양한 자연현상들의 과정과 관련된 풍부한 은유들의 체계이다. 이를테면 산과 강의 형태를 인체 또는 동물의 형태와 유추적으로 비유하는 표현들은 언어마다 풍부한 유산을 갖고 있다. 이 점에서 우리는 풍경의 관능성을 암시할 수 있을 것이다.

풍경에 대한 과학적 분석은 19세기에 들어와서야 개시되었다. 흥미롭게도 이 시기는 풍경이라는 주제를 다루는 데 매달릴 수 있었던 상이한 학술 분야들이 인문학 또는 자연과학에 결속되면서 서로가 동떨어지기 시작한 시기이기도 하다. 그런데 인문학과 자연과학의 이 같은 철저한 분리와 괴리는 풍경과 같은 복잡다기한 형상을 입체적으로 파악하는 데 있어 다원적이고 복합적인 사유를 막을 수 있다는 점에서 일종의 인식론적 장애물로 작동하는 부정적 효과를 야기한다. 이는 오늘날 바람직하지 못한 것으로 드러나고 있다. 풍경학이라는 학술 분야를 정초하기 위해서는 자연과학에 대한 지식뿐만 아니라 인문학에서 축적된 지식, 특히 역사학, 미학, 미술사, 철학, 지리학, 지질학 사회학, 경제학, 농학, 토지 구획, 조경 등 등의 다방면의 지식이 필요하다. 이들 학술 분야 가운데 어떤 분야도 전적으로 풍경 현상만을 다루지는 않는다. 물론 특정 학술 분야들은 다른 분야에 비해 풍경 문제를 다루기에 보다 적합한 경우가 있다. 예컨대 지리학자들은 풍경의 역사에서 자연의 과정과 인간적 과정을 구별할 수 있다는 점에서 풍경의 자연적, 문화적 상호작용을 다루는 데 상대적으로 유리하다. 그들이 작성한 지도들은 풍경을 설명하는 데 있어 유용한 기초 자료를 제공한다. 그런데 자연 풍경들은 정치적 단위만큼 쉽게 그 경계선을 그을 수 없다. 생태학자들은 풍경 인문학자들에 견주어 객관적 데이터와 분석에 더 큰 비중을 둔다. 그러나 풍경에 대해 아무리 과학적인 분석을 시도한다고 해도, 생태계의 경계선을 칼로 두부를 자르듯이 쪼갤 수는 없다는 점을 인정해야 한다. 생태학자들은 생태계를 자연적 요소가 상호작용하는 극도로 복잡한 망으로서 기술한다. 그런데도 대다수의 지리학자와 마찬가지로, 그들은 자연적 과정들과 인간적 과정들을 충분히 구별하지 않는다. 이 점에 있어 풍경의 과학적 위상을 다루는 도시 계획가와 조경가 들은 풍경의 본질과 이질적 요소들을 파악하는 데 비교적 앞서 있다고 볼 수 있다.

풍경 인간학의 주된 과제는 따라서 자연의 작용과 인간의 작용을 선명하게 구별하고, 이와 더불어 풍경과 관련된 은유들의 역할을 정립하는 데 있다. 그때 비로소 이 세 개의 요인 사이에 존재하는 상호작용을 보다 더 잘 설명할 수 있을 것이다. 이 같은 종합적 안목에서 출발할 때, 지리학, 경제학, 문화사에 대해서 배타적으로 초점을 두지 않고, 이 세 개의 요인 사이에 존재하는 상호작용들을 참작하면서 풍경에 대한 정밀한 기술들을 실현할 수 있을 것이다. 이 같은 풍경 기술에는 광물들과 토양, 동물들과 초목, 자연사, 풍경 개발의 역사, 시, 회화, 사진 등의 다양한 매체를 통해 재현되는 풍경의 의미와 가치를 다루는 세부 과제들이 포함될 것이다. 이들 주제는 서로 독립적이지 않으며, 중요한 것은 이들 주제 간의 상호작용이다. 풍경 인간학의 관점이 우리에게 일러주는 것은 풍경의 본질에 대한 보다 완결된 표상은 심층적 층위에서 존재하는 이 같은 요소들의 관계 맺기에 달려 있다는 사실이다.

풍경은 결코 물리적 속성들의 정밀한 기술만으로 그것의 역사적 위상과 상징적 의미가 파악될 수 없다. 풍경이라는 주제에 접근한다는 것은 차라리 그 주변부를 맴도는 것이고, 상이한 측면들로부터 풍경의 본질과 참된 면을 포착하려고 시도하는 것이라 할 수 있다. 이는 인도 우화에 나오는 장님이 코끼리를 만지는 모습에 비교될 수 있을 것이다. 그러나 그 같은 면들은 결코 절대적일 수 없고 상대적일 뿐이며 이 점에서 풍

경의 다른 이야기들이 기존의 서사와 대비를 이루면서 다시 쓰일 수 있
을 것이다.

시대적 변화를 반영하듯, 최근에 제시되는 상당수의 풍경 이론들은
철학적 또는 인문학적 관점을 특권시한다. 다시 말해 인문학적 시각에
서 풍경은 주체성과 밀접하게 결부된 것으로 해석된다. 그런데 곰곰이
따져 보면 이러한 인문적 입장은 서양에서 2세기 전, 즉 19세기 서구 근
대 낭만주의 시대에서 끊임없이 강조해 왔던 주관적 감정의 미학 담론
속에 뿌리를 내리고 있다. 그러나 비판적 시각에서 눈여겨볼 사실은 풍
경에 대한 철학적 비상을 특징짓는 관점은 풍경 성립의 최적 조건을 높
은 곳에 두고 그곳을 향해 비상하려고 했던 관점과 일치한다는 점이다.
풍경의 본질로서 형태를 가장 중시하는 관점과 풍경의 시각적 차원에
우세를 두는 태도는 모두 동일한 특정 과학적 이념이며, 다른 행위자들
은 은폐하거나 제거하는 이데올로기로 쓰일 수 있는 한계를 노정한다.

최근 40여 년 동안 특히 영미권의 풍경 연구자들은 풍경 현상의 사
회적 구성 차원을 설명하는 데 공력을 기울였다. 그러나 풍경의 사회적
차원 못지않게 풍경학에서 망각된 측면은 직간접적으로 풍경의 성립
과 구성에 기여한, 수십 세기 동안에 걸쳐 발명된 기술과 인공물들에 의
해 대표된다. 기술 발명과 풍경의 성립 사이에 존재하는 복잡한 관계의
역사는 앞으로 심도 있게 연구되어야 할 분야인데, 특히 인간 손의 활동,
즉 인간 노동이 토지에 남겨놓은 흔적들의 역사는 중요한 주제이다. 이
것은 일종의 풍경의 선사 시대라 말할 수 있을 것이다. 요컨대 인간 활동
들은 조금씩 풍경 속에 각인되고, 그 결과 모든 바위, 큰 나무, 강물의 흐
름, 연못 등은 시간과 더불어 익숙한 장소가 된다. 풍경을 통해 이루어지
는 일상적 통과는 개인들에게 있어 기억 속 과거 활동들의 흔적과 사건

을 상기시켜 주는 자전적 만남의 형식이 된다. 모든 장소와 풍경은 기억의 사회적 시간과 개인적 시간에 속한다. 인간이 후손에게 물려주어야 할 아름다운 풍경은 인류가 염원하는 미래의 꿈이다. 그러나 냉정한 인식이 필요하다. 비록 인간이 풍경에 대해 더 많은 지식을 축적하고, 풍경 보호를 위한 다양한 실천을 하고, 인간들 사이에서뿐만 아니라 동물과 초목, 인간과 풍경 사이에도 사회적 관계들이 존재한다는 점을 깨닫는다 해도 인간은 풍경의 완전한 지속가능성의 상태에 도달할 수 없을 것이다.[413]

그 이유는 간단하다. 언제나 자연의 변화들이 존재할 것이기 때문이다. 과학이 수용할 수 있는 유일한 지속 가능성은 영속적 운동과 닮았으며, 유일한 대안인 고정된 세계는 불가능한 천국일 뿐이다. 그렇지만 지속 가능한 삶의 관리와 흐름을 위해 현실적 참여를 실천하는 것은 결코 허무맹랑한 것은 아니다. 인간은 미래에 긍정적인 영향을 미쳐야 한다. 두 개의 방식이 가능할 것이다. 인간은 문화적 정체성을 보존하는 방식으로 풍경을 관리하는 데 기쁨을 느끼게 될 것이다. 다른 가능성은 극도로 파괴적일 수 있는 위험하고 과도한 난개발과 남용의 악순환에 빠지는 상황이다. 풍경은 인류의 미래를 사유하는 데 있어 가장 중요한 주제들 가운데 하나이다. 풍경 인간학이라는 새로운 패러다임을 통해 풍경의 미래에 대한 참신한 원근법과 종합적 비전을 마련해야 할 것이다.

필자는 이 책에서 인간이 풍경에 대해 더 완결되고 깊이 있는 지식 체계를 마련하고, 풍경을 지각하고 그것을 개발하는 데 있어 참, 선함,

413   Küster, H., *Petite histoire du paysage*, Belval, Les Éditions Circé, 2013.

아름다움이라는 보편적 가치들에 대한 고려가 선행되어야 한다는 점을 힘주어 말했다. 그리고 한 걸음 더 나아가 '슬픈 풍경'이라는 다소 멜랑콜리한 제목을 달아 생태학적 마음의 복원을 역설하면서 초목과 동물을 비롯해 모든 생명체를 포용하는 풍경에 대한 존경과 사랑을 강조했다.

특히 풍경의 에토스와 공동체성을 다룬 장에서 이타성의 윤리적 관계는 인간들 사이에서뿐만 아니라 인간들과 풍경 사이에서도 엄연히 존재한다는 점을 보여주기 위해 노력했다. 그러나 여기서 필자가 새삼 강조하려는 바는 영원불변한 완벽한 풍경을 동경하거나, 현실 세계에서 실현 가능하다고 주장하는 것은 허황된 유토피아에 대한 한낱 순진한 추구에 불과하다는 사실이다. 요컨대 아무리 완벽한 풍경 이론, 사상, 실천을 마련한다고 하더라도 풍경의 완벽한 지속 가능성에 도달하는 것은 불가능할 것이다. 이유는 의외로 간단하다. 인간 문명과 상상력을 초월하는 자연의 예측불가능한 무한한 변화가 상존하기 때문이다.

이런 이유에서 우리가 받아들일 수 있는 풍경의 지속 가능성에 대한 합리적 미래 비전은 풍경의 영속적 변화와 운동에 가깝다. 지구에서 한 치의 오염도 없이 청정무구함을 영원히 간직하는 불변하는 천국은 상상 속에서만 가능하다. 물론 그 같은 천국의 모방과 이미지를 현세에서 예술을 통해 실현하는 것은 가능하다. 필자는 동서양의 정원 예술을 풍경의 관점에서 다룬 제2장 「천국과 차경」에서 이 점을 암시하고 싶었다.

풍경은 21세기를 넘어 인류의 삶과 지속 가능한 미래 건설 차원에서 가장 중요하고도 긴박한 주제들 가운데 하나로 부각될 것이 분명하다. 특히 인간들 사이의 조화, 자연과의 화해를 통해 보다 건강한 인류의 삶을 마련하는 데 있어 인문학적 상상력은 여전히 요긴할 것이며, 이 점에서 인문학의 역할과 사명은 분명하다. 이 책은 그 같은 사명을 실천하려는 작

은 디딤돌로서 '풍경 인간학'을 제안하면서 풍경을 무엇보다 가치론적,
문화적, 생태적 차원과 인간학적 차원에서 다룰 필요성을 천명했다.

참고 문헌

해외

단행본

Spirn, A. W., *The language of lanscape*, New Haven and London, Yale University Press, 1998.

Assunto, R., *Il paesaggio e l' estetica*, Palerme, Novecento, 1994.

Bensaude-Vincent, B., *Temps-Paysage: une écologie des crises*, Paris, Le Pommier, 2021.

Berque, A., *Les Raisons du paysage*, Hazan, Paris, 1995.

Berque, A., *La Pensée paysagère*, Paris, Archibooks, 2008.

Besse, J-M., *Le Goût du monde*, Actes Sud, 2009.

Besse, J-M., Habiter Habiter., *Un monde à mon image*, Paris, Flammarion, 2013.

Besse, J-M., *La necessité du paysage*, Editions Parenthèses, Paris, Editions Parenthèses, 2018.

Böhme, G., *The Aesthetics of Atmospheres*, London, Routledge, 2017.

Bourassa, S. C., *The Aesthetics of Landscape*, London and New York, Belthaven Press, 1991.

Cheng, F., *Vide et plein: Le langage pictural chinois*, Editions du Seuil, 1991.

Cauquelin, A., *L' Invention du paysage*, Paris, Plon, 1989.

Cosgrove, D., *Social Formation and Symbolic Landscape*, Wisconsin, University of Wisconsin, 1984.

Dagonet, F. (dir.), *Mort du paysage?, actes du colloque de Lyon Philosophie etesthétique du paysage*, Seyssel, éd. Champ Vallon, 1982.

De Certeau, M., *L' invention du quotidien, 1. Arts de faire*, Paris, Gallimard, 1990.

Cosrove, Denis. and Daniels, S. (eds.), *The Iconography of Landscape, Essays on the symbolic representation, design and use of past environment*, Cambridge, Cambridge University Press,1988.

Granet, M., *La pensée chinoise*, Paris, Albin Michel, 1997.

Heidegger, M., *Poetry, Language, Thought*, New York, Harper Perennial, 2001(1971).

Ingold, T., *The Perception of the Environnment: Essays on Livelihood, Dwelling and Skill*, London,

Routeledge, 2000.

Jakob, M., *Le paysage*, Gollion, inFOLIO, 2008.

Le Breton, D., *Marcher la vie: un art tranquille du bonheur*, Paris, Métaillé, 2020.

Le Dantec, J-P., *Poétique des jardins*, Paris, Actes Sud, 2011.

Luginbühl, Y., *La mise en scène du monde: Construction du paysage européen*. CNRS Editions, 2012.

Maldiney, H., *Regard, parole, espace, L'Age d' homme*, Lausanne, 1994.

Martin de la Soudière, *Arpenter le paysagge: Poètes, géographes et montagnards*, Anamosa, 2019.

Mitchell, William J.T. (ed.), *Landscape and power*, Chicago and London, The University of Chicago Press, 1994(2002)

Moore, C.W. and Mitchell, W. J., Turnbull, W. Jr., *The Poetics of Gardens*, The MIT Press, 1988.

Muir, J., *My First Summer in the Sierra*, The Riverside Press Cambridge, 1911.

Nicolson, M. H., *Mountain Gloom and Mountain Glory: The Development of the Aesthetics of the Infinite*, University of Washington Press, 1997(1959).

Pétrarque, *L'ascension du mont Ventoux*, traduit du latin par Denis Montebello, avec une préface de Pierre Dubrunquez, Séquences, 1990.

Petrucci, R., *La philosophie de la nature dans l'Art d' Extrême-Orient*, Paris, Librairie Renouard, 1912.

Roger, A., *Court traité du paysage*, Paris, Gallimard, 1997.

Roger, A. (dir.), *La théorie du paysage en France: (1974-1994)*, Champ Vallon, 1995.

Schama, S. *Le Paysage et la Mémoire*, Le Seuil, Paris, 1999.

Tilley, C., *Phenomenology of landscaope: Places, Paths and Monuments*, Berg Publishers, 1994.

Tuan, Y-F., *Topophilia: a Study of Environmental Perception, Attitudes, and Values*, Columbia University Press, 1990.

Tuan, Y-F., *Space and place: The Persepctive of Experience*, University of Minnesota Press, 2001.

Tuan, Y-F., *Landscapes of Fear*, University of Minnesota Press, 2013.

Wylie, J., *Landscape*, London and New York, Routledge, 2007.

논문, 학술지

Collot, M., "La pensée paysage", in: *Le paysage: états des lieux*, sous la direction de Chenet, F.,
Collot, M., Girons, B. S., Ousia, 2001, pp.498 - 511.

Simmel, G., "Philosophie du paysage" in: *La Tragédie de la culture*, Paris, Payot / Rivages,
1988(1912).

국내
단행본

김우창, 『풍경과 마음: 동양의 그림과 이상향에 대한 명상』, 생각의나무, 2006.

마순자, 『자연, 풍경, 그리고 인간: 서양 풍경화의 전통에 관한 연구』, 아카넷. 2003.

황기원, 『경관의 해석』, 서울대학교출판문화원, 2011.

본문에서 인용된 외국어 원전의 한국어 번역본

계성 지음, 김성우·안대회 옮김, 『원야』, 예경, 1993.

다치바나도 도시쓰나 지음, 김승윤 옮김, 다케이 지로 주해, 『사쿠테이키 作庭記: 일본
정원의 미학』, 연암서가, 2012.

자크 브누아 메상 지음, 이봉재 옮김, 『정원의 역사』, 르네상스, 2005.

마이클 설리반, 『중국의 산수화』, 문예출판사, 1992.

아우구스티누스 지음, 최민순 옮김, 『고백록』, 바오로딸, 2010.

천촨시 지음, 김병식 옮김, 『중국산수화사 1: 초기 산수화에서 북송까지』, 심포니, 2014.

이-푸 투안 지음, 윤영호·김미선 옮김, 『공간과 장소』, 사이, 1997.

도판 출처

도1　https://commons.wikimedia.org/wiki/File:Mont_Ventoux_090927.jpg

도2　https://commons.wikimedia.org/wiki/File:Camino_de_Santiago_%285843
8781%29.jpg

도3　https://gongu.copyright.or.kr/gongu/wrt/wrt/view.do?wrtSn=13269427&menu
No=200018

도4　https://commons.wikimedia.org/wiki/Image:Chartres_1.jpg?uselang=ko

도5　https://commons.wikimedia.org/wiki/File:Jurty_na_stepie_pomi%C4%99dzy_U%C5%8
2an_Bator_a_Karakorum_03.JPG

도6　https://www.researchgate.net/figure/Map-of-Venice-by-Cristoforo-Sabbadino-
1557-From-manuscript-138c180-c-XVIIb_fig2_286458246

도7　https://commons.wikimedia.org/wiki/File:Claude_Lorrain_-_Capriccio_with_ruins_of
_the_Roman_Forum_-_Google_Art_Project.jpg

도8　https://commons.wikimedia.org/wiki/File:Giorgione_019.jpg

도9　https://it.m.wikipedia.org/wiki/File:Villa_capponi,_giardino_segreto,_13.JPG

도10　https://ancientrome.ru/art/artworken/img.htm?id=8202

도11　Moore, C. W. and Mitchell, W. J. and Turnbull, W., The poetics of gardens (Illustrated
ed.), MIT Press, 1988, p.16

도12-도15 직접 촬영

도16　https://commons.wikimedia.org/wiki/Image:Suseonjeondo.jpg?uselang=ko

도17　https://ko.m.wikipedia.org/wiki/%ED%8C%8C%EC%9D%BC:Geumgangjeondo.jpg

도18　https://commons.wikimedia.org/wiki/File:Caspar_Wolf_-_Lauteraar.jpg

도19　https://commons.wikimedia.org/wiki/File:Nathaniel_Dance-Holland_-_James_
Grant_of_Grant,_John_Mytton,_the_Hon._Thomas_Robinson,_and_Thomas_Wyn
ne_-_Google_Art_Project.jpg

도20 https://commons.wikimedia.org/wiki/File:Lake_District_near_Torver.jpg

도21 https://commons.wikimedia.org/wiki/File:Claude_Monet_-
_Nymph%C3%A9as_W1852_-_Mus%C3%A9e_Marmottan-Monet.jpg

도22 https://commons.wikimedia.org/wiki/File:Mi_Fei_001.jpg

도23 https://pxhere.com/en/photo/562439

도24 https://commons.wikimedia.org/wiki/File:Valley_View_Yosemite_August_2013_002.jpg

도25 https://commons.wikimedia.org/wiki/File:Daniel_Boone_Sitting_At_the_Door_of_His
_Cabin_on_the_Great_Osage_Lake_Kentucky.jpg

도26 직접 촬영

도27 https://commons.wikimedia.org/wiki/File:Thomas_Gainsborough_-_Mr_and_Mrs_
Andrews.jpg

도28 https://commons.wikimedia.org/wiki/File:Gainsborough-HarvestWagon1784.jpg

도29 https://commons.wikimedia.org/wiki/File:Campo12Foto_2.JPG

도30 직접 촬영

도31 https://commons.wikimedia.org/wiki/File:%27Ordination%27_by_Nicolas_Poussin,_16
30s.jpg

도32 직접 촬영

도33 https://commons.wikimedia.org/wiki/File:Abbaye_de_C%C3%AEteaux_006.jpg

도34 직접 촬영

도35 https://www.waterstudio.nl/projects/sea-tree/

도36 https://www.flickr.com/photos/92094658@N00/3153841072

찾아보기

고유명사

감사의 글

이 책이 나오기까지 많은 분의 도움이 있었다. 무엇보다 이 책은 2014년 고려대 문과대에 교수들의 연구와 교육을 위해 마련된 '박준구 학술 지원 프로그램'에 선정되어 집필되었다. 무려 10년 넘게 끌어온지라 책이 나오자마자 박준구 회장님께 책을 헌정하고 저자의 게으름에 혜량을 베풀어주실 것을 간청할 생각이었다.

그러나, 이 감사의 글을 쓰는 순간 필자는 그분의 부고를 전해 들었다. 필자는 비록 박준구 회장님과 일면식도 없으나 본인의 모교 후배 교수들을 위해 거액의 연구장학금을 쾌척한 그분의 고귀한 정신에 늘 마음속 깊이 흠모와 존경의 마음을 새기고 있었다. 당장 달려가 예를 표하고 싶으나, 현재 필자는 로마교황청 그레고리안 대학의 초청을 받아 '현대 언어사상의 신학적 전회'와 '종교 공간의 기호학 모델'을 주제로 연구를 수행하고 있어 영혼을 담아 고인의 명복을 빌 수밖에 없다. 마침 필자는 어제 르네상스의 산실인 피렌치아의 우피치 미술관을 방문해 메디치 가문이 르네상스의 탄생에 기여한 바를 생각하며 위대한 재정 후원자가 학문과 예술의 부흥에 얼마나 결정적 역할을 맡는가를 다시 한번 절감한 터이다.

끝으로 정성스러운 교정 작업을 통해 책의 가독성을 높이고, 날카로운 의견 개진으로 필자의 부족한 역량을 메우는 데 일조한 제자들에게 감사의 말을 전하고 싶다. 너무나 당연한 이치이거니와 이 책의 출판이 실현될 수 있었던 것은 출판 제안을 흔쾌히 수용해 주신 안그라픽스 안마노 대표님의 배려 덕분이었고, 소효령 편집자님의 치밀하고 헌신적인 노력에 힘입어 세상에 빛을 볼 수 있게 되었다. 이 자리를 빌려 두 분께 진심으로 감사의 마음을 표하고자 한다.

풍경 인문학에 관한 저서를 구상하고 훌쩍 지나버린 10년의 세월이 주마등처럼 스쳐 지나간다. 셀 수 없이 많은 아름다운 풍경을 보았고, 느꼈고, 사진에 담았고, 행복한 순간들을 누렸다. 이제 책의 출간을 눈앞에 두고 과거에 경험했던 풍경들을 되돌아보니 밀려드는 짙은 향수에 빠져든다. 이제 모든 사물과 사유를 한 편의 풍경으로 바라보는 묘한 습관이 생긴 것 같다. 약간 과장해서 말해본다면 모든 것을 풍경으로 승화시킬 수 있는 나만의 관점을 획득한 것 같은 확신이 든다. 그것은 분명 환상 또는 착각일 것이다. 그러나 그 환상마저 필자에게는 사랑하고 싶은 소중한 풍경이다.

2025년 4월,
김 성 도